Une admirable Amitié

Camille RAMBAUD

ET

Louis POTTON

LYON
IMPRIMERIE ET LITHOGRAPHIE AUG. GENESTE
71, rue Molière, 71

1905

CAMILLE RAMBAUD

Fondateur de la Cité de l'Enfant-Jésus

PRÉFACE

Lorsque, en 1901, nous composâmes la Vie du R. P. Marie-Ambroise Potton, religieux éminent de la Province dominicaine de Lyon (1), nous allâmes consulter sur sa jeunesse M. l'abbé Rambaud, fondateur et directeur de la Cité de l'Enfant-Jésus, que nous savions avoir été son ami intime avant son entrée en religion.

« Ah ! le Père Potton, nous dit-il, mon ange gardien ! le Père Potton, à qui je dois ma conversion et la consécration de ma vie à Dieu ! »

Le bon vieillard, aveugle depuis plusieurs années, nous raconta, avec sa bonne grâce habituelle, sur leur commune jeunesse un grand nombre de détails touchants qu'il nous a été très agréable de sauver ainsi de l'oubli.

« Pour ce qui regarde mes rapports personnels avec lui, ajouta-t-il, je conserve soigneusement, comme un trésor, sa correspondance ; je me la fais lire souvent et j'y trouve toujours force et courage. Tenez, ouvrez ce tiroir, prenez le carton le plus gros, et cherchez parmi les lettres qu'il contient, celle qui commence par ces mots : « Vous faiblissez, « mon cher Camille... »

---

(1) Vie du R. P. Marie-Ambroise Potton, des Frères-Prêcheurs, par le P. Ignace Body, du même Ordre. In-8° illustré, de 480 pages.

Nous feuilletâmes le contenu du carton et reconnûmes de suite, à l'écriture fine et serrée, que tous ces manuscrits étaient bien sortis de la plume de celui dont nous écrivions la vie.

Quand la lettre indiquée nous tomba sous les yeux : « Vous pouvez, dit-il, la citer tout entière ; si la Cité existe, elle en est la vraie cause. »

*
* *

Au mois de février 1902, M. Rambaud était à la veille de mourir. Il eut le désir, ou, si l'on veut, la fantaisie de se faire promener à travers les cours de sa Cité dans la voiture à bras qui, trois ans plus tôt, au couvent des Pères Dominicains, avait servi pour la même fin à son ami paralysé, le Père Marie-Ambroise Potton.

Ayant reçu la personne chargée de faire cette demande, nous lui racontâmes comment, l'année précédente, nous avions appris que M. Rambaud avait encore beaucoup de lettres reçues du Père Potton et ajoutâmes que, s'il n'y avait pas indiscrétion, nous serions très heureux de les posséder, ne fût-ce que quarante-huit heures, pour les parcourir en vue d'une nouvelle édition.

Le lendemain, la même personne nous les remettait, au nombre de quarante-deux, en nous disant : « Le Père (c'est ainsi qu'on le nommait) ne vous les prête pas, il vous les donne. »

Nous les parcourûmes avec empressement et y découvrîmes un véritable « trésor », comme M. Rambaud les appelait lui-même. Relatives presque toutes à ses œuvres de bienfaisance fondées à Lyon après 1850, elles ne permettaient pas seulement d'en suivre comme pas à pas les développements progressifs, elles révélaient encore entre les deux âmes, et sous un jour très touchant, une amitié et une intimité comme l'histoire des siècles en signale peu, et aussitôt se dessina vivement devant nos yeux le plan d'un nouvel ouvrage avec ce titre que nous avons un peu abrégé : « L'amitié dans le Christ de deux admirables jeunes gens lyonnais, Camille RAMBAUD et Louis POTTON. »

**

Le bon exemple est si puissant sur l'esprit des jeunes spécialement, que c'est toujours un malheur de leur laisser ignorer ce qui s'est fait de bien, de grand et de beau dans le monde par des hommes de leur âge. Que de fois ne les a-t-on pas vus, le cœur haletant au récit d'une noble action, s'écrier: « Et pourquoi n'en ferions-nous pas autant ? »

C'est cette pensée, c'est la contagion du bon exemple pour produire le bien qui nous a poussé à livrer cet ouvrage au public. Il y a dans le monde une foule de gens bien intentionnés et désolés de voir déborder partout l'erreur dans les esprits et le vice dans les cœurs, et qui cependant ne font rien pour endiguer le torrent du mal, retenus qu'ils sont les uns par la timidité, les autres par le respect humain ou le manque d'initiative. Un bon exemple suffit souvent à les encourager et à les engager résolument dans la pratique du dévouement et de la charité. Une fois entrés dans cette voie, ils peuvent aller loin: le tout est de les décider à commencer.

De plus, on publie tous les jours sous mille formes le mal qu'il faudrait enfouir dans le secret le plus profond ; ne convient-il pas de divulguer aussi le bien, surtout lorsqu'il est héroïque et sublime ?

Puissent les exemples donnés au monde par Camille Rambaud et son ami Louis Potton, être contagieux ! Puissent les maisons d'éducation, surtout, accueillir ce livre avec faveur, et un grand nombre de nos jeunes gens se sentir appelés à imiter, en quelque manière du moins, les modèles que nous leur proposons !

CHAPITRE PREMIER

**L'Enfance. — Le lycée. — Le magasin de soieries. — Les soirées.—
La Révolution de 1848. — La conversion (1822-1849).**

Ce livre n'est point une biographie, mais l'histoire documentée et véridique de l'amitié touchante et riche d'enseignements qui a uni deux jeunes Lyonnais vers le milieu du XIXe siècle.

Les âges passés nous ont transmis le souvenir, qui ne vieillit pas, d'amitiés célèbres : le paganisme nous présente Nisus et Euryale, l'Ancien Testament David et Jonathas, et le Nouveau saint Basile et saint Grégoire de Nazianze. Celle dont nous allons retracer les caractères et les manifestations diverses, ne le cède, croyons-nous, à aucune des précédentes.

Les deux jeunes gens qui devaient lier si étroitement leurs existences, naquirent à Lyon, à deux ans et demi de distance : l'un, Camille Rambaud, le 17 mars 1822, et l'autre, Louis Potton, le 27 octobre 1824.

Le premier reçut la vie de parents savoyards qui, établis dans la ville depuis quelques années, y avaient réalisé dans le commerce de la soie une assez belle fortune. De ses premières années écoulées entre une mère très chrétienne qui prit grand soin de son éducation et une sœur unique à peu près de son âge, un seul trait a été conservé. Placé d'abord à l'externat Saint-Polycarpe, il avait été un jour, à cause de son entêtement à ne pas faire ses devoirs, enfermé dans la « chambre noire ». Sa mère avertie demanda et obtint du directeur de rester avec lui dans les ténèbres, et eut à ce prix la joie de voir le caractère obstiné de son fils fléchir devant les légitimes exigences de ses maîtres. Première victoire sur elle-même d'une âme généreuse qui devait plus tard compter tant de triomphes semblables.

Ce fut au lycée, où il ne tarda pas à entrer, qu'il rencontra Louis Potton pour la première fois. Celui-ci avait pour père le chef de l'une des principales maisons de soieries de la Fabrique lyonnaise, chevalier de la Légion d'honneur, l'un des plus anciens et des plus honorables négociants de la ville; à ses côtés grandissaient un frère nommé Ferdinand, moins âgé que lui de deux ans, et une toute jeune sœur nommée Olympe.

Il n'est point difficile de se rendre compte de la vie des deux lycéens. Externes l'un et l'autre, ils se rendaient en classe matin et soir, leur serviette d'étudiant sous le bras, pour y écouter pendant deux heures chaque fois les leçons de leurs maîtres ; puis, il revenaient à la maison paternelle : Camille Rambaud, au cours Morand, au-delà du Rhône, et Louis Potton, en rue du Garet, près de la place des Terreaux, où, occupés à leurs devoirs d'écoliers, ils passaient la plus grande partie de leurs journées sous la surveillance et le regard maternels. Tel fut leur genre de vie quotidien de dix à dix-huit ans.

Ils échappèrent ainsi aux influences des internats universitaires, si souvent mortelles à la vertu du jeune âge. La vie de famille leur fut une sauvegarde, et bien qu'ils ne fussent pas pieux au sens précis du mot, du moins pendant tout le cours de leurs études, restèrent-ils constamment fidèles aux pratiques obligatoires de la religion. Leurs mères vraiment chrétiennes comprenaient la grandeur de leur mission et de leur responsabilité; quant aux deux pères, s'ils n'étaient pas logiques jusqu'à donner l'exemple de la pratique religieuse, ils avaient la foi et n'entravaient pas la tâche de leurs épouses et leurs sollicitudes pour le salut de leurs enfants.

Tout en suivant les mêmes cours, les deux jeunes gens étaient loin d'en profiter également et d'y obtenir les mêmes succès.

Rambaud travaillait avec mollesse; n'aspirant pas aux triomphes littéraires, il lui suffisait de plaire et il y réussissait.

Personne autour de lui ne pouvait lui disputer la palme de l'élégance, de la distinction et de la courtoisie. Un physique particulièrement agréable, une conversation à la fois fine et abondante, une vivacité pleine d'à-propos lui gagnaient promptement la sympathie de tous ceux qui l'approchaient. Aussi garda-t-il toujours de nombreux amis parmi ses anciens condisciples. Le manque de succès scolaires ne tenait pas toutefois chez lui à la paresse de l'esprit. Ce ne ne fut pas en vain qu'il eut pour professeur de philosophie le célèbre abbé Noirot, excellent prêtre et esprit fort cultivé qui exerçait sur la jeunesse lyonnaise, à cette époque, une influence profonde.

Tous ceux qui ont étudié sous M. l'abbé Noirot, dit Ampère, s'accordent à reconnaître dans ce maître chéri un don particulier pour diriger et développer chacun dans sa vocation. M. Noirot procédait avec les jeunes gens par la méthode socratique. Lorsqu'il voyait arriver dans sa classe de philosophie un rhétoricien bouffi de ses succès, et aussi plein de son importance que pouvait l'être Eutydème ou Gorgias, le Socrate chrétien commençait par amener, lui aussi, son jeune rhéteur à convenir qu'il ne savait rien ; puis, quand il l'avait, pour son bien, écrasé sous sa faiblesse, il le relevait en cherchant avec lui et en lui montrant ce qu'il pouvait faire.

De son côté, le P. Lacordaire dit de ce maître éminent, à propos d'Ozanam :

Pourquoi ne nommerais-je pas le maître qui conviait ainsi à sa familiarité un obscur adolescent ? Pourquoi ne rappellerais-je pas ces amitiés et ces conversations fameuses qui, au temps de Socrate, rassemblaient à une école volontaire l'élite de la société athénienne ? Il est vrai, tant de gloire n'a pas consacré le souvenir qui me préoccupe ; mais, si la gloire n'y était pas, la vérité s'y trouvait, telle que Socrate et Platon ne la connurent jamais. Pendant vingt ans, à une époque où la philosophie chrétienne avait si peu d'organes, un homme modeste et qui n'a rien écrit, M. l'abbé Noirot, conduisait dans les chemins sérieux de la raison une foule de jeunes esprits dont plusieurs ont atteint la célébrité, et qui tous, à des points divers de la vie, rapportent à leur maître commun l'inébranlable lucidité de leur foi.

A l'école d'un tel maître, Camille Rambaud prit l'habitude, qui dans la suite se développa étonnamment en lui, de chercher le pourquoi des choses. Son intelligence, surtout à partir de son année de philosophie, devint réellement active ; toutefois, s'appuyant beaucoup plus, dans ses investigations, sur ses idées personnelles que sur celles d'autrui, il aboutissait souvent à des conclusions originales et bizarres qui déroutaient ses maîtres, pendant que lui-même s'y délectait. Les enseignements de l'abbé Noirot, et en général les souvenirs de son adolescence lui furent toujours chers, et il aimait plus tard, après sa conversion, à en raconter les anecdotes diverses à ceux qu'il fréquentait, surtout lorsqu'il espérait y trouver le moyen de se diminuer dans leur estime.

Malgré le triple avantgae d'une mère pieuse, d'une

bonne première communion et d'un enseignement philosophique chrétien, le jeune lycéen, une fois dans le monde, ne resta pas complètement fidèle à tous ses devoirs religieux.

Sans doute, il n'affecta jamais l'incrédulité; son intelligence possédait le trésor de la foi et son cœur était trop haut placé et trop droit pour qu'il pût parler contre ses convictions; il ne fut pas même indifférent au sens propre du mot, puisqu'il assistait à la messe assez régulièrement, mais il resta plusieurs années, à l'âge où les passions fermentent, sans accomplir son devoir pascal. Lui-même l'a raconté dans sa vieillesse avec l'expression d'un immense regret, appelant du nom de « conversion » l'époque bénie où il reprit intégralement, un peu plus tard, les pratiques de la vie chrétienne. Remplir ses devoirs de société, mener vie joyeuse avec ses amis, en dehors de ses occupations journalières, s'étourdir extérieurement tout en sentant au dedans sa conscience réclamer contre la violation d'un précepte grave, telle était alors son existence. S'il eût continué ainsi, il eût passé inutile, sans faire de bien à ses semblables ni à lui-même, comme un de ces oiseaux brillants que nous entendons chanter sur une branche, qui nous charment un instant par leur ramage et leur riche plumage, puis disparaissent pour toujours dans la forêt.

Notablement différente fut la jeunesse de Louis Potton. Elève diligent, il accomplissait consciencieusement chaque jour la tâche imposée par le maître, faisait de rapides progrès dans toutes les branches de l'enseignement et obtenait régulièrement les premières places. L'étude lui plaisait et il y consacrait volontiers, sans qu'il fût besoin de le presser, les longues heures qui s'écoulaient pour lui au foyer de la famille.

Même pendant les vacances, son amour du travail ne

se démentait pas. Loin de rester oisif, il passait presque chaque jour de longues heures à compléter, par des études personnelles et suivies, ce qu'il avait appris pendant l'année scolaire.

Ce temps de repos s'écoulait pour lui dans une solitude bien faite pour faciliter ses goûts studieux, et dont il importe de dire un mot dès maintenant, parce qu'il en sera question plus d'une fois dans ces pages.

A égale distance de Saint-Genis-Laval et de Brignais, au sud de Lyon et à huit kilomètres environ de cette ville, M. Potton avait acheté une campagne d'une contenance de dix hectares, appelée les Barolles. Placée dans un site ravissant, elle occupe la crête des collines élevées qui dominent à l'ouest la vallée du Rhône. Lorsqu'on y est parvenu par ces sentiers solitaires et escarpés qui entourent Lyon de toutes parts, l'œil découvre soudain un panorama splendide ; à l'est, par delà le fleuve, ce sont les plaines de l'Isère et, à l'horizon lointain, les neiges éternelles qui couronnent les Alpes ; au sud, c'est le village pittoresque de Brignais au milieu d'une large et fertile vallée arrosée par le Garon, et plus loin les dernières ramifications des Cévennes, dont les hauts sommets ferment la vue vers le couchant. M. Potton n'avait rien omis pour donner à cette propriété tous les agréments possibles. Au centre, il avait bâti une maison à la fois confortable et élégante, et distribué tout autour, sur un sol très accidenté et fertilisé par des sources d'eau vive, bosquets, prairies, bois de chène et parterres variés. D'ailleurs, les Barolles ne sont pas seulement délicieuses comme séjour, au triple point de vue de la beauté des paysages, **de la** pureté de l'air et de la solitude ; elles rappellent aussi un fait historique de premier ordre dans l'histoire du Lyonnais. C'est là qu'en 1361, Jacques de Bourbon fut défait par les Routiers dans la bataille de Brignais, et

on y voit encore, au centre du parc, le rocher appelé
« Pierre Souveraine » sur lequel le malheureux prince
blessé à mort fut déposé quelques instants pour recevoir
les premiers soins.

Telle était la campagne où Louis Potton passait la
plus grande partie de ses vacances ; et, s'il est vrai que
le milieu où nous grandissons influe puissamment sur
notre formation intellectuelle, de fréquents séjours en
ces lieux, où la vue embrasse les horizons immenses qui
s'étendent des Alpes aux Cévennes, furent pour quelque
chose, il est permis de le croire, dans l'habitude qu'il
contracta de bonne heure d'envisager les questions
de haut et de porter très loin ses regards dans le
domaine, incomparablement plus beau, de la vérité et
des idées.

Les études philosophiques qui succédèrent à ses
humanités lui furent particulièrement utiles. Ailleurs,
dans les autres écoles de l'Etat, elles conduisaient trop
souvent alors au scepticisme, avec des professeurs
incroyants. Au lycée de Lyon, il n'en était pas ainsi, la
chaire de philosophie ayant à cette époque pour titu-
laire l'homme éminent dont nous avons déjà cité le
nom, l'abbé Noirot.

Plus que beaucoup d'autres, Louis Potton était
capable de profiter des leçons d'un tel maître ; il en
retira, en fait, les plus précieux avantages. Il aurait
pu dire comme Ozanam : « Un prêtre philosophe me
sauva et mit dans mes pensées l'ordre et la lumière. »
Pendant toutes ses études au lycée, il se fit constamment remarquer par les qualités supérieures de son
esprit ; à la fin, non seulement il remporta d'emblée, à
l'âge de dix-huit ans, les palmes du baccalauréat ès
lettres devant la Faculté de sa ville natale, mais M. Noirot alla jusqu'à déclarer qu'il n'avait jamais rencontré
d'intelligence aussi parfaite dans toute sa carrière

d'enseignement ; il s'attacha à ce jeune homme si riche de qualités, le convoita pour l'Université et lui fit des ouvertures à ce sujet. Mais M. Potton fondait sur son fils aîné de trop grandes espérances en vue de son commerce pour permettre que ce projet pût aboutir : à peine ses études terminées, il le fit entrer au magasin (1). Ce fut là que les deux ex-lycéens se retrouvèrent.

M. Rambaud père venait, en effet, de quitter le commerce et commençait à prendre goût au jeu de la bourse qui, après quelques gains heureusement réalisés au début, devait sous peu engloutir tout son avoir. Voyant autour de lui un grand nombre de jeunes gens désœuvrés se laisser absorber, au sortir de leurs classes, par le cabaret et le jeu, et compromettre ainsi leur avenir, quelquefois leur honneur même, il prévint ce malheur chez son fils, en le plaçant chez M. Potton dès avant l'âge de vingt ans. Le travail, en l'occupant, le préserva de beaucoup de dangers, peut-être même de chutes auxquelles ses dons naturels eux-mêmes l'exposaient plus que personne. Sans retard, il s'adonna joyeusement à sa nouvelle vocation, où son extérieur agréable, son habileté et ses manières distinguées lui firent obtenir un vrai succès dans les deux emplois de dessinateur et de vendeur qui lui furent successivement confiés.

De cette époque date proprement son intimité avec Louis Potton, employé comme lui dans le commerce de son père. Jusque-là, les deux jeunes gens s'étaient connus, mais sans se fréquenter ; désormais ils s'attachèrent l'un à l'autre et se chérirent comme deux frères.

---

(1) Ce magasin donnait sur la rue Lafont et la place actuelle de la Comédie. Il occupait le deuxième étage de l'immeuble qui se trouve maintenant au numéro 1 de la rue de la République, et aussi presque toute la largeur de cette dernière rue qui ne fut percée que plus tard, sous Napoléon III.

Une étroite amitié lia de plus en plus étroitement leurs
âmes : l'amitié, nom beni et plein de charmes ! lien
sacré qui se fortifie par des rapports faciles et répétés !
idéal qui préserve de la tyrannie des mauvaises passions,

Louis Potton

en dirigeant ailleurs les affections du cœur ! Au milieu
de la grande cité et du bruit des affaires, ils commencèrent à se trouver bien d'être ensemble ; lorsqu'ils con-
versaient, ils se sentaient délivrés d'un isolement qui
leur pesait comme il pèse à tant d'autres ; se confiant

leurs pensées, leurs joies et leurs peines, ils prirent peu
à peu l'habitude de marcher vraiment côte à côte,
comme deux frères d'armes, dans le combat de la vie.

Il n'est point difficile de se représenter l'emploi habituel de leurs journées à ce printemps de leur existence.
Ils ne perdent point leur brillante jeunesse dans l'oisiveté
comme tant d'autres qui fréquentent assidûment l'esta-
minet, et passent une grande partie de leurs journées
autour des tables de consommation ou des billards,
transformés en fumeurs et en buveurs infatigables. Non,
ils participent à cette vie intense de Lyon que son mouvement industriel et commercial a souvent fait comparer à une ruche d'abeilles ; leurs heures sont remplies
du matin au soir par les occupations utiles de leur état ;
ils ont en haute estime leur profession, ils la jugent
noble et s'y consacrent tout entiers. Quant aux jours de
repos qu'elle leur laisse, ils ne sont pas perdus. Les
promenades à cheval à travers les prés de la Guillotière
ou les chemins fleuris des campagnes voisines, l'inter-
prétation en petit comité de morceaux de musique, des
jeux d'esprit, des entretiens sur la littérature, leur four-
nissent des distractions légitimes et saines. Camille
Rambaud prend part à ces récréations, mais, à la différence de son ami qui, lorsqu'il est seul, se livre avec
délices aux lectures instructives et à l'étude plus approfondie des sciences, lui ne dédaigne pas, ces jours-là, de
faire de longues séances au café, où chacun admire sa
conversation spirituelle, sa verve intarissable et sa
politesse exquise. Il ignore l'usage du tabac, le jeu lui
déplaît, mais une causerie interminable et joviale avec
un ami devant un bock de bière ou un généreux nectar,
même jusqu'à dix ou onze heures du soir, le délecte. Là,
en petit comité, il aime à discuter avec les jeunes
gens de son âge sur les grands problèmes de la vie
humaine, sur l'origine du monde, de l'homme, du mal,

sur la spiritualité de l'âme et sa survivance à la mort. Il parle souvent de ces hautes questions sans les avoir suffisamment approfondies, mais, grâce aux germes de foi déposés dans son cœur par sa mère et aux principes reçus de M. l'abbé Noirot, il reste toujours à peu près orthodoxe.

Des invitations de plus en plus fréquentes aux Barolles, chez son ami, étaient encore pour M. Rambaud une distraction aussi agréable que flatteuse. Les réunions familiales qui s'y tenaient, comptaient souvent beaucoup d'invités, car la famille de M. Potton était nombreuse. Une de ses nièces, mariée à Dieulefit (Drôme) avec M. Bonnard, avait quatre filles gracieuses et spirituelles, d'une vingtaine d'années, et un plus jeune fils, qui tous les ans pendant l'été, et même en d'autres circonstances, venaient passer plusieurs mois à Saint-Genis-Laval; un de ses neveux, docteur-médecin à Lyon, avait aussi plusieurs jeunes enfants. Mme Potton, de son côté, invitait fréquemment sa sœur, Mlle Valérie Martin, et sa nièce, Mlle Irma Martin. La société qui se réunissait aux Barolles pendant l'été, en ville pendant l'hiver, était donc à la fois variée, distinguée et nombreuse. Camille s'y montrait aimable pour tous et souvent pétillant d'esprit. Quoique plus jeune, Ferdinand qui terminait alors ses études classiques au Lycée de Lyon, y apportait aussi beaucoup de bonne humeur et de gaieté. Nous avons retrouvé une poésie composée par lui vers 1845, à l'âge de 18 ans, et dédiée à sa cousine, jeune enfant qui était élevée et comme adoptée par Mmes veuves Potton et Pilat et allait au catéchisme avec Olympe Potton. Cette composition plaisante, qu'il débita devant toute la famille et qui amusa beaucoup, n'est point un chef-d'œuvre. Nous la mettons ici sous les yeux du lecteur, pour lui faire connaître les innocentes joies que l'on se procurait de bonne heure entre enfants,

jeunes gens et jeunes filles, dans le milieu où va se
dérouler la première partie de cette histoire :

Pour vous plaire, il faut donc que ma muse classique,
Rappelant les travaux et fleurs de rhétorique,
Se mette à vous écrire en longs alexandrins
Ce que je dirais mieux en petits vers badins.
Mais votre dignité se croirait offensée,
Si je développais ma pompeuse pensée
En vers trop raccourcis. Aussi, pour vous chanter,
Vais-je écrire en pathos digne d'un écolier.

Commençons : O vous, qui dans les champs de Provence (1),
Vîtes couler heureux les jours de votre enfance,
Et maintenant plus sage, adorez les sermons,
Qui du Père Christophe fréquentez les leçons (2).
Prêtez, prêtez-moi donc une oreille attentive,
Car mon cœur est timide et mon âme craintive ;
Un rien la fait trembler ; un soupir, un regard
Suffisent pour troubler ce cœur jeune et sans fard.

Ce n'est que confiant en vos grâces touchantes,
Que ma main vous écrit ces lignes frémissantes.
Tel autrefois on vit, dans les champs des Troyens,
Aux pieds de Briséis trembler le fier Achille.
. . . .
A peine, le matin, le bruit de la trompette (3)
Chez vous a pénétré, que la jeune Fanchette (4)
Abandonnant sa couche auprès de vous descend.
Pour vous dire en riant et d'un air caressant
Qu'« il est temps de quitter cette moëlleuse couche,
« Où toujours l'on vous voit dormir comme une souche. »
Ce sont ses expressions ; pour plus de vérité,
Je répète ses mots avec fidélité.
A ce funeste appel, un long étonnement
Du fond de votre lit répond en gémissant.
Mais il faut se lever ; la rigoureuse Adèle (5)
A déjà, dans les nœuds enlacés autour d'elle,
Quatorze fois passé la rétive ficelle...
A la fin on est prêt,... Mais il faut déjeuner !

---

(1) Mlle Bonnard était née à Dieulefit, dans la Drôme.
(2) L'abbé Christophe, vicaire à Saint-Pierre.
(3) Signal du lever.
(4) Fanchette était la femme de chambre des dames Potton et Pilat.
(5) Domestique de la même maison.

Bon Dieu !... C'est le Carème, et qu'allons-nous manger ?
Du thon, des haricots, d'humbles pommes de terre
Se trouvent seuls présents chez notre cuisinière.
Mais déjà la pendule onze fois a sonné,
Et son timbre vibrant même nombre a donné.
Dieu ! c'est la onzième heure, l'heure du catéchisme.
Il nous faut y courir pour éviter le schisme :
Car si nous y manquions, d'un ton tout sépulcral,
Vite on nous enverrait dans le confessionnal.
Qu'on se dépêche !... Allons, mon châle, ma mantille.
Mon Dieu, vit-on jamais plus lente jeune fille !.. .
A la fin tout est prêt, on part, on est parti.
Le long des escaliers descendant à grand bruit,
A Messieurs les Commis on fait dresser l'oreille...:
Ils se demandent tous quelle est cette merveille
Qui descend prestement le long des escaliers,
Et fait trembler les murs de la cave aux greniers.
Mais bientôt le bruit cesse. Arrivées à la rue,
Mesdemoiselles Adèle et Sophie à la vue
   Ont déjà disparu.
On approche en tremblant de ces murs tout noircis
Où saint Pierre a voulu dans Lyon être assis.
Le cœur bat ; pourquoi donc ? C'est que Monsieur Christophe
Est un théologien, un rude philosophe,
Qui, la verge à la main, gouverne ses Etats,
Et fait mettre à genoux quand on ne répond pas.
L'on monte à l'escalier qui mène à la tribune,
Et qu'y rencontre-t-on ? Olympette la brune (1)
Qui le plus qu'elle peut, en se serrant le nez,
Répond à sa cousine en mots entrecoupés.
Car elle aussi frémit, en pensant que peut-être
Bientôt, dans un instant, Christophe va paraître.
Quand dedans la tribune tous ces bancs sont garnis
Et tous ces nez en l'air en ces lieux réunis,
On entend dans le chœur une rumeur qui plane :
Elle approche, elle avance, oh ! c'est une soutane.
Et le Père Christophe, appuyé sur sa canne,
Apparaît au milieu de son jeune troupeau.
Ainsi l'on voit soudain, aux champs de Bactrianne,
S'élever l'aigle-roi, impétueux oiseau.
Il aperçoit de loin de timides colombes
Qui chantent leurs amours dans les fraîches forêts.
Il arrive, s'élance, et les blesse ; elles tombent,
Et leur sang pur rougit les vallons et les prés.

---

(1) Mlle Olympe, jeune sœur de Louis et Ferdinand Potton.

De même en sa tribune on voit Monsieur Christophe.
. . . .
Mais finissons-en là. Moi, futur philosophe,
Pour l'honneur de ma plume et de mon encrier,
Sur la péroraison il faut me relever.
C'est un triste métier que de vouloir écrire.
Mettons donc pour longtemps cette innocente lyre
     Dans une tirelire.
    Et puis nous donnerons la clé
    De ce méchant cerveau fêlé
      A Dieu
      Adieu.

F. POTTON.

Toutefois Louis Potton et Camille Rambaud, plus âgés que Ferdinand, trouvèrent bientôt leur vie monotone. Monter à cheval, faire caracoler adroitement leurs coursiers devant la foule, chanter, étudier, faire des jeux innocents en famille, ne leur suffisait plus. Ils demandèrent à leurs parents d'organiser des soirées, et ceux-ci, y voyant un moyen de les établir plus avantageusement, n'y mirent point obstacle. Le but des deux amis était moins utilitaire : ils voulaient seulement égayer leur jeunesse : « Eh ! que peut-on faire autre chose, se disaient-ils, quand la vie sourit, et qu'on a vingt ans ? ». Bientôt, leurs plans furent dressés et les invitations lancées. Rambaud surtout désirait ces réunions mondaines, où il parut vêtu, coiffé, rasé à la dernière mode, et dont il devint bientôt le roi.

Aux soirées où ils invitèrent eux-mêmes parents et amis, succédèrent les soirées plus nombreuses où ils furent invités à leur tour. Ces réunions se tenaient dans des pièces élégamment meublées, ruisselantes de lumière et où s'étalaient les superfluités du luxe et toutes les recherches du confort. Là se donnaient rendez-vous plus d'un travers, et parfois des prétentions ridicules, et l'on y apprenait sur autrui mille détails dont ensuite on plaisantait et riait beaucoup.

Louis Potton y jouait souvent du piano, puis au babil
du clavier succédaient le babil des lèvres, les chants,
les pièces de vers…, et enfin, quand les invités commençaient à s'ennuyer, on donnait le signal de la danse. Au
fond, en tout cela, il y avait plus de frivolité que de
culpabilité : le monde est plus léger que méchant.

Le plus souvent d'ailleurs ces réunions étaient seulement des réunions de famille, et c'étaient de beaucoup
les préférées. Elles se multipliaient surtout au temps des
vacances. Aux Barolles, se donnaient alors rendez-vous
les jeunes parentes de la famille Potton, dont nous avons
parlé et qui y passaient jusqu'à deux et trois mois de
suite. Camille Rambaud était très désiré par cette aimable société à cause de son caractère gai et de ses enfan-
tillages dont on s'amusait : il y était amené à peu près
régulièrement chaque dimanche par son inséparable
ami.

Le premier dimanche après notre arrivée, écrivait Sophie
Bonnard, le 27 novembre 1846, nous avons passé la soirée chez tante
Olympe Potton. Nous n'y avons rien fait qu'écouter les folies de
M. Camille et de Ferdinand… Olympe prend des leçons de danse,
mes tantes veulent aussi m'en faire prendre. Rien que cette idée
m'ennuie à mourir. Te souviens-tu combien de danses joyeuses nous
avons faites ensemble? Quand donc ce temps reviendra-t-il ? Mon
Dieu, faites que ce soit bientôt…

J'ai fait ta commission à Louis… Ferdinand m'a chargé de vous
témoigner tous ses regrets de n'être pas allé vous accompagner à la
diligence; il m'a expliqué que cela lui a été tout à fait impossible…

La belle Anglaise (Mme Crow), arrive dans une huitaine de jours.
Immédiatement après son arrivée, tante Olympe ouvre ses soirées
toutes les semaines. Dans ces soirées, nous allons voir une Allemande
qui joue du piano, ne danse point et chante à ravir. Elle a vingt et un
ans, je crois, et elle est venue seule de Dresde pour voir un peintre
de Lyon. Il me semble bien avoir entendu dire qu'elle serait invitée
aux soirées des jeudis. Nous ne la connaissons pas, mes tantes ni
moi, mais je ne crois pas qu'elle puisse égaler Miss Louisa (Crow),
car elle est petite et point jolie. Du reste, Miss Louisa est si gracieuse
et si aimée de nous tous que la plus belle des étrangères ne nous

plairait peut-être pas autant qu'elle. Vous m'avez recommandé de beaucoup vous parler d'elle : comme c'est notre plus jolie fleur, je ne l'oublierai pas, mais si vous l'aviez connue, ce serait un intérêt de plus.

La même écrivait encore à sa sœur :

Les jeudis ont peu de monde. Tu veux que je te dise un mot de nos cavaliers; nous n'en avons pas eu de nouveaux, mon cher ange, mais veux-tu que je te fasse rire ? J'ai dansé un quadrille avec M. Giraud : il ne m'a pas dit la moitié d'une demi-parole. Ferdinand prétend qu'il tient la main de sa danseuse comme le manche d'une poêle ou d'une casserole. Voici qu'à cette folie il te prend, j'en suis sûr, un accès de fou rire. Cependant, voici une réflexion sérieuse : songe que tous ces messieurs se moquent plus de nous que nous ne le faisons d'eux : ceci vient de mes tantes et non de moi. Je n'ai vu qu'une fois M. M.......... (le nombre de points se met en raison de l'importance d'un gentleman).

Mais il a perdu à moitié mon affection, parce qu'il n'a pas de bottes vernies. Cela pourrait passer encore, mais les siennes ne brillent pas seulement, et pour un jeune homme et pour danser, c'est inexcusable. Ensuite, mon ange, ses cartes de visites sont très laides, ce qui ne peut pas se pardonner quand on est dans sa position et qu'on va dans le monde. Ce sont de terribles griefs, n'est-ce pas, ma chérie? Si quelqu'un de raisonnable lisait cette lettre, il ferait entendre des exclamations à chaque mot... Je m'arrête là, car c'est vraiment affreux que je me retrouve encore parlant d'un gentleman. C'est fini à jamais. Cependant je désire que vous me parliez aussi un peu de vos aimables danseurs; sans cela, je croirais que tu me blâmes.

Il nous serait facile d'extraire de diverses correspondances de cette époque des détails pleins d'intérêt sur les jeunes héros de cette histoire et leur vie à cette époque. Une vénérable dame, hôte assidue dans sa jeunesse des salons où ils brillaient tous deux à des titre divers, nous écrivait récemment au sujet de Louis Potton :

Je me souviens de lui comme d'un jeune homme tout à fait part, par son intelligence très élevée et sa manière d'être. J'ai toujour entendu dire qu'au lycée de Lyon il partageait tous les premiers prix avec M. Jacquet, qui a été ingénieur en chef des Ponts et Chaussées. Il avait une facilité extraordinaire pour apprendre très rapidement tout ce qu'il voulait, et dans n'importe quel genre d'études, il lui suffisait de vouloir pour arriver au but désiré. Il était d'ailleurs très modeste ; il parlait peu, je crois. Mon souvenir me le représente dans les nombreuses réunions qui avaient lieu au sein de sa famille, se tenant un peu à l'écart, se prêtant au monde, mais ne s'y donnant pas. Il était très disposé à faire plaisir, se servant volontiers de son talent de musicien pour faire danser, mais restant au-dessus de tous ces petits plaisirs. Il regardait, il étudiait, il réfléchissait, ne paraissant ni s'ennuyer, ni s'amuser.

Quoiqu'il fût extrêmement bien physiquement, je crois qu'il n'y attachait aucune importance, il ne ressemblait en aucune façon à un jeune homme du monde. Je vois encore sur ses lèvres un certain sourire qui semblait dire combien peu il estimait toutes ces choses futiles qui forment la vie mondaine. Inutile de dire combien sa mère le chérissait, et combien il lui rendait cette tendresse ; chacun le sait, comme aussi l'immense chagrin qu'eut Mme Potton, quand son fils la quitta pour embrasser la vie religieuse. J'étais trop jeune alors pour pouvoir connaître au juste les motifs qui le déterminèrent à laisser des parents qui l'aimaient si fortement, une position si belle, des espérances d'avenir si exceptionnelles ; je sais seulement que ce fut un coup de foudre, et aussi le début de tous les changements qui devaient se produire dans sa famille, si heureuse jusque-là.

Je me souviens d'un mot qu'il nous dit un jour que nous étions réunis, jeunes gens et jeunes filles, comme nous l'étions si souvent chez sa mère. Il s'approcha de notre groupe, et nous dit « de nous préparer à vieillir, car, à vingt-cinq ans, tous, nous entrions dans la décrépitude. » Une grande indignation accueillit ces paroles, mais n'avait-il pas raison ? Il s'attachait aussi très souvent à résoudre les problèmes qu'il rencontrait ou qu'on lui proposait ; apprendre un petit jeu, vaincre une difficulté quelconque, l'absorbait comme s'il se fût agi d'une chose importante : il voulait arriver à la solution. Je regrette que l'esprit léger de ma jeunesse ne m'ait pas laissé plus de souvenirs sur ce très saint et vénéré père, qui avait le cœur et l'intelligence trop haut placés pour les consacrer à d'autres qu'à Dieu.

Camille Rambaud se donnait beaucoup plus au monde que son ami, et il y obtenait de vrais succès. Tandis que celui-ci gardait souvent le silence, lui ne tarissait pas : sa conversation vive, animée, spirituelle, abondait en saillies ingénieuses et pittoresques. Dans les sauteries, — c'est ainsi qu'on les nommait pour éviter le mot bal qui rime avec Carnaval, — pendant que Louis Potton, assis au piano, était heureux d'avoir à *jouer*, pour n'avoir pas à danser, Camille était un intrépide danseur.

En tout cela, d'ailleurs, est-il besoin de le dire, on veillait à garder une correction parfaite. La modestie laissait bien, il est vrai, un peu à désirer dans la toilette des femmes, mais M. Rambaud nous l'a affirmé lui-même dans les dernières années de sa vie, il régnait dans ces réunions une telle retenue qu'à son avis elles étaient plutôt favorables à la vertu qu'au vice. « Chacun se surveillait, disait-il, pour ne laisser échapper ni une parole ni un geste qui pût donner prise à la moindre critique. » Cette opinion, nous l'avouons, nous paraît beaucoup trop favorable, et nous aimons mieux nous rallier à celle de saint François de Sales qui affirme que « les danses ressemblent aux champignons : que les meilleures ne valent rien. » Tout au moins prouve-t-elle avec évidence que ces soirées étaient loin de ressembler à celles de nos jours où le laisser-aller est extrême et auxquelles on ne peut assister « sans en sortir autre qu'on y est entré. » C. Rambaud se faisait envers et contre tous le défenseur de ces réunions joyeuses. Quelqu'un ayant dans la conversation trouvé à redire aux danses : « Mais, reprit-il avec vivacité, David a bien dansé devant l'arche. ».

Une vénérable dame, invitée parfois dans sa jeunesse aux Barolles, nous écrivait récemment : « Je n'ai vu M. Rambaud qu'à de rares intervalles. Tout ce que je peux en dire, c'est qu'il était parfois d'une gaieté folle, toujours d'une toilette et d'une tenue de gentleman irréprochable, dansant pas trop mal ; cependant on sentait que ce n'était pas dans ses goûts, ni ses allures. Je le comparais à un oiseau léger, un oiseau de paradis, tellement il était fin et délicat. »

Un jour, au magasin, les deux amis s'étaient amusés à dessiner sur de petits carrés de papier des têtes de mort, et le soir, après une valse très animée, Rambaud se mit à les distribuer soudain, de la manière la plus aimable, à toutes les jeunes danseuses, en disant : « Voilà, Mesdemoiselles, ce que nous serons un jour. » Des cris d'indignation accueillirent la plaisanterie, et cette indignation augmenta encore, lorsque Louis Potton, se mêlant au groupe d'où partaient les plus vives exclamations, renchérit sur les paroles de son ami et dit que : « Camille avait bien raison, qu'à vingt-cinq ans on entrait dans la décrépitude et que tous devaient se préparer à mourir. » Les jeunes personnes, très sérieuses au fond, gardèrent le billet, et l'une d'elles montrait le sien au donateur plus de trente ans après, collé au dos de son portrait de jeune fille. Ainsi,

> Dans ces salons remplis de fleurs et de lumières,
> Où le piano chante au milieu des volières,
> Où de charmants babils renouent avec succès
> Le fil interrompu du bel esprit français,

les deux jeunes gens ramènent à l'improviste les esprits à des pensées sérieuses, et déjà, à leur manière, sous forme de boutades, font des sermons.

Tels étaient à vingt-cinq ans les deux amis. Les plaisirs innocents auxquels ils s'étaient adonnés d'abord avec beaucoup d'entrain, ne séduisirent jamais leurs âmes, et en consultant le fond de leur cœur, ils auraient pu dire avec le poète :

> Nous sommes las de vous, bals, spectacles et fêtes,
> Fleurs rajeunissant mal tant de branlantes têtes,
> Teints fardés, masque où brille un éclat emprunté ;
> Nous sommes las de toi, masque de volupté.

Ces heures de délassement passées, ils reprenaient avec courage les soucis du commerce. De 8 heures du matin à midi, et de 2 heures à 6 heures du soir, ils étaient constamment occupés au magasin. A certaines époques, celles des inventaires surtout, le travail était rude ; à d'autres moments, au contraire, y avait-il chômage ; ils en profitaient pour s'entretenir longuement : un peu, des soirées mondaines auxquelles ils avaient assisté et des incidents survenus, et beaucoup, de sujets plus élevés, surtout de philosophie et de religion.

A la différence de Louis Potton, son frère Ferdinand ne montrait aucun goût pour le commerce, et en 1847, à 21 ans, s'ennuyant au magasin, il résolut avec le consentement paternel d'embrasser la carrière militaire : il concourut pour Saint-Cyr et réussit à y entrer. Dans cette nouvelle vie, ses débuts furent pénibles.

« Nous avons reçu des nouvelles de Ferdinand, écrivait Sophie Bonnard à sa sœur Louise, le 1er janvier 1848 ; il n'est plus aussi découragé et malheureux qu'au commencement de son séjour à Saint-Cyr, mais il est toujours très triste. C'est inouï toutes les vexations que les anciens font aux nouveaux venus qui s'appellent « melons ». Ferdinand a eu le bonheur d'avoir un ancien qui est très bon et ne le tourmente pas trop. Il a envoyé sa daguerréotypie en costume de saint-cyrien. Il dit dans ses lettres que quand il reviendra aux vacances, il ne se fera plus prier pour jouer aux fagots et faire des charades en action, mais nous n'aurons plus ma charmante petite Louise pour nous faire les vieilles. Fanchette (la femme de chambre) me parle fréquemment de cette avare qui comptait ses sous. Tu me dis souvent de te raconter ce que nous faisons. Nos plaisirs ne sont pas très variés. Le jour je travaille, et ordinairement le soir je regarde faire une partie de whist entre mes deux tantes, mon oncle et Mlle Henriette, en brodant. Le dimanche, nous nous réunissons : on cause, on joue, on fait des jeux innocents. »

Signalons ici une œuvre de zèle entreprise par Louis Potton, qui devint pour lui une occasion providentielle de se rapprocher davantage de Dieu et de faire une étude plus approfondie des dogmes chrétiens. Miss Crow, fille du principal client de son père, était venue se fixer à Lyon avec sa mère, et toutes deux, nous l'avons dit, étaient invitées aux soirées de famille qui se tenaient aux Barolles. Comme la jeune fille, Anglaise de naissance et protestante, parlait volontiers de religion, Louis eut avec elle de nombreux entretiens, en vue de l'amener à embrasser la foi catholique. Se sentant faible dans la discussion, et ne sachant pas toujours comment répondre aux objections de son interlocutrice, il demanda des livres religieux à son confesseur, M. le chanoine Coignet, directeur de la Bibliothèque des Bons-Livres, aux Célestins; et le vénérable prêtre lui donna les Conférences du P. Lacordaire à Notre-Dame. Cette lecture fut pour lui plus qu'une édification et une jouissance; elle lui fut, comme à tant d'autres, une soudaine illumination, la révélation de la religion véritable, celle de Jésus-Christ. Jusque-là, il croyait sans doute; dès lors, il eut « ces yeux illuminés de la foi » dont parle saint Paul et connut cette foi chrétienne sous le grand et vrai jour où sut la faire envisager à un si grand nombre de ses contemporains l'incomparable orateur.

A cette école du P. Lacordaire, la vie humaine lui apparaît sous un jour tout autre. Levant les yeux en haut, il aperçoit plus clairement que jamais au fond des cieux le grand Dieu, créateur immuable, maître et Providence du monde, qui voit passer devant lui les temps et les espaces, qui conduit les événements et les hommes selon ses desseins éternels. Et il courbe la tête devant ce Tout-Puissant, ou plutôt s'enorgueillit d'un tel père. Il le reconnaît : Dieu l'a fait, Dieu l'a sauvé, Dieu le mène, Dieu l'attire. Dieu devient tout pour lui et il pense dès lors à se donner tout à Dieu comme celui dont il lit les ouvrages et qui parle si bien de lui.

Peu de temps auparavant, Louis Potton avait été

prédisposé à subir cette influence du grand restaurateur des Dominicains en France. En 1845, celui-ci était venu prêcher le Carême à Lyon, où sa présence avait été un événement considérable. La Primatiale avait été trop étroite pour contenir les hommes, seuls admis aux Conférences. Les dames de la ville avaient demandé pour ce motif et obtenu de faire établir une tribune, dans la petite nef, vis-à-vis la chaire; elles se réunissaient ensuite pour lire et coordonner les notes qu'elles avaient prises sur les discours entendus; on les appelait les *Lacordairiennes*, et le *Censeur*, journal voltairien, travestissait leurs comptes rendus, et en plaisantait.

Dire l'effet produit sur la population lyonnaise, et spécialement sur la jeunesse, serait difficile. Il suffira de rappeler que l'orateur parlait à 1 heure et que beaucoup de places étaient retenues à 5 heures du matin : « Le corps droit et élancé, dit Tisseur, d'attitude d'abord simple et modeste comme celle d'un moine de Fiesole sur les murs du couvent de Saint-Marc; dans ce beau costume religieux : robe de laine à plis larges et lourds, qui absorbe la lumière et éteint les reflets; la parole nette, brève, le motif vif, la phrase bien coupée, sans qu'un lieu commun vînt jamais l'affaiblir, Lacordaire nous tenait tout yeux et tout oreilles, jusqu'au moment où, tout à coup, son geste grandissant, sa voix sonnant comme une trompette, il enveloppait l'auditeur dans quelque mouvement sublime, et semblable à l'ange de l'Apocalypse, nous enlevait par les cheveux. »

En dehors de ses discours de Station, le P. Lacordaire avait accepté d'adresser la parole aux internes des hôpitaux. Dans son discours il avait raconté la touchante histoire de sainte Elisabeth de Hongrie qui, ayant abandonné le palais de ses pères et de son époux, s'était, elle aussi, confinée dans un hôpital, pour y servir mieux de ses douces mains les pauvres de Dieu. Un lépreux s'était présenté. Elisabeth le reçut avec empressement et quand elle eut fini de laver ses plaies repoussantes, elle prit le vase où elle avait exprimé « ce que la parole humaine ne peut pas peindre et l'avala d'un trait ».

Le P. Lacordaire se retournant alors vers les jeunes internes stupéfaits :

Voilà, messieurs, qui est parfaitement extravagant..., mais remarquez d'abord une chose que vous ne pouvez pas mépriser, la force. C'est la vertu qui fait les héros. Il y a mieux que la force, il y a la charité, l'amour... Quel était le bénéfice du lépreux dans l'action d'Elisabeth de Hongrie ? Quel il était ? Me le demandez-vous bien ? Sainte Elisabeth faisait à cet abandonné, à cet objet d'unanime répulsion, même au milieu des siècles de foi, une inexprimable révélation de sa grandeur. Elle lui disait : Cher petit frère du bon Dieu, si après avoir lavé tes plaies, je te prenais dans mes bras pour te montrer que tu es bien mon frère royal en Jésus-Christ, ce serait déjà un signe d'amour et de fraternité, mais un signe ordinaire, dont je te restituerais seulement le bénéfice, à toi qui depuis ton enfance en as été privé ; à toi qui sur ta poitrine n'as jamais senti la poitrine d'une âme vivante ; mais, cher petit frère, je veux faire pour toi ce qu'on n'a jamais fait pour aucun roi du monde, pour aucun homme adoré. Ce qui est sorti de toi, ce qui n'est plus toi, ce qui n'a été à toi que pour être transformé en une vile pourriture par son contact avec ta misère, je le boirai.

Voilà du sublime, Messieurs, et malheur à qui ne l'entend pas ! Et grâce à sainte Elisabeth de Hongrie, pendant toute l'éternité, il sera connu qu'un lépreux a obtenu d'une fille de rois plus d'amour que la beauté n'en a jamais conquis sur la terre.

Après cela, qu'un homme d'esprit traite d'extravagance cette action, nous le lui concédons, et nous sommes persuadé qu'il est beaucoup plus naturel de boire avec ses amis du vin du Château-Margaux.

Après la conférence, la jeunesse en délire porta l'orateur en triomphe à l'archevêché et l'invita à présider le soir même un banquet. Embarrassé, il refusa d'abord ; puis, sur des instances plus que pressantes, il accepta enfin, mais à la condition qu'on ne servirait qu'une sorte de vin. L'engagement fut pris et tenu. On ne servit que du Château-Margaux.

Le P. Lacordaire avait encore, pendant ce même

Le P. Henri-Dominique Lacordaire

séjour à Lyon, exercé une influence personnelle sur plusieurs gens, pieux et artistes, qu'il avait goupés en une petite Fraternité du Tiers-Ordre dominicain, précieuse semence qu'il avait confiée à un ami de M. Rambaud, à

M. Chirat, et qui lui procura peu après plusieurs vocations.

Le succès avait été si complet et le bien opéré si profond que la jeunesse lyonnaise voulut faire une ovation
à l'illustre religieux avant son départ. Tout à coup, le
soir de Pâques, la grande cour et l'avenue de l'Archevêché se remplirent d'une foule compacte qui faisait
retentir au loin les cris de « Vive le P. Lacordaire !
Vive le dominicain ! », pendant qu'une musique d'élite
exécutait divers morceaux d'harmonie.

Le Père parut sur les marches du palais archiépis-
copal, et en prononçant quelques paroles touchantes de
remerciement et d'adieux, il ne voulut reconnaître,
dans cette démonstration du peuple lyonnais, qu'un
hommage rendu à la religion, le gage certain de la
réconciliation de la France avec les Ordres religieux, et
non point un honneur décerné à un pauvre moine.

Cette allocution, pleine d'humilité et de foi, fut couverte d'applaudissements, et la musique ayant cessé à
dix heures, chacun se retira, emportant dans son cœur
un impérissable et religieux souvenir.

Nos deux jeunes gens, fraîchement sortis du lycée et
respectivement âgés alors de 21 et 23 ans, n'avaient pas
cru devoir se fourvoyer parmi les auditeurs de l'illustre
prédicateur ; ils avaient toutefois cédé à la tentation
d'aller l'entrevoir ; ils passèrent donc, pendant une
Conférence, sur la place Saint-Jean, et par la grande
porte ouverte, aperçurent son froc blanc au-dessus de
l'immense auditoire. Mais tous ces faits et beaucoup
d'autres volaient de bouche en bouche et étaient relatés
dans toutes les feuilles de l'époque ; eux aussi ne purent
échapper à l'heureuse influence qui s'en dégagea pour
cette génération tout entière. Ainsi ce semeur incomparable, ce charmeur qui subjuguait les multitudes, agissait même à distance, surtout sur les jeunes gens

que captivaient son allure hardie et son imagination
superbe, et qui laissaient facilement passer dans leur
àme les nobles passions qui agitaient la sienne, la religion, l'honneur, l'amour de la patrie et de la liberté.

Dans ce ciel serein, retentit soudain pour Camille
Rambaud, en 1847, un coup de foudre qui modifia notablement sa situation : son père perdit au jeu de bourse
toute sa fortune, et du même coup le brillant avenir du
jeune homme, alors àgé de vingt-cinq ans, semblait non
seulement compromis, mais ruiné. Devant cette catas-
trophe inopinée, le courage ne l'abandonna pas : il résolut de refaire, par son travail personnel, l'édifice que le
sort avait renversé. Il le refit dans la maison de soieries
de M. Potton.

En 1846, celui-ci voyant son commerce languir,
s'était associé pour un an un de ses employés, nommé
Crozier ; mais l'année suivante ce dernier constatant
que les affaires continuaient à être peu brillantes,
s'était retiré sans renouveler le contrat d'association.
Camille Rambaud, sachant par son ami l'embarras de
M. Potton, songea, tout jeune homme qu'il était, à lui
demander de prendre sa place. Ses relations fréquentes
avec la famille, l'amitié qui le liait à Louis, ses succès
dans la vente, l'enhardirent à faire une proposition, si
audacieuse au premier abord. Après avoir pesé toutes
ces considérations, prenant un jour son grand courage,
il écrivit à son patron une lettre où il lui disait que le
meilleur moyen d'assurer l'avenir de sa maison, était de
le prendre, lui, Rambaud, comme associé.

M. Potton garda la lettre une quinzaine de jours, sans
manifester aucunement ses intentions ; enfin, il fit appeler le jeune employé dans son cabinet du magasin et lui
dit textuellement ces paroles d'un ton assez hautain :

« Jeune homme ! quelle idée vous trotte donc par la
tête ? Vous voulez devenir mon associé ? »

Camille lui répondit avec assurance qu'il avait toujours réussi dans la vente et que, s'il était intéressé aux bénéfices au lieu d'avoir droit seulement à des appointements fixes, il ne négligerait rien pour étendre les relations et les affaires.

M. Potton, qui avait reconnu les remarquables aptitudes de son commis, accepta sa proposition malgré sa jeunesse et l'absence de numéraire, et la maison Potton-Crozier devint la maison Potton-Rambaud. Dès la première année d'association, le commerce reprit d'une manière si étonnante, et les deux inventaires furent si brillants, que le contrat de société fut renouvelé en 1818 pour une dizaine d'années. Rambaud était chargé de la vente, où il déployait avec un art consommé la courtoisie de ses manières et la souplesse de son esprit; Louis Potton, mathématicien impeccable et homme d'ordre accompli, avait la correspondance et la comptabilité dans lesquelles il était passé maître. Tous deux furent, à partir de ce moment, les vrais sauveurs de la maison. Tout réussit si parfaitement et si promptement que l'on pouvait à peine suffire aux commandes, soit des acheteurs lyonnais, soit des correspondants étrangers. Outre la correspondance, Louis Potton était aussi chargé de la fabrication des étoffes ; en d'autres termes il fixait, d'après les lettres de commande qu'il avait reçues, la nature et la qualité des étoffes de soie à tisser : poste toujours important dans une maison qui confectionne ses articles, mais surtout lorsque la matière première est aussi précieuse que la soie. Ce fut pour cette fabrication qu'il fit une invention ingénieuse qui, en diminuant de moitié le travail de l'ouvrier dans le maniement des métiers, permit de produire beaucoup plus avec moins de peine et de réaliser des gains considérables.

Camille Rambaud, une fois associé de M. Potton,

devint de plus en plus intime avec Louis. Il était alors à
cet âge d'indépendance où les idées bouillonnent dans
le cerveau et où l'imagination et le sentiment ont
souvent le pas sur la raison. Il fallait à cette âme
passionnée et vibrante un mentor; ce fut Louis Potton.
Plus instruit, quoique plus jeune de deux ans, tout
transporté d'ardeur, en ce moment, par la lecture des
Conférences du P. Lacordaire, il entretenait longuement son ami de sujets religieux. Assis, vis-à-vis l'un
de l'autre, à la grande table du magasin, ils causaient
longuement ensemble et leur conversation prenait très
souvent le tour le plus sérieux ; souvent aussi le mentor
bourrait les poches de son ami des livres qui lui avaient
fait le plus de bien. Peu à peu la grâce, secondée par
les efforts d'une affection vraiment chrétienne, faisait
son œuvre.

Cependant tout réussissait aux deux amis dans le
présent et leur souriait pour l'avenir ; leur commerce
prospérait au delà de toutes les espérances, le monde
leur faisait fête ; leur vie s'écoulait tranquille et heureuse, partagée entre les affaires et les plaisirs, lorsque
soudain la Révolution de 1848 éclata comme un roulement
de tonnerre en un ciel serein. Paris voyait les barricades
s'élever, les ateliers nationaux s'organiser comme une
perpétuelle menace pour l'ordre public, et le sang
couler à flots dans l'émeute. Lyon, où le souvenir des
insurrections de 1832 et 1834 demeurait vivant, et où
l'antagonisme entre la bourgeoisie et le prolétariat était
si profond, imitait la capitale. Le 25 février, le préfet et
le maire avaient fui devant les insurgés qui avaient
installé à l'Hôtel de Ville une administration provisoire.
Plusieurs associations dangereuses, précédemment dis-
soutes, se reformèrent ; le même jour, des bandes nombreuses brisèrent des machines de passementiers et

menacèrent les usines à vapeur. Deux maisons religieuses furent dévastées.

M. Emmanuel Arago, nommé commissaire du département du Rhône, commença par ouvrir des bureaux pour les enrôlements de la garde civique mobile qui devait être chargée de maintenir l'ordre dans la rue, et nos trois jeunes gens furent des premiers à donner leurs noms.

Louis Potton, devenu religieux, aimait à rappeler dans son âge mûr, certains détails amusants ou tragiques de cette année terrible. Il avouait que la garde nationale, comme les émeutiers d'ailleurs, n'était pas très courageuse : « Un jour, dit-il, on annonça qu'une bande de la Croix-Rousse allait descendre en ville ; mon bataillon reçut ordre de marcher contre elle. Mais à peine les deux groupes se furent-ils aperçus que chacun tourna les talons et rentra, en se dissimulant, dans ses quartiers. »

En mars et avril, la panique resta vive, les révolutionnaires tentèrent de s'emparer des forts et de corrompre l'armée ; ils parvinrent dans une mesure assez inquiétante, à se munir d'armes de guerre, et ce fut seulement pendant les mois suivants, que peu à peu le désordre et l'anarchie firent place à la sécurité et à la paix.

Nous rappelons ces faits, parce que la Révolution de 1848 est une date capitale dans la vie de Camille Rambaud et de Louis Potton. Ce fut au cours de ces semaines si agitées qu'ils commencèrent à s'occuper du peuple et de ses misères.

Un mouvement d'idées presque incroyable s'était alors produit à Lyon en sens divers.

Une quarantaine de clubs avaient été organisés. Tous n'avaient pas revêtu un caractère aussi dangereux ; en quelques-uns, des paroles d'ordre et de paix s'étaient même fait entendre, et de bons citoyens avaient espéré les transformer en un moyen d'enseignement pour le peuple. Mais cet espoir était chimérique : les hommes modérés furent bientôt forcés de s'éloigner et, à peu d'exceptions près, ces réunions furent présidées par des énergumènes ; on y affichait l'athéisme, la haine de la propriété et l'on y entendait d'incessantes provocations à l'insubordination dans l'armée et à la guerre civile.

Cinquante journaux quotidiens ou hebdomadaires étaient aussi nés alors à Lyon (1), pour y mourir presque tous quelques mois après, et ces feuilles, en majorité socialistes et révolutionnaires, exprimaient en termes virulents les misères et les revendications du peuple.

Jusqu'en 1848, les deux amis ne soupçonnaient guère le mal qui rongeait la société. Rien ne leur manquait dans la famille, le monde leur offrait ses plaisirs délicats, ils avaient de nombreux amis. Leurs magasins se remplissaient et se vidaient, avec profits considérables, des plus fines étoffes que l'art sût produire. Leurs demeures somptueuses, ces quais protecteurs du Rhône et de la Saône, ces ponts hardis jetés sur les deux fleuves qui baignent la ville, ces rues magnifiques, tout cela

---

(1) Nous avons pu trouver la nécrologie de ces cinquante journaux lyonnais de 1848.

En voici l'énumération : l'*Ami des travailleurs*, l'*Apôtre de la fraternité*, le *Bulletin du Comité général des clubs*, le *Citoyen lyonnais*, le *Club de l'égalité*, le *Cri du peuple*, le *Défenseur du peuple*, le *Diable à cheval*, l'*Echo des électeurs*, l'*Eclair*, l'*Etoile du matin*, le *24 février*, le *Figaro*, la *Feuille du jour*, le *Franc Parleur lyonnais*, la *France républicaine*, *Jean qui rit*, le *Journal de la Guillotière*, le *Journal des électeurs ruraux*, la *Liberté*, la *Lumière*, le *Messager de Lyon*, le *Miroir*, le *Moniteur républicain de la Guillotière*, la *Montagne*, le *Nouvelliste lyonnais*, les *Nouvelles de Paris et de Lyon*, l'*Organisateur républicain*, le *Patriote lyonnais*, le *Père du peuple*, le *Réformateur*, la *République*, le *Républicain*, le *Réveil du peuple*, la *Revue municipale*, la *Révolution*, le *Rhône*, la *Sentinelle*, le *Spartacus*, le *Tribun du peuple*, le *Vengeur*, la *Vérité*, la *Voix du peuple* (mars 1848, gérant, Rey), la *Voix du peuple* (avril-juillet 1848, sans nom de rédacteur), le *Vorace* (avril 1848, in-folio), le *Vorace* (mai 1848, n-4º), le *Vrai Républicain*.

leur donnait une sorte de fierté et de contentement d'eux-mêmes inconscient.

1848 leur révéla, derrière cette civilisation de surface, tout un monde de souffrances et de haines qu'ils ne soupçonnaient pas. Dans les clubs où ils se rendaient souvent ensemble, à la lecture des feuilles publiques écloses comme par enchantement de cerveaux en ébullition dans ces jours de danger social, s'ils entendaient des théories insoutenables et des tirades où éclatait plus de passion que de raison, ils entendaient aussi des plaintes justifiées et le cri de misères poignantes. Immédiatement leur cœur généreux s'en inquiéta. Dès lors, le cours de leurs pensées changea complètement : ils ne se préoccupent plus d'organiser des soirées et des danses ; ils ne parlent que de paupérisme et de charité. Ils s'indignent à la pensée d'ateliers, peut-être au service de leur maison, où le satin broché étale sur le métier ses fleurs éblouissantes, tandis que le tisseur souffre le supplice de la faim et voit ses enfants couverts de haillons. C'est une injustice révoltante, disent-ils, il faut qu'elle cesse. Et ils s'efforcent, pour porter remède au mal, de se renseigner exactement sur le salaire de chaque catégorie d'ouvriers et d'ouvrières. Ils étudient aussi tous les systèmes saint-simoniens et fouriéristes de 1830, pour organiser, s'il est possible, l'assistance des pauvres dans tout le pays. Leur esprit, habitué par leur grand commerce à de vastes conceptions, ne rêve rien moins en effet qu'une réforme universelle.

C'est le lieu de signaler ici leur noble initiative pour la création de la Société de secours mutuels des ouvriers et employés en soieries.

Témoins de la lutte forcenée des classes, qui continuait toujours sourdement, ils rêvaient de les unir, de les rapprocher et de créer entre elles des liens d'intérêt et d'affection. Ils communiquèrent leur dessein à leurs collègues, marchands de soies, fabricants et commissionnaires. Leur plan était de former ce que nous appelons maintenant un vaste syndicat mixte, dont la direction serait confiée à quinze patrons et à quinze ouvriers. Les ressources seraient fournies par une augmentation de six centimes par kilo sur le prix de conditionnement des soies, et elles seraient consacrées à procurer le bien intellectuel, moral et matériel de ses membres. Ce fut proprement dans le magasin de la rue Lafond, où travaillaient les deux jeunes gens dont nous écrivons l'histoire, que fut conçue cette grande œuvre, et la sœur de Louis Potton se souvient encore que ce fut son frère aîné qui en rédigea les premiers statuts. L'idée était neuve alors, et plus hardie même que celle qui depuis inspira la loi des syndicats, en 1884 ; mais la société n'était pas mûre pour son éclosion, et le gouvernement fit obstacle un peu plus tard à sa réalisation; tout se réduisit à une société de secours mutuels, encore prospère, qui doit sa création à MM. Rambaud et L. Potton, et dont l'importance ne saurait être niée, puisque ses membres s'élevaient en 1903 au chiffre de 6.241, 1.514 hommes et 4.727 femmes, avec un avoir disponible de plus d'un million, soit exactement 519.750 francs pour les secours mutuels et 481.480 francs pour la caisse des retraites.

Leurs conversations revenaient souvent sur ces sujets sociaux, soit au magasin, soit le dimanche à la campagne. Camille Rambaud, toujours généreux et ardent, gémissait des destinées précaires et agitées de la France depuis plus de soixante ans. « A nous, les jeunes, répétait-il souvent, d'en changer le cours, et de prévenir ces vicissitudes douloureuses qui l'ont fait trop souffrir. » Son ami l'encourageait dans ses généreux desseins, mais ne cessait de lui redire que la régénération de la société ne pouvait se faire que dans le Christ ; et tout doucement l'engageait à commencer la réforme par lui-même avantde songer à réformer les autres, en revenant à une pratique sérieuse et intégrale de la religion pour attirer sur ses entreprises le regard de Dieu.

Louis Potton devenait, en effet, de plus en plus chrétien. Il s'était pendant longtemps contenté des devoirs essentiels du christianisme ; maintenant il faisait davantage ; sous la conduite d'un vénérable ecclésiastique, l'abbé Coignet, qu'il avait choisi pour directeur de conscience, il devenait pieux. Il devenait même apôtre : désireux de gagner à Dieu son ami et de le voir à ses côtés à l'église et à la Table sainte, comme partout ailleurs, il l'entretenait souvent de l'obligation de mettre sa vie en harmonie parfaite avec ses convictions.

Camille le sentait, il n'y avait rien à répondre. Il souffrait même au fond d'avoir des convictions catholiques et une conduite qui ne l'était pas entièrement. Il y avait là une contradiction qui n'allait pas à sa nature loyale et franche ; mais la force lui manquait, malgré la parole d'encouragement que son ami lui répétait souvent : « *Caro non prodest quidquam*, la chair ne sert de rien » ; il reculait aussi devant l'humiliation de la confession, tout en sachant que Jésus-Christ en a fait la condition nécessaire du pardon lorsqu'il a dit à ses apôtres : « Les péchés seront remis à ceux à qui vous les remettrez, et retenus à ceux à qui vous les retiendrez. » Comme un autre Augustin, il était hésitant et indécis entre sa conscience et le péché, entre le bien et le mal.

D'autres amis pratiquants agissaient sur lui dans le même sens, et lui montraient avec insistance la nécessité de la religion pour donner à la vie une direction, une règle et un but.

« Un jour, racontait-il lui-même plus tard, j'entrai à

neuf heures avec Antonin Rondelet (l'écrivain bien connu, né à Lyon en 1823), dans un petit café, place de la Comédie. Je demandai une caille rôtie et une bouteille de Bordeaux. Nous causâmes religion avec une telle intensité qu'à la stupéfaction du pauvre garçon de café qui nous servait, nous ne sortîmes qu'à minuit. De là, nous causâmes encore plus d'une heure sur le cours Morand. Ceux qui nous voyaient à une telle heure nous prenaient sans doute pour deux sybarites. Hélas ! ne jugeons jamais notre prochain. »

Ce fut son coup de grâce. Il promit à Rondelet cette nuit-là ce que Louis Potton lui demandait depuis longtemps, et ce que sa mère souhaitait plus vivement encore. Le lendemain matin, il faisait porter un mot à M. l'abbé Desroziers, curé de Saint-Pierre, pour lui demander audience à une heure déterminée, le priant « d'être exact au rendez-vous, parce que, s'il le manquait, disait-il, il ne savait pas s'il aurait le courage de revenir ».

M. Desroziers l'attendit, et quelques instants après l'entrevue, plus heureux qu'on ne saurait le dire, Camille Rambaud se jetait dans les bras de Louis Potton, en lui disant le grand acte qu'il venait d'accomplir et le grand pas qu'il venait de faire. Depuis huit ans, c'est-à-dire depuis sa sortie du lycée, il avait délaissé la confession et le devoir pascal.

Une fois revenu à Jésus-Christ, il lui appartint définitivement et sans repentance. En lui se réalisa la belle page du P. Lacordaire que son ami lui avait fait lire quelque temps auparavant et qui clôturera ce premier chapitre. :

Un jour, au détour d'une rue, dans un sentier solitaire, on s'arrête, on écoute, et une voix nous dit dans la conscience : Voilà Jésus-Christ ! Moment céleste où, après tant de beautés qu'elle a goûtées et qui l'ont déçue, l'âme découvre d'un regard fixe la beauté qui ne trompe pas. On peut l'accuser d'être un songe quand on ne l'a pas vue, mais ceux qui l'ont vue ne peuvent plus l'oublier. Au lieu qu'en toute autre contemplation, la lumière, si pure qu'elle soit, tombe sur des êtres changeants et corruptibles, ici la lumière est éternelle, l'objet inaltérable. Tandis que l'âge et les moindres accidents troublent nos plus chères amitiés, l'amour de Dieu par Jésus-Christ, s'alimente de tous nos malheurs et de toutes nos faiblesses.

On peut le perdre au sortir de l'enfance, parce qu'on ne l'a conçu que par autrui, sur les genoux de sa mère; mais lorsqu'une fois il nous est devenu propre, le fruit de notre expérience et de notre virilité, rien n'en ébranle plus en nous les chaudes certitudes. Il remplace ce qui s'y amoindrit et s'y décolore chaque jour. Il habite dans nos ruines pour les soutenir, dans nos abandons pour les consoler, et lorsque enfin nous touchons au sommet blanchi de la vie, dans la région des glaces qui ne se fondent plus, il est notre dernière chaleur et notre suprême aspiration. Nos yeux ne peuvent plus voir, mais ils peuvent encore pleurer; et ces larmes sont pour le Dieu qui en versa lui-même pour nous.

Oh! qui vous dira le culte de Jésus-Christ, si vous ne l'avez pas connu, et si une seule fois, dans un seul instant, vous l'avez goûté, qui vous en redira l'inexprimable effet? Ni les voluptés de l'orgueil au jour de ses plus grands triomphes, ni les fascinations de la chair à l'heure de ses plus trompeuses délices, ni la mère recevant un fils des mains de Dieu, ni l'époux introduisant l'épouse dans la chasteté du foyer nuptial, ni le poète au premier souffle de son génie, ni rien qui soit et rien qui ait été, ne contient ou l'image, ou l'ombre, ou l'avant-coureur de ce qu'est en une âme le culte de Jésus-Christ. Toute autre chose est trop ou trop peu, elle nous passe ou ne nous remplit pas. Jésus-Christ seul a la mesure de notre être : seul, il a fait de la grandeur et de l'infirmité, de la force et de l'onction, de la vie et de la mort, un breuvage tel que notre cœur le souhaitait sans le connaître. Et ceux qui ont bu à cette coupe une fois, à leur âge d'homme, savent que je dis vrai, et que c'est un enivrement dont on ne revient pas.

CHAPITRE II

DOUBLE VOCATION

Conférences de Saint-Vincent-de-Paul. — Fourvière. — Mme Garnier. — Vocation de Louis Potton. — Le petit marchand d'allumettes (1859).

Revenu à la pratique intégrale du christianisme, Camille Rambaud orienta sa vie d'une manière toute nouvelle : il ne savait pas faire les choses à demi. Il commença dès lors à communier de temps en temps, et il fut convenu avec Louis Potton que chaque samedi, à cinq heures du matin, par n'importe quel temps, ils monteraient ensemble à Fourvière, pour assister à la messe de l'Archiconfrérie. Ils résolurent aussi d'espacer davantage, sans toutefois les supprimer entièrement, les soirées données dans leurs familles, et de s'adonner sérieusement au soulagement des pauvres. Au lieu de consumer leur santé, de gaspiller leurs veilles, d'épuiser leur bourse en vaines récréations qui, sans être blâmables, peut-être, ne laissent que le vide, ils visiteraient chaque semaine, isolément ou ensemble, quelques ménages indigents qu'ils soulageraient de leurs ressources et réjouiraient de leur présence.

On le voit, les deux amis n'étaient pas de ceux qui se tiennent dans une banale médiocrité et qui n'ont que des futilités dans la tête et dans le cœur. Ils commencèrent à être forts et courageux, en attendant d'être héroïques. Pour s'initier à la pratique de la charité à domicile, ils entrèrent, au commencement de 1849, dans une Conférence de Saint-Vincent-de-Paul, où ils furent émerveillés du bien produit et des résultats obtenus. Dans Saint-Simon et Fourier, ils avaient lu des tirades en faveur des pauvres ; dans les phalanstères, ils avaient vu pénétrer presque au début la division et l'immoralité, et tout s'était terminé en 1832, après deux ans d'essai, par la condamnation d'Enfantin et de **deux de ses** disciples à un an de prison pour outrages par paroles aux bonnes mœurs. Dans leur Conférence, au contraire, ils voyaient la charité en acte ; les membres versaient leur obole à chaque réunion, on s'entretenait des malheureux déjà visités et des misères à soulager encore ; on se réjouissait sincèrement du bien déjà fait, et l'on s'animait mutuellement à en faire davantage (1).

---

(1) Il régnait alors une admirable émulation dans les efforts de la charité pour soulager les misères du prochain. Les enfants eux-mêmes voulaient la pratiquer, et l'on citait des traits charmants. Tel cet enfant lyonnais de six ans qui avait entendu exposer par un prêtre devant sa mère les besoins de plusieurs familles pauvres. Lorsque l'ecclésiastique fut parti, il entra dans le cabinet de son père, grimpa sur ses genoux, et l'embrassant après lui avoir passé les deux mains autour du cou :

« Bon petit père, lui dit-il tout bas à l'oreille, je voudrais mes quarante francs !

— Tes quarante francs ! Qu'en veux-tu faire ?

— Bon papa, je les voudrais, je vous en prie.

— Impossible. »

Il s'en retourna triste ; mais ayant réfléchi un instant, il revint vers son père et lui dit :

Camille Rambaud se convainquit alors, par sa propre expérience, de la vérité de ce que Louis Potton lui avait si souvent répété, à savoir que sans les idées chrétiennes, le problème de la pauvreté demeure insoluble. Il avait assez étudié le saint-simonisme pour constater que les intelligences les plus distinguées n'avaient pu le résoudre en dehors de la morale catholique et n'avaient su aboutir qu'à des théories monstrueuses, inefficaces et antisociales. Le christianisme, au contraire, donnait la solution adéquate : tout en maintenant l'inégalité des conditions voulue par la Providence, il nous montre dans l'indigent un frère ayant le même père, la même nature et le même héritage ; il réserve toutes ses prédilections au pauvre et n'ouvre le ciel au riche qu'à la charge d'exercer envers lui la double vertu de justice d'abord, et de charité ensuite, lorsque la justice ne suffit pas.

Que de fois, en pénétrant le soir auprès des malades, leur journée finie, les jeunes amis furent douloureusement affectés par le spectacle du dénoument le plus absolu : point de remèdes, point de linge, point de feu, point de pain, et, pour comble de malheur, point de foi ni d'espérance religieuse. Toutes les misères réunies, celles du corps et celles de l'âme. L'entourage était lui-même, le plus souvent, hostile aux idées chrétiennes ; de prétendus amis n'intervenaient que pour écarter le prêtre. Parfois, la superstition venait ajouter à ces misères ; en désespoir de cause, on avait appelé un magnétiseur, un somnambule qui avait laissé le malade avec ses souffrances et son désespoir, après lui avoir enlevé ses dernières ressources.

« Eh bien ! puisqu'il faut vous le dire, je voudrais donner dix francs aux pauvres de M. l'abbé X... »

Le père le récompensa par une explosion d'affectueux baisers, alla raconter le fait à la mère qui tripla la somme. Les dix francs furent donnés aux pauvres, mais le contenu de la bourse ne diminua pas.

Sous leurs yeux, par l'influence de leur charité, de merveilleuses transformations s'opéraient dans ces tristes réduits. Ils commençaient par procurer aux malades un médecin et des remèdes, et à la famille, un peu de pain. Un peu plus tard, ayant soulagé les corps, ils faisaient auprès des âmes, plus malades encore, ce que Louis Potton avait fait auprès de celle de son ami quelques mois auparavant. Ils rappelaient les jours consolants de la première communion, remettaient sous les yeux les sublimes enseignements du christianisme à ses enfants, enseignaient les vérités sues autrefois et oubliées complètement depuis. Souvent ils voyaient triompher les saintes industries de leur zèle et, résultat qui les dédommageait abondamment de leurs peines, presque toujours les malades qui guérissaient leur restaient sincèrement attachés.

Maintes fois on leur disait :

Mais, Messieurs, pourquoi venez-vous donc me voir et m'assister ? Vous ne me connaissez pas !

— Mon ami, répondaient les charitables jeunes gens, nous sommes chrétiens, et, comme tels, nous aimons tous les hommes comme des frères, car tous, nous sommes les enfants du même Père, de Dieu.

— Ah ! Je comprends un peu, répondait le malade. Le monde délaisse les pauvres ; on ne fait rien pour ceux de qui on n'attend rien. Mais vous, à qui nous étions inconnus, qui n'attendez rien de nous, vous venez à nous parce que vous êtes chrétiens. Et vous ne dédaignez point notre misère, et vous nous procurez ce qu'il nous faut, au lieu d'aller à vos plaisirs. Ah ! la religion est une belle chose.

Et ainsi ils gagnaient des âmes à Jésus-Christ.

Pendant l'hiver 1848-1849, dans les mois qui suivirent la conversion de M. Rambaud, nous devons signaler un épisode aussi édifiant que curieux, et qui montre bien quels héroïsmes germaient alors dans les âmes des deux amis. Nous l'avons dit, ils montaient ensemble chaque samedi à Fourvière pour la messe de cinq heures.

Un jour, en descendant du sanctuaire, ils eurent la pensée d'aller visiter l'œuvre fondée par Mme veuve Garnier pour les pauvres femmes affligées de plaies cancéreuses ; cette œuvre, que la construction du grand séminaire força plus tard à chercher un autre domicile, était établie dans les ruines des Bains romains. Mme Garnier reçut les jeunes et brillants visiteurs avec sa grâce habituelle, et leur raconta les débuts de son entreprise. Restée seule à trente ans après avoir perdu son mari et deux jeunes enfants, broyée sous ce triple coup, elle résolut de consacrer aux malheureux le reste de ses jours. On la vit bientôt, visiteuse des pauvres dans sa paroisse, aller de maison en maison et porter avec l'aumône des consolations plus précieuses encore. Elle n'était heureuse chaque soir que si elle pouvait se rendre le témoignage d'avoir séché quelques larmes et adouci quelques souffrances. Ayant connu par une de ses amies l'adresse d'une pauvre femme dévorée par un cancer et appris que l'infection de la maladie et les causes qui l'avaient provoquée éloignaient d'elle tout le monde, elle lui fit plusieurs visites et finit par venir chaque jour la panser, la veiller et la consoler jusqu'à la mort.

Une autre femme, couverte d'ulcères, la remplaça, et comme semblables misères ne sont pas rares dans une grande ville comme Lyon, la pensée lui vint pour soulager plus d'infortunes, de les réunir dans une petite maison transformée en hôpital privé et de leur donner des soins continuels, en s'adjoignant des aides. Bientôt d'autres cœurs battirent à l'unisson du sien et l'œuvre fut fondée en 1842. Le genre de misères qu'elle soulageait lui fit donner dès sa naissance le nom d'œuvre des « Dames du Calvaire. »

Les deux jeunes gens parcoururent les salles avec le plus grand intérêt, adressèrent la parole aux pauvres femmes, remercièrent avec effusion Mme Garnier, en lui remettant une généreuse offrande, et reprirent leur route; et, tout en cheminant, ravis d'avoir vu en acte l'héroïsme de la charité chrétienne au service des misères les plus profondes et les plus répugnantes, ils se prirent à penser aux moyens de réaliser pareille œuvre pour les hommes atteints des mêmes plaies. Malheureusement pour le succès de l'entreprise, les hommes d'alors ni ne buvaient autant d'alcool ni ne fumaient autant de tabac que ceux d'aujourd'hui; nos deux jeunes gens eurent beau courir les hôpitaux et prendre des renseignements près de tous les curés de la ville et de la banlieue, ils ne purent découvrir aucun homme souffrant du mal en question, si ce n'est un ivrogne de la rue de l'Angile, qui avait à la jambe un plaie purulente, mais qui, très content des soins dont l'entourait Ferdinand Potton en son domicile, ne voulait à aucun prix entrer dans une maison de secours.

Cependant, les deux amis, unis maintenant par le même amour de Dieu et le même culte du bien, se chérissaient et se comprenaient de plus en plus; leurs âmes adhéraient vraiment l'une à l'autre, comme autrefois celles de David et de Jonathas; leurs pensées et leurs sentiments étaient les mêmes. Le soir, après le travail, ou le dimanche à la promenade, c'étaient plus que jamais d'interminables causeries. Camille faisait des voyages à tire d'ailes sur toutes les grandes et difficiles questions du temps, formait des projets grandioses et étonnait son interlocuteur par l'inépuisable abondance de ses idées et ses désirs de soulager toutes les indigences; à travers des théories parfois irréalisables, il avait de magnifiques conceptions et comme des éclairs. Louis Potton, plus calme et moins disert, prenait plaisir à écouter son ami et à sentir battre en sa poitrine un cœur bon et généreux.

Un dimanche, Camille Rambaud avait été invité aux Barolles, comme cela arrivait souvent. Après le dîner et la conversation générale qui suivit au salon, des groupes particuliers se formèrent. Les deux amis se retirèrent ensemble, et, après avoir jeté un coup d'œil sur le magnifique spectacle qui s'offrait à leurs yeux, et admiré par delà le Rhône et les vastes plaines de l'Isère la couronne de neiges éternelles qui domine la chaîne des Alpes, ils s'assirent sur un banc champêtre, en face de la grandiose nature, et la conversation s'engagea sur leurs occupations quotidiennes.

« Oh! dit Camille, qu'on se lasse donc vite de toutes choses ici-bas! Quel monotone travail est le nôtre! Qu'il est heureux que le dimanche vienne nous en sortir une fois par semaine!

— Et pourtant, mon cher, reprit Louis, nous ne sommes pas des moins bien partagés. Il y a de la vie, du mouvement, du succès dans nos affaires... Nous sommes en rapport avec des gens bien élevés... Combien sont dans une situation moins agréable?

— Et ces soirées elles-mêmes, tu le sais, on dit qu'elles corrompent la jeunesse; moi, je dis qu'elles l'ennuient bien plus encore!

— Mon cher Camille, tu vas te faire ermite, je crois.

— Oh! non, mais que tout cela me paraît vide d'intérêt et fade. Depuis surtout que je suis revenu à DIEU, il me reste dans l'âme, après chacune de ces réunions, cet arrière-goût qu'exhale, au lendemain de la fête, la salle désenchantée du festin. C'est un des aveux les plus tristes à faire par un jeune homme de 27 ans à peine, que de reconnaître tant de jours perdus en un passé si court.

— Nos cœurs battent à l'unisson, ajouta Louis Potton. Faut-il t'avouer ce que je n'ai encore jamais dit à personne : je songe à quitter un monde qui ne remplit pas plus mon cœur que le tien.

— Pas possible ! que veux-tu faire ?

— Je ne sais encore au juste, mais la lecture des Conférences du P. Lacordaire que m'a conseillée mon confesseur et les réflexions qu'elles m'ont suggérées me font voir toutes choses sous un jour nouveau. Te l'avouerai-je ? Jadis, quand nos clients de France et de l'étranger répondaient à mes lettres par de fortes commandes, que je sentais grandir la fortune de mon père, j'en étais heureux et presque satisfait ; et maintenant que nos affaires vont mieux que jamais, je ne puis m'empêcher de me dire à moi-même, lorsqu'arrivent ces commandes qui nous font mettre en mouvement tous les *canuts* de la Croix-Rousse : « Quand bien même nous vêtirions des plus belles et plus fines soies toutes les dames de l'univers et enguirlanderions de couleurs plus délicates que celles de l'arc-en-ciel tous les chapeaux de France et de Navarre, à quoi tout cela nous servira-t-il (1) ? »

Ce fut la première ouverture de Louis Potton à son

---

(1) En août 1850, Mlle Julie Bonnard écrivait à sa sœur Louise : « L'oncle Potton va très bien ; il est plus gai et plus gracieux que jamais. Je t'écrivais l'autre jour que Louis avait vendu sa chaîne, aujourd'hui c'est sa montre. Jeannette, leur cuisinière, dit qu'autrefois elle ne savait pas de quoi les nourrir, et qu'à présent ils ont toujours trop. Enfin je vais juger de ce qu'ils sont, nous allons y passer la journée. Les dames Duclos viennent y dîner, ainsi que les dames Crow. »

Le 22 du même mois, Mlle Olympe Potton écrivait à Mlle Louise Bonnard : « Voilà bientôt l'époque où nous étions tous réunis l'année passée chez les tantes et où nous avions tant de plaisir. Tu seras sans doute étonnée, chère cousine, quand tu apprendras combien nos idées et nos goûts ont changé depuis cet hiver ; nous ne nous occupons que de choses sérieuses. Nous ne parlons que du ciel, de l'enfer, de l'éter-

ami sur sa vocation, et dès le lendemain Camille Rambaud le dessinait au magasin en dominicain prêchant, dans une caricature coloriée et réussie que nous avons eue sous les yeux.

Dès lors, la conversation revenait souvent sur ce sujet.

« Comment pourras-tu, disait Camille, vivre loin de tous tes amis, ne plus voir le monde, jeûner, te lever la nuit, te servir toi-même ?

— J'ai pensé à tout cela, répondait Louis. Vois-tu ? Le bonheur est au dedans de nous-mêmes, et non au dehors. Je connais des gens qui n'ont rien et qui sont heureux ; j'en connais d'autres qui sont millionnaires et qui souffrent. Contentement passe richesse, comme dit le proverbe, et il me semble que la vie religieuse, en m'enlevant la richesse, me donnera le contentement. L'étude approfondie de la religion, qui deviendra forcément l'objet de mes efforts, me sourit aussi beaucoup. Les auteurs profanes que nous avons étudiés, si on les compare à la doctrine chrétienne dont je vois resplendir l'éclat dans les Conférences du P. Lacordaire, passent au second rang ; ils n'ont que la forme, le fond leur manque. Pythagore, Socrate, Platon, Cicéron, et tant d'autres sont des flambeaux vacillants ; le Christ, c'est le jour. »

A partir de cette époque, Louis Potton se mit à assister chaque matin à la messe de huit heures à Saint-Pierre ; sa lévite toujours boutonnée jusqu'en haut, ce qui ren-

---

nité et de la mort ; nous ne dansons plus et ne faisons plus de toilettes ce qui est très agréable.

« Mon père est revenu des eaux : il se porte parfaitement et est toujour très gai...

« J'ai fait venir à Louis tout ce que tu avais mis pour lui dans ta lettre , il a répondu qu'il était encore loin d'être un second saint Louis, et que quand même il serait religieux, tu pourrais encore l'appeler *ton parrain*. Tu peux être sûre qu'il priera Dieu pour ta conversion.

dait plus svelte encore sa taille élancée, on le voyait passer régulièrement, comme à la même minute, place des Terreaux et rue Paul-Chenavard. Toute la famille ressentait d'ailleurs l'influence de cette piété fervente. Olympe Potton écrivait des Barolles à l'une de ses cousines de Dieulefit :

Tu me dis dans ta lettre, chère Louise, que nous allons tous bientôt, penses-tu, nous faire religieux et religieuses. Il n'y aurait là rien de bien étonnant, car du matin au soir nous entendons des sermons. Je crois que Louis fera un très bon prédicateur ; je regrette bien pour le salut de vos âmes que vous ne soyez pas ici pour profiter de ses leçons. Il veut régénérer le monde entier, nous serons tous égaux, ne nous réservant que le strict nécessaire, afin qu'il n'y ait pas un de nos frères malheureux.

Une lettre de Louis Potton doit trouver place ici. Elle est adressée à sa filleule, M{ll}[e] Louise Bonnard, et contient une remontrance sévère à propos d'un bal qui se préparait dans sa famille pour le temps du Carême.

« Ma chère filleule, lui disait-il, j'apprends avec stupéfaction et douleur que dans le saint temps consacré aux exercices de la Pénitence, vous nourrissez dans un cœur profane, l'espérance d'un mondain plaisir. J'ai entendu dire qu'un bal se préparait à Dieulefit. Je ne saurais trop vous exhorter, ma très chère fille, à vous abstenir de ces distractions pernicieuses, et surtout des danses nouvelles, qu'invente tous les jours l'ennemi de notre salut. Afin de vous fortifier dans la voie si étroite de la vertu, je pense que ma bénédiction vous sera d'un très grand secours. Recevez-la donc avec soumission : la bénédiction d'un vieillard ne peut que vous porter bonheur.

« Adieu, ma très chère fille.

L. Potton.

Cette lettre signée *Louis* doit être des premiers mois de 1850. Elle est écrite au *crayon*, et ne porte *point de date*. Le nom de *vieillard* que le jeune homme se donne est une sorte de plaisanterie grave qui ne convient guère qu'à cette époque, et le titre de *fille* donnée à

Mlle Bonnard fait sans doute allusion à quelque plaisanterie adressée à Louis Potton, qu'on disait déjà vouloir se faire religieux.

Au cours de l'été 1850, celui-ci alla passer ses vacances à la Grande Chartreuse, afin d'examiner sérieusement dans la solitude et le calme la grave question dont tout son avenir allait dépendre.

A ce moment, une de ses cousines, Mlle Sophie Bonnard qu'on accusait d'avoir de la prédilection pour Camille Rambaud, écrivait à sa sœur Louise :

De quoi vais-je te parler ? De Camille. Nous l'avons revu, mon ange ; il est allé dimanche aux Barolles ; les Crow y étaient ; nous y sommes venus le soir. Cependant, pour te rassurer, ce ne sont point ses absences qui me rendent malade, et de ce côté-là je prends les choses tout à fait au calme. Il est toujours fou, mais il manque.

Une nouvelle : Louis n'est pas ici. Il est allé faire un voyage à la Grande-Chartreuse ; voici plus de huit jours qu'il est parti. Dans le monde, le bruit court qu'il se fait jésuite, prêtre, dominicain, que sais-je encore ? M. Rambaud et lui sont deux saints en espérance. Le magasin est rempli, au lieu d'étoffes, de mètres et de livres de compte, de vies de saints, d'ouvrages sur la mort, sur la vie, sur le néant, sur l'éternité, enfin toute espèce de choses de ce genre. M. Camille a des intentions capucines ou missionnaires. Ainsi juge si je prendrais les choses au vif pour un presque capucin. Dans tout cela, dans toute cette longue tirade sur ces Messieurs, il y a beaucoup de plaisanterie, car enfin on ne peut pas parler de Camille sans cela ; mais, en vérité, Louis est à la Grande-Chartreuse pour faire une retraite, et, dans sa famille comme dans le monde, ses parents, ses amis croient en général qu'il hésite beaucoup dans le parti à prendre, qu'il ne sait trop ce qu'il veut faire et qu'il aurait peut-être quelque penchant pour entrer dans un Ordre religieux. Mme Rambaud, la mère de Camille, est malade, et son fils pour le moment reste ce qu'il est, je crois.

La nouvelle était exacte. Louis gagna Voiron et, saluant de loin les hauteurs de Chalais, où depuis six ans le P. Lacordaire avait installé ses novices étudiants, il se rendit à Saint-Laurent-du-Pont. Il suivit ensuite, avant d'arriver au désert, la vallée pittoresque et sinueuse au fond de laquelle roule un torrent et dont les flancs sont tapissés de rochers et d'arbres verts. A mesure qu'il avançait vers le célèbre monastère, le spectacle des montagnes devenait plus imposant, et la pensée de se fixer dans cette solitude lui traversa l'esprit. Vivre parmi ces grandes œuvres de Dieu lui semblait déjà une jouissance et une grâce, mais lorsqu'il fut au milieu des religieux, leur vie lui parut plus belle encore et vraiment céleste. Toutefois, elle ne lui suffit pas. Depuis surtout qu'il est entré dans les Conférences de Saint-Vincent-de-Paul, il a vu dans le monde tant de misères morales à soulager, tant d'ignorances et d'erreurs à dissiper, qu'il ne croit pas devoir déserter la lutte. Décidé à se donner à Dieu, il choisit non la vie contemplative, mais la vie mixte, composée à la fois de contemplation et d'action, et sur le conseil du religieux qui, pendant sa retraite, a reçu ses confidences, en quittant la Grande-Chartreuse, il se dirige non vers Lyon, mais vers Flavigny.

L'Ordre religieux qui le captivait était, en effet, celui de Saint-Dominique. Cet Ordre, dont toute l'histoire est faite de vérité, de splendeur, de générosité et d'héroïsme au service de la cause de Dieu et des âmes, jetait alors un très vif éclat dans la personne du Père Lacordaire et de ses premiers compagnons. Il eut l'avantage de rencontrer à Flavigny le P. Lacordaire lui-même. Que se passa-t-il en cette entrevue? Sans doute, ce qui se passait régulièrement en pareil cas, et ce que raconte à peu près ainsi le P. Chocarne:

« Mon cher ami, disait le religieux, que faites-vous dans le monde et que comptez-vous y faire ? » Ce seul mot brisait la glace et allait du premier jet au vif de la question ; ce jeune homme, tout ému, se sentait prêt à lui ouvrir son âme comme à un père et à lui faire le récit de toute sa vie, de ses fautes, de ses luttes et de ses aspirations vers un avenir meilleur. Lorsqu'il avait fini : « Je vois, disait le Père, qu'il y a en vous l'âme d'un scélérat ou l'âme d'un saint. Voulez-vous être un saint ? Faites une retraite de huit jours, et considérez à quoi vous voulez employer la vie que DIEU vous a donnée pour le servir. » Louis Potton fit sa retraite, et partit pour Lyon à peu près décidé à revenir, mais n'en dit mot à personne dans sa famille, sinon à sa mère et à sa jeune sœur : « Louis désire toujours embrasser l'état religieux, écrivait celle-ci à l'une de ses cousines de Dieulefit, dans l'été de 1850, surtout depuis son voyage à la Grande-Chartreuse. Maman et moi nous faisons tout ce que nous pouvons pour l'en détourner; aussi avons-nous des discussions continuellement. »

Il consulta aussi son confesseur, M. l'abbé Coignet, qui fut d'avis qu'en donnant à DIEU chaque matin une heure, et en continuant sa vie de bonnes œuvres, il ferait plus de bien dans le monde. Comme le pénitent insistait, le confesseur lui fit remarquer qu'il causerait une trop grande peine à ses parents, surtout à son père qui comptait absolument sur lui, et l'envoya à M. Beaujolin, Vicaire général, qui l'engagea, de son côté, à entrer au grand Séminaire. Voyant que le jeune homme répugnait à suivre ce conseil :

« Eh bien ! lui dit-il, personne ne peut vous empêcher d'aller en religion; puisque DIEU vous y appelle. allez-y. »

Le 6 septembre 1850, Louis Potton se remit en route pour Flavigny où il parvint le 8. Il y trouva, non le P. Lacordaire, mais le P. Danzas, prieur du couvent, qui lui conseilla de revenir à Lyon avertir ses parents. Le postulant répondit : « Si je m'en vais, je ne reviens plus; ma mère ne fera que pleurer et mon père opposera un refus formel à mon départ. » Il se décida donc à rester, revêtit la robe blanche le 2 octobre 1850, en la fête du Rosaire, et reçut le nom de Frère Ambroise.

Cette nouvelle, qu'il communiqua aussitôt par lettre à sa famille y produisit une émotion indescriptible. Sa mère se résigna ; son père entra en fureur contre tous les religieux du monde, et pendant de longs mois sur son ordre, on ne prononça pas en sa présence le nom de son fils dominicain.

« Tu as bien raison, écrivait, le 8 octobre, Olympe Potton à Louise Bonnard, de me dire dans ta dernière lettre que les années se suivent et ne se ressemblent pas ; car, l'année passée à cette époque, nous étions dans la joie et ne pensions qu'aux plaisirs, aux soirées, aux danses et aux toilettes, et cette année quelle différence ! Nous sommes dans les pleurs ; nous ne pensons qu'au ciel, et ne parlons que de choses saintes, de Dieu et des dominicains. Car tu sauras, ma chère Louise, que ton parrain est allé faire une retraite au couvent des Dominicains, à Flavigny, près de Dijon, et voyant qu'il en avait véritablement la vocation, il y est resté et a commencé son noviciat jeudi dernier. Pense, ma chère amie, quel chagrin cette nouvelle a causé à ma pauvre mère, de voir son fils bien-aimé dominicain, et à moi de perdre un frère chéri qui s'en est allé juste au moment où j'allais en avoir le plus besoin, car il m'aurait guidé par ses conseils dans le chemin si difficile de la vertu. Il m'a envoyé dans une de ses lettres une tête de Christ, dont l'original a été fait par le frère Angelico de Fiesole, et une boucle de ses cheveux, ce qui m'a fait un très grand plaisir...

« Maman te prie de dire à ta mère qu'elle n'a pas pu lui écrire jusqu'à présent, parce que les yeux lui faisaient trop mal à force de pleurer, mais elle le fera bientôt. »

Julie Bonnard écrivait le même mois à sa sœur Louise :

Si les années se suivent, elles ne se ressemblent pas. Quelle gaieté l'année dernière, et celle-ci, ce n'est que tristesse partout. Louis a écrit lundi que sa décision était prise : il reste aux Dominicains. Sa mère est très triste, Olympe aussi. Le père ne dit rien, mais on voit combien il souffre. Ferdinand en est également très affecté, et nous n'en sommes pas moins affligés. Soit la maladie de cette chère Sophie, soit la décision de Louis, parmi nous on ne voit que des visages tristes. Et c'est bien naturel. La tante Potton a pris dix ans de plus, et je crains bien que tante Olympe tombe aussi malade. Cependant Louis a dit que s'il avait le moindre repentir, le respect humain ne le ferait pas rester, ce qui est bien consolant.

Peu à peu cette tristesse profonde fit place à la résignation :

Ton parrain fait beaucoup de vide, écrivait quelques mois plus tard Sophie Bonnard à sa sœur Louise ; on commence pourtant à s'y habituer. Il écrit toutes les semaines, mais à une seule personne. Il est à Flavigny, près de Dijon. Depuis qu'il y est, cinq jeunes gens y sont entrés. C'est un Ordre qui est en vogue en moment.

On se consolait même un peu par l'espoir que le novice actuel serait un jour un sujet d'élite dans l'Ordre où il était entré :

Mlle Valérie, écrivait Julie Bonnard, le 12 décembre, à l'une de ses sœurs, est dans la haute dévotion. La tante et l'oncle sont toujours très tristes ; on reçoit des nouvelles de Louis très souvent. Le pauvre avait cassé ses uniques lunettes, et il est resté quinze jours sans en porter, de sorte que les lettres qu'il écrivait étaient presque indéchiffrables. On a su par quelqu'un qui est allé dans cette communauté que le Prieur avait dit qu'ils avaient un sujet extraordinaire, qui égalerait M. Lacordaire (*sic*), s'il ne le dépassait pas. C'est bien beau pour sa famille, mais cela ne la console pas. Ferdinand est venu hier, il ne nous a dit que des bêtises (*sic*). On ne sait trop ce qu'il fera. M. Camille est toujours très sage et très rieur.

Pendant que Louis Potton, maintenant le Frère Ambroise, travaillait à sa formation religieuse, ce dernier trouvait un vide profond dans le magasin où son meilleur ami manquait. Il trouvait du vide surtout dans sa vie elle-même, en comparant ses sollicitudes toutes matérielles avec ce qui occupait désormais le cher absent. Voyant celui-ci chercher un bonheur plus haut que celui d'une famille à fonder et à élever, il se sentait incliné à l'imiter. Par degrés, il venait à des réflexions solides sur la fragilité des biens d'ici-bas et la stabilité des biens futurs. Il conçut dès lors le dessein, sinon encore de se donner entièrement à Dieu, au moins de travailler sérieusement pour sa cause. Il sentit plus vivement que jamais le besoin de s'adonner aux bonnes œuvres. Mais que faire ?

Un fait insignifiant en lui-même fut l'occasion pour M. Rambaud d'entrer en contact avec une nouvelle misère du peuple, la plus digne de compassion peut-être, et d'orienter sa vie d'une manière qui allait être définitive.

Un jour, il était assis à son bureau de la rue Lafont. On sonne. L'employé étant absent, il va lui-même ouvrir, impatienté : c'est un petit garçon de douze ans qui, portant un grand éventaire suspendu à son cou par une courroie, vend des allumettes et lui en offre.

— Que diable veux-tu que je fasse de tes allumettes ? lui dit-il en riant.

Le petit colporteur intimidé ferma sa boîte, et jetant un regard triste sur le jeune homme, allait se retirer, lorsque celui-ci, éprouvant un sentiment de compassion, lui dit :

« Quel âge as-tu ?

— Douze ans, Monsieur.

— Où habitent ton père et ta mère ?

— Je ne sais pas, Monsieur.

— Où vas-tu à l'école ?

— Je ne vais pas à l'école, Monsieur.

— Tu ne sais pas lire ?

— Non, Monsieur.

— Où habites-tu ?

— Où je puis, Monsieur ; quand je n'ai rien, je couche dehors. »

M. Rambaud fit alors rouvrir la boîte, acheta deux

paquets d'allumettes et dit à l'enfant en le congédiant :
« Tiens, voilà quatre sous ; nous sommes quittes. »

L'enfant déguerpit tout heureux, et M. Rambaud
allait retourner à son bureau de travail quand il sentit
une sorte de remords. Cet enfant, abandonné, misérable, sans parents, le laissera-t-il sans secours ? Non,
il faut qu'il vienne à son aide, puisqu'il est son frère et
qu'il souffre.

Il le hèle donc et d'une voix caressante :
« Sais-tu ce que c'est que Dieu ?... Es-tu allé au catéchisme ?... As-tu fait ta première communion ?... Sais-
tu ta prière ? »

Le petit marchand ne donne à toutes ces questions
que des réponses négatives, et le jeune homme con-
stata, tout étonné, qu'en plein milieu du xixe siècle
il y avait des enfants qui n'allaient pas à l'école,
ne recevaient aucune éducation, ne savaient pas un mot
de catéchisme, ignoraient même l'existence de Dieu. Il
lui fit promettre de revenir le voir, ce à quoi l'enfant
s'engagea volontiers, et il le congédia.

Il se rendit aussitôt à la fenêtre, tout ému, et considérant le pauvre petit marchand sur la place de la
Comédie : « Il y a donc de par le monde, se dit-il encore,
des familles dont la misère est si profonde que l'éducation, même gratuite, est encore pour elle trop oné-
reuse ; il y a donc des enfants qui n'apprennent rien ?
Que deviendront-ils ? Comment lutteront-ils pour la
vie dans une société où l'instruction est partout nécessaire ? Comment rempliront-ils leurs devoirs religieux
que personne ne leur apprend ? Comment sauveront-ils
leur âme ? Ne serait-il pas possible de les recueillir, de
les arracher à leur ignorance, à leurs vices, à la vie
vagabonde ? Pendant que l'enfant du riche a tout en
abondance, qu'une maternelle sollicitude pourvoit à tous

ses besoins, que des maîtres habiles l'instruisent, l'enfant du pauvre est privé de tous ces avantages ! »

Ce fut proprement à partir de cette visite du petit marchand d'allumettes que Camille Rambaud trouva un charme spécial à ces êtres faibles, à ces pauvres petits, dépourvus de tout bien matériel et spirituel (1). En méditant sur leurs dénuements multiples, en considérant le bien qu'il pourrait leur faire, sa sensibilité s'émut et il résolut de leur venir en aide. Combien peut-être il ravira de ces malheureux vagabonds à des maisons de correction où ils iraient végéter dans la souffrance ? Combien peut-être il en transformera en jeunes gens honnêtes et chrétiens !

Plein de ces pensées, il retourna chez Mᵐᵉ Garnier qu'il voyait quelquefois et qui lui répondit : « Puisque vous ne trouvez pas d'hommes incurables à soigner, occupez-vous de ces enfants. Ils ont de votre charité un besoin plus pressant encore peut-être ».

Sa vocation était fixée, il résolut de s'y consacrer sans retard.

Lorsque les riches font le mal, se disait-il, c'est toujours, excepté quand l'éducation religieuse a totalement fait défaut, en pleine connaissance de cause. Au contraire, ces pauvres ignorants en haillons s'abandonnent au vice inconsciemment, sans en être pleinement responsables. Le milieu où ils vivent, les exemples qui les entourent, les paroles qu'ils entendent, tout contribue à les pervertir. La connaissance de DIEU, de l'Evangile, de l'Eglise, la fréquentation du prêtre remédieraient à ce triste état ; mais personne ne leur enseigne DIEU et ne les conduit au prêtre : la religion et ses

---

(1) En réfléchissant plus tard sur les voies par lesquelles DIEU l'avait conduit à créer une grande œuvre il citait parfois le mot de Donoso Cortez : « Rien ne m'explique cette faveur divine, si ce n'est peut-être que le pauvre qui était à ma porte, je l'ai regardé comme un frère. »

ministres, on ne leur en parle qu'avec raillerie et par mépris, comment pourraient-ils s'en approcher ?

M. Rambaud envisageait aussi les besoins de la société. Il la voyait retourner au chaos parce que Dieu n'y était plus ; il se rappelait les terreurs récentes de 1848 où l'on se crut à la veille d'une révolution pire que celle de 1793. Ces enfants sans foi ni loi n'étaient-ils pas des révolutionnaires en herbe ? Il fallait un remède à ce mal social autant qu'individuel : il irait donc à ces pauvres enfants, les tirerait de leur misère matérielle, élèverait leurs regards vers le ciel, leur ferait aimer le Père qui y réside et leur enseignerait leurs devoirs envers lui.

Pour obtenir ce résultat, il leur consacrerait tout le temps laissé libre par les affaires. Il ne se contenterait plus, comme tant d'autres, de soulager le peuple en paroles, par des tirades plus ou moins éloquentes : il mettrait la main à l'œuvre. Ainsi fut décidée l'*Œuvre des Catéchismes*.

C'est dans la poursuite de ce but que vont se resserrer de plus en plus les liens de l'affection entre Camille Rambaud et Louis Potton ; dans cette période surtout éclatera la justesse du titre donné à ce livre : *Une admirable Amitié*. Les deux âmes vont désormais se confier l'une à l'autre jusque dans le plus intime d'elles-mêmes.

CHAPITRE III

PREMIÈRE ÉTAPE : LES CHAMBRES DE LA RUE MOLIÈRE.

L'Ecole de « ces Messieurs ». — Voyage à Flavigny. — Direction spirituelle. — Premières difficultés de M. Rambaud.

Sans retard, M. Rambaud se mit à l'œuvre. Près du coin de la rue Molière et du cours Lafayette, à l'étage le plus élevé des grandes maisons qui existent encore, il loua deux chambres à sept francs par mois et commença aussitôt à y réunir, chaque dimanche matin, de pauvres vagabonds, qui s'invitant et s'attirant les uns les autres, furent bientôt assez nombreux.

Les enfants, en effet, s'empressaient d'accourir vers le bienfaiteur inespéré qui leur ouvrait un asile et son cœur. Au lieu de leur mansarde solitaire et glacée, ils trouvent un feu réparateur pendant l'hiver, des regards amis pour les recevoir et des compagnons d'âge pour s'amuser. Un *monsieur* aux manières distinguées prend place au milieu d'eux. Il vient à eux par amour et non par intérêt ; on l'aime. A sa demande on s'agenouille, et l'on commence la réunion par une prière qui élève l'âme à des hauteurs inconnues jusque-là. Pour la première fois, ces pauvres déshérités comprennent un peu la noblesse de leur nature humaine, venue de Dieu et faite pour Dieu. Ensuite, dans une causerie semée d'interrogations et d'histoires, le *monsieur* leur parle de toutes les grandes vérités que Jésus-Christ nous a enseignées lui-même. Dans les merveilles du monde visible, le soleil, la lune, les étoiles, les moissons, les arbres, les fleurs, il leur montre les œuvres du Créateur. Il leur révèle le Christ descendu du ciel, sa naissance miraculeuse parmi les chants des anges, sa passion et sa mort ignominieuses et cruelles, sa résurrection et son ascension triomphantes. Il leur parle des saints et de leurs belles actions. Il les entretient de leur âme : « Une âme en état de grâce, leur disait-il, est quelque chose de plus beau que toutes les prairies émaillées de fleurs, que les plus beaux parterres du monde ; c'est le spectacle le plus admirable qui puisse être offert au regard de Dieu et des anges, et si nous pouvions le voir, nous en mourrions à l'instant de bonheur. » Leur âme leur paraît ainsi plus que leur corps, la vie future plus que la vie présente, Dieu plus que le monde entier ; une existence nouvelle se lève en eux. Ils écoutent dans un religieux silence, troublé seulement par leurs réponses bruyantes et simultanées aux questions du maître. Chaque réunion est pour eux une jouissance, une récréation attrayante, une diversion à leurs peines de chaque jour.

Après une toilette dont le besoin se fait souvent sentir, ils se rendent ensuite à la messe à Saint-Pothin, la seule église qui existât encore aux Brotteaux. Là se complète ce qui a été ébauché dans la leçon de catéchisme. Ils comprennent le sens, jusqu'alors caché, des joyeuses volées des cloches ; ils s'agenouillent devant le tabernacle où le Dieu du ciel leur donne audience, ils contemplent les images saintes qui décorent l'édifice sacré. Bientôt les chants d'église retentissent comme les échos d'un monde meilleur, la parole de Dieu résonne à leurs oreilles, pleine de promesses pour le bien et de menaces pour le mal. Eux, si pauvres et si méprisés, se voient là dans une même communion de foi et de prière avec des personnes riches et honorées dans le monde ; plus ou moins inconsciemment, ils voient dans ce dimanche qui leur fait goûter les joies pures de la religion, comme le retour, pendant quelques heures, du paradis terrestre. L'office achevé, ils se débandent, joyeux et tapageurs ; mais c'est avec enthousiasme qu'ils parlent de tout ce qu'ils ont fait, aux camarades qu'ils rencontrent et dont ils font souvent de nouveaux auditeurs de la bonne nouvelle.

Témoin de ces résultats, M. Rambaud se sentait encouragé à poursuivre, malgré les ennuis multiples, inséparables, on le comprend, d'une œuvre s'adressant à des natures turbulentes et grossières. Il n'oublia pas toutefois, au milieu des nouvelles entreprises de son zèle, son ami devenu novice dominicain à Flavigny. Il lui écrivit coup sur coup deux lettres affectueuses où il se tenait au courant des opérations toujours très satisfaisantes de son commerce et lui exposait, avec force détails, les heureux développements de la *petite école* de la rue Molière.

Le Frère Ambroise Potton lui répondit :

Mon cher Camille, j'avais l'intention de vous répondre aujourd'hui même, et voilà qu'en allant demander au Père Prieur la permission de le faire, il m'a remis votre seconde lettre.

Je me réjouis de voir votre commerce dans un état prospère parce que je sais quel bon usage vous ferez de l'argent que vous gagnez. C'est réellement une chose merveilleuse que tant de gens consument leur santé, leur vie, souvent aussi leur honnêteté, à faire marcher une maison de commerce, et presque toujours sans y réussir ; et que la vôtre aille à merveille malgré toutes les autres occupations que vous avez sur les bras.

Assurément, c'est là une bénédiction du ciel dont vous devez remercier Dieu ; mais cette faveur n'est rien auprès de celle qu'il vous fait en vous ouvrant les yeux sur le néant de tout cela. Il est difficile, sans la grâce particulière que vous avez reçue, à ce qu'il me semble, de ne pas se laisser entraîner par le tourbillon des affaires, et de se souvenir toujours qu'acheter et vendre ne sont point le but et la fin de notre vie, mais un épisode indifférent en lui-même, bon si nous nous y abandonnons parce que Dieu le veut, mauvais si nous en faisons un mauvais usage.

Je ne prierai point pour la prospérité de votre commerce ; il fau recevoir cette prospérité avec reconnaissance lorsque Dieu nous la donne, mais il y a beaucoup de choses plus importantes à lui demander. Je m'intéresse beaucoup plus, par exemple, à votre école, qui ne peut manquer d'avoir de bons résultats, si vous la continuez avec le même zèle qui vous l'a fait entreprendre. L'Évangile l'a dit : « La moisson est abondante, ce sont les ouvriers qui manquent », les ouvriers véritables, animés d'un esprit de foi et de charité ; et quelle plus belle mission pouvons-nous désirer que d'être appelés, chacun selon notre vocation, à défricher et cultiver la vigne du Seigneur ? Honorer Dieu autant que cela est en nous, en nous sanctifiant nous-mêmes et en travaillant à sanctifier le prochain, voilà tout ce que nous devons faire. Le reste ne sert de rien.

Tout le monde ne va pas au Canada convertir des sauvages, comme le digne prêtre dont vous me racontez le sermon, tout le monde n'est pas appelé à aller évangéliser les contrées lointaines ; mais la misère spirituelle est à nos portes ; les ignorants nous entourent, et nous pouvons tous leur donner une part de la lumière que nous avons reçue. Vous êtes bien heureux que Dieu vous ait fait la grâce de comprendre cela. Il faut que vous et moi l'en remercions de tout notre cœur. Je vais le prier d'achever en vous ce qu'il a commencé, de vous combler de grâces toujours plus abondantes, de vous faire marcher toujours plus vite dans la route qui mène à la vie.

Je ne veux point lui demander pour vous ni ceci ni cela, ni qu'il fasse de vous telle chose et non pas telle autre.

Il sait ce qui convient de mieux à ses vues ; je le prierai de tout mon cœur de vous rendre saint et parfait.

Ce soir, je dirai un rosaire à l'intention de votre école, et je veillerai à ne pas l'oublier les jours suivants. J'ai l'habitude de demander à Dieu avant l'élévation, toutes les fois que j'assiste à la messe, les choses qui me sont le plus à cœur, afin de les obtenir plus sûrement par les mérites infinis de Celui qui renouvelle sans cesse pour nous le sacrifice de son corps adorable et de son sang. Vous n'y êtes point oublié ; souvenez-vous aussi de moi, je vous prie, afin que nous nous revoyons tous deux dans cette éternité bienheureuse où nous posséderons enfin le Dieu que nous aurons aimé de loin sur la terre.

Si vous avez besoin quelquefois de courage dans votre école, rappelez-vous ce texte de Daniel : « *Fulgebunt justi tanquam stellæ in perpetuas æternitates et tanquam splendor firmamenti qui ad justitiam erudiunt multos* (1). »

Ecrivez-moi quand vous en aurez le temps ; j'ai grand plaisir à recevoir vos lettres.

Cette réponse causa une très grande joie à M. Rambaud qui voyant son ami s'intéresser à son œuvre, se promit de lui en donner souvent des nouvelles. L'avenir lui semblait d'ailleurs plein d'espoirs. Plusieurs jeunes gens, membres aussi des Conférences de Saint-Vincent-de-Paul, s'étaient joints à lui pour faire le catéchisme ; ils unissaient leurs efforts aux siens pour amener aux réunions dominicales les enfants des familles indigentes qu'ils visitaient ; le nombre des élèves augmentait de jour en jour ; il fallut louer deux autres chambres et ajouter à l'école du dimanche deux autres réunions le soir sur semaine.

Le programme adopté et généralement suivi dans ces nouvelles réunions du soir était très simple. Lorsque tout le petit monde était arrivé, on commençait par quelques leçons de lecture et d'écriture (2), puis on récitait en commun la prière du soir. Après cet exercice religieux qui n'avait pas seulement l'avantage d'habituer les

---

(1) Les justes brilleront comme des étoiles durant les éternités sans fin, et ceux qui enseignent la justice à beaucoup de leurs semblables auront l'éclat du firmament. »

(2) La liberté était alors, *sous Napoléon III*, plus grande que de nos jours. On ne peut maintenant, sans brevet, enseigner aux ignorants à lire et à écrire sans encourir procès, amende et prison. O sainte liberté, qu'es-tu devenue *sous la République ?*

enfants à prier, mais encore celui de les recueillir,
M. Rambaud faisait une instruction émaillée de beaucoup d'interrogations et d'histoires, puis posait des
questions sur l'instruction précédente, profitant de
l'imperfection des réponses pour compléter son enseignement, corriger les inexactitudes, éclairer les obscu-
rités. A la fin des séances, après une petite prière, il
remettait à chaque enfant un bon de présence qui lui
donnait droit, pour plus tard, à quelque objet utile, et les
congédiait.

La Première Communion était pour l'Œuvre des catéchismes la grande époque de l'année. Une retraite, avec
réunions matin et soir, y préparait. Ce jour était pour
les heureux communiants l'occasion d'une métamorphose
complète. Peignes, brosses, savons et des habits tout neufs
transformaient ces coureurs de rue en enfants blancs
comme neige, frisés et frottés. Pour la première fois de
leur vie, ils prenaient vraiment conscience de la dignité
humaine. La grande visite de leur Dieu à la Sainte
Table complétait les impressions de la retraite et créait
en eux comme des êtres nouveaux. Ce jour-là aussi, il
y avait un goûter abondant, et le soir, tous rentraient
dans leur famille, avec le sentiment profond qu'ils ache-
vaient, comme on le leur avait dit, le plus beau jour de
leur vie.

Telle était, dans ses grandes lignes, cette Œuvre
admirable. Faire distinguer par ces petits ignorants ce
qui est bien de ce qui est mal, ce qui est vrai de ce qui
est faux, leur mettre sous les yeux les conséquences
d'une bonne conduite devant Dieu et devant les hommes,
leur révéler la noblesse de leur nature en leur enseignant
l'immortalité de leur âme et ses destinées célestes avec
Dieu, tel était le but visé et atteint. Et par leur dévouement si manifestement désintéressé, ces maîtres improvi-
sés n'éclairaient pas seulement les intelligences de ces

enfants plongés dans les ténèbres de l'ignorance ; vite, ils arrivaient jusqu'à leur cœur, privé jusque-là de toute vraie affection, et ils le gagnaient.

A la vue de ces heureux commencements, M. l'abbé Coudour, alors jeune prêtre et plus tard curé de Saint-Vincent, à Lyon, écrivait en 1852 les pages suivantes. Nous les citons tout au long, parce qu'elles sont un témoignage contemporain et authentique du bien produit dès cette époque par M. l'abbé Rambaud.

Il n'y a guère qu'un an, disait-il, un ministère tout de charité avait conduit assez souvent quelques jeunes gens dans des quartiers situés entre les Brotteaux et la Guillotière et habités par la misère la plus affreuse et peut-être plus encore par le vice le plus dégradant. Dans leurs nombreuses visites aux familles pauvres, ils avaient toujours rencontré un grand nombre de ces malheureux enfants comme on n'en peut voir que dans les faubourgs, qui pullulent dans l'ignorance de tout devoir, blasphémant une religion qui ne leur fut jamais enseignée, insultant une vertu dont ils ne connurent jamais les douceurs, s'élevant au milieu des discours les plus licencieux et des exemples les plus corrupteurs, infortunés dont l'innocence baptismale, inévitablement condamnée à périr, est flétrie si souvent avant même qu'ils aient pu en connaître le prix.

Profondément affligés de cet abandon, ces jeunes gens conçurent la pensée de réunir ces enfants afin de les instruire et de les moraliser, en les initiant aux premières pratiques de la religion. Leur projet fut longuement mûri au soleil de la prière et de la réflexion : une neuvaine fut faite à Notre-Dame-de-Fourvière. Dieu leur parlait toujours au cœur ; ils voulurent commencer. Ils louèrent une chambre et l'*école de ces Messieurs* (1) commença. Il y vint d'abord quelques enfants recueillis dans leurs familles. Bientôt accoururent ceux que leurs camarades appellent *les ramasseurs de boules,* parce que, pour gagner leur chétive nourriture, ils s'attachent en quelque sorte à un jeu et vont au loin *ramasser les boules* qu'ont lancées les tireurs. Ils peuvent bien gagner à cet office jusqu'à 15 ou 20 centimes dans une soirée.

L'œuvre nouvelle s'annonçait bien, on voulut lui donner plus de

____

(1) C'est le nom que les enfants donnèrent à cette école : nous ne lui en donnerons point d'autre dans ce récit.

développement. Il s'agissait d'attirer encore un plus grand nombre *d'élèves*. On aborda dans la rue d'autres enfants plus âgés, abandonnés pour la plupart de leurs parents, travaillant quelquefois, souvent ne faisant rien, rôdant de tous côtés pour trouver à gagner et quelquefois à *rapiner* leur maigre pitance, couchant dans des allées ou bien dans des trous pratiqués le long des fossés qui bordent les forts, et d'autres fois quand ils étaient plus riches, allant passer la nuit pour deux sous chez des logeurs d'une moralité plus que supecte. *Ces Messieurs* surent les amener auprès deux par l'aumône de quelques bons de pain, de quelques vêtements et plus rarement de quelque argent. L'*école* n'était d'abord ouverte que le dimanche, de neuf heures du matin à une heure du soir. Ils attendaient les enfants, les conduisaient eux-mêmes à la messe, payaient leurs chaises et les ramenaient au local successivement agrandi par l'adjonction de deux autres chambres, et néanmoins toujours trop étroit ; car après quelque semaines, on compta de soixante-dix à quatre-vingts enfants dont un grand nombre avaient déjà atteint plus de quinze ans et dont plusieurs en avaient plus de vingt. La plupart n'avaient pas fait leur Première Communion, et tous étaient plongés dans la plus triste ignorance. Continuant leur œuvre, ces instituteurs dévoués de l'enfance abandonnée divisèrent leurs élèves en sections, se placèrent au milieu de chacune d'elles et s'efforcèrent d'apporter quelque ordre dans leurs exercices. Il y avait l'heure de la lecture, de l'écriture, du calcul, mais surtout l'heure du catéchisme, de la prière et de l'instruction ou exhortation faite par l'un d'eux. Et ce fut sans doute pour plusieurs de ces enfants, et dans ce lieu seulement, qu'ils s'agenouillèrent pour la première fois en pensant à Dieu, et qu'ils récitèrent de cœur les prières qu'ils apprenaient en même temps.

L'école du dimanche fut bientôt jugée insuffisante pour les besoins et l'avidité même des enfants. Les fondateurs zélés de l'œuvre naissante, toujours prêts à sacrifier tous les instants que leur laissaient libres les occupations du magasin, ne craignirent pas de fixer pour la réunion, deux autres jours de la semaine, de sept heures à neuf heures du soir ; quelques-uns même, adoptant plus spécialement les enfants les mieux disposés et les plus nécessiteux, leur firent tous les jours, matin ou soir, le catéchisme et les préparèrent à leur Première Communion.

Dieu bénit de si généreux efforts. Après quelques mois, une vingtaine de ces jeunes gens, tous au-dessus de quinze ans, eurent le bonheur d'être admis à la Table sainte et participèrent au pain des Anges. Nous qui les avons connus, nous avons vu la joie la plus vive briller sur leur front, et nous n'avons pu douter qu'elle ne fût le reflet de la paix qui inondait leur conscience régénérée. Pauvres enfants, beaucoup plus à plaindre qu'à blâmer, nés dans la misère, élevés dans l'absence de tout principe moral et religieux, ils étaient heureux de cette initiation qui les grandissait dans leur propre estime ; ils se sentaient tous fiers d'être quelque chose aux yeux des autres ; ils jouissaient surtout de savoir qu'ils étaient avec Dieu dans les rapports les plus intimes, puisqu'ils s'étaient unis à lui au sacrement de son amour. Nous en avons entendus nous-même nous dire alors : « Jusqu'ici nous avons bien offensé le bon Dieu, parce qu'on ne nous l'avait pas fait connaître ; mais maintenant que nous le connaissons, nous allons bien l'aimer et le servir. » Auparavant ils nous avaient dit : « On nous recommande quelquefois de bien nous conduire ; mais nous ne savons pas ce que c'est que de bien se conduire ; jamais personne ne nous l'a appris. »

C'était un premier résultat qui fut suivi de beaucoup d'autres non moins consolants. Faut-il dire maintenant au prix de quelles peines ils ont été obtenus ? Avons-nous besoin de parler de l'indiscipline de ces jeunes gens, de leurs mauvaises manières, de leurs exigences mêmes. Les jeunes professeurs de cette bienfaisante école ont oublié qu'ils étaient souvent comme perdus et écrasés au milieu de ces quatre-vingts enfants, dont les cris bruyants accusaient leurs moindres défauts, gâtés qu'ils étaient déjà pour la plupart, ivres quelquefois, querelleurs, et poussant un jour l'ingratitude jusqu'à brûler en effigie leurs dévoués bienfaiteurs.

Mais nous l'avons dit, ceux-ci ont oublié tout cela ; ils ne veulent pas même souffrir qu'on leur en parle ; ils ne se rappellent que les joies intimes de leur conscience et les succès dont Dieu a récompensé des sacrifices toujours trop légers à leurs yeux. Pour nous, qui apprenons avec le plus vif intérêt leurs actes d'un héroïque dévouement, et qui avons été quelquefois témoin de leur patience si chrétienne, nous avons cru pouvoir en consigner ici l'édifiant souvenir, et nous ne pouvons encore résister au désir de raconter un trait qui nous semble bien propre, dans sa simplicité, à nous donner une idée de cette charité que la religion de Jésus peut seule inspirer.

Nous avons dit tout à l'heure qu'on distribuait à l'école des vêtements, des bons de pain, quelquefois même de l'argent. Sans nous opposer à ces distributions, qui arrivaient toujours à propos pour soulager des besoins très réels et qui étaient, malgré leur fréquente répétition, si disproportionnées avec les incroyables nécessités de ces pauvres enfants, nous avions cru devoir intervenir pour les modérer dans l'unique crainte que ces jeunes élèves ne fussent trop attirés par l'appât des dons et ne feignissent de meilleures dispositions pour la piété qu'ils n'en avaient réellement, dans l'espérance d'une part plus large dans les aumônes. Nous n'étions pas seul de cet avis. Nos raisons avaient été goûtées, et l'on nous avait promis de ne plus donner de l'argent, dont on pouvait le plus abuser. Un jour, un certain nombre des jeunes gens, les plus grands, entouraient celui de *ces Messieurs* qui donnait le plus, parce qu'il est le plus riche, et faisaient valoir, en quelque sorte, *leur droit à l'assistance immédiate*, avec la même énergie que des hommes égarés par un trop fameux réformateur, faisaient valoir naguère *leur droit au travail*. Fidèle à la parole qu'il nous avait donnée, le pieux jeune homme refusait, et cette fois tenait bon dans son refus. Après avoir longtemps lutté et croyant en avoir fini au moins pour le moment, il prit son évangile pour en lire un passage et l'expliquer selon l'habitude qu'il en avait. Il ouvrit le livre et, sans chercher, après quelques versets, il lut ces paroles : « Ne refusez pas à ceux qui vous demandent. » Aussitôt ces jeunes gens de l'arrêter, et de lui dire : « Vous le voyez ! Dieu lui-même vous dit de ne pas nous refuser. »

« Que vouliez-vous que je fisse, nous disait le soir même celui auquel était arrivé le fait dont nous venons de parler ? Je n'ai pu que mettre mes mains dans mes poches et les vider dans les leurs. »

Saluons à notre tour, en passant, ces admirables jeunes gens, dont M. Rambaud est le chef. Ils ne disent pas comme le missionnaire un éternel adieu à leur pays, mais chaque jour ils renoncent librement aux douceurs de la société, aux joies de la famille ; ils ne s'exilent pas sous d'autres cieux, mais ils désertent leurs salons ou les frais ombrages des champs pour la suffocante ou froide atmosphère d'une chambre étroite et encombrée d'enfants souvent indisciplinés ; ils ne sont pas revêtus d'un caractère sacré, mais ils exercent un apostolat légitime et fécond, sont les dignes précurseurs du prêtre, préparent les voies et aplanissent les sentiers au Sauveur qui doit venir.

Malgré les sollicitudes inhérentes à cette œuvre naissante, M. Rambaud ne tarda pas à visiter son ami devenu novice dominicain. Plusieurs motifs l'y poussaient : il voulait voir Louis Potton dans son nouvel

habit ; il voulait l'entretenir de son école plus au long
que par ses lettres et lui demander conseil ; il voulait
même réaliser un desssein caressé depuis longtemps :
lui ouvrir toute son âme et le choisir comme directeur.
Il désirait aussi conduire à Flavigny un jeune Lyonnais
qui, après s'être senti attiré vers la vie dominicaine,
hésitait maintenant entre le monde et DIEU. Enfin, il
voulait faire près du Frère Ambroise une petite retraite.
« *pour se retremper*, comme il l'écrivait, *et se redon-
ner un peu de cette ferveur et de cette foi impétueuse
qui s'acquiert dans la compagnie des hommes de
Dieu.* »

Les deux jeunes gens se rendirent de Lyon à Dijon
sur un bateau à vapeur qui remontait la Saône, et se
livrèrent d'autant plus au bonheur que l'on goûte dans
un beau voyage que celui-ci n'avait rien que de joyeux.
L'abbé Signerin qui se rendit à Flavigny vers cette
même époque, décrit ainsi la dernière partie du trajet :

Au sortir de la riante ville de Dijon, et dans la direction de Paris,
la vapeur vous emporte, avec la rapidité de la flèche, au petit Bourg
des *Laumes*. Le voyageur y jette à peine un regard, tant il a hâte
de gravir les pentes boisées de Flavigny. A peine revenu de l'étour-
dissement causé par le mouvement et le bruit, il se trouve par un con-
traste des plus heurtés, en présence d'une solitude profonde. Sous
l'impression de cette nature tranquille qui réagit sur l'âme, de suaves
pensées se succèdent et remplissent le cœur. Bientôt pourtant, la
voix du guide vous arrache à ces douces rêveries, et la tête se relève
vivement au nom qu'il vient de prononcer. On est en face de l'antique *Alesia*, et l'on s'arrête un instant à contempler ces lieux célèbres
dans notre histoire, et qui furent témoins des derniers efforts de nos
vieux Gaulois, luttant contre l'insatiable avidité romaine. L'on croit
voir encore ces trois armées qui s'assiègent, se pressent d'une triple
étreinte de fer, et Vercingétorix, cédant à la fortune de César, tomber en frémissant aux pieds de son heureux vainqueur. Bientôt un
pli de terrain dérobe *Alesia*, aujourd'hui *Alise*, à vos regards, vous
rend à la solitude et à vos premières pensées. Après une marche
d'une heure et demie, l'on commence à voir se détacher à l'horizon la

pointe du clocher qui s'élève sur la vieille église de Flavigny. Cette ville, située sur une montagne, n'est abordable que par un seul côté. Ses rues tortueuses et en pente, ses murs épais et noirs, ses trois portes avec leurs vieilles traces féodales, préparent déjà aux impressions que l'on éprouve bientôt en arrivant à la retraite des enfants de saint Dominique.

Le couvent est situé sur la partie escarpée de la ville et voit se dérouler devant lui un horizon très étendu. Le paysage est sévère dans la saison des froids, alors que ses lignes droites et raides ne sont pas adoucies par le feuillage des nombreux bouquets d'arbres dont il est couvert. S'il ne surprend pas comme celui qu'on découvre du couvent du Chalais, il répand dans l'âme une tranquillité et un calme dont elle ne peut se lasser. Mais ce qui frappe, ce qui étonne, c'est la rude vie des religieux qui habitent ces demeures.

Un préjugé assez répandu représente les Dominicains comme des hommes savants et éclairés, mais peu initiés aux grandes privations, au détachement complet des aises de la vie. Oh ! qu'on est vite détrompé lorsqu'on se trouve en présence de ces hommes extraordinaires, sur lesquels la pauvreté, le renoncement et la mortification exercent un empire complet et absolu.

Sortis pour la plupart de familles distinguées par le rang et la richesse, ils ont franchi d'un seul bond toute la distance qui sépare le luxe et la jouissance du dénûment et du sacrifice. C'est qu'à l'aspect de ce besoin de *bien-être* qui est le caractère principal du siècle actuel, un homme inspiré de Dieu est venu se placer en face du torrent qui entraînait la société, afin de le combattre à l'endroit même où sa pente est la plus rapide.

Avec quelle affection le Frère Ambroise reçut son cher Camille à la porte du couvent et de quelles attentions délicates il le combla pendant toute la durée de son séjour à Flavigny, le lecteur le devine aisément. M. Rambaud, de son côté, ne se contenta pas de mettre son ami au courant de ses œuvres de zèle ; il lui confia comme à un directeur les secrets de son âme et lui demanda des conseils sur sa vocation.

Un fait arrivé en cette visite et que nous tenons de la bouche même de M. Rambaud, montre mieux que tout le reste à quelle ferveur, à quelle simplicité et à quelle humilité le Frère Ambroise avait su parvenir dès le début de sa vie religieuse. Il montre aussi à quel degré les cœurs des deux amis étaient unis et combien leur confiance réciproque était absolue. A peine installé dans la chambrette qui lui avait été préparée, Camille entend frapper discrètement à sa porte ; elle s'ouvre et quel n'est pas son étonnement lorsqu'il voit entrer le Frère Potton chargé d'un seau rempli d'eau et d'un linge.

« Qu'est-ce ? dit-il. Je n'ai pas demandé de l'eau, et, en tout cas, ce n'était pas à vous à me l'apporter.

— Ce n'est pas de cela qu'il s'agit, reprend le Frère Potton, en posant le baquet par terre et en refermant la porte. Quittez vos souliers et vos bas, mon cher ami... »

Toute résistance fut inutile, et l'ami, tout confus, se voit bel et bien laver les pieds... Ce n'est pas tout : le Frère Potton, écartant le seau, se prosterne de tout son long devant son ami, embrasse ses pieds et, dans cette attitude, lui confesse à son tour ses moindres égarements.

Il le combla ensuite, pendant tout son séjour, d'attentions délicates, et tous les deux s'entretinrent longuement de la nécessité et des moyens pratiques d'employer leur vie au service de Dieu et du prochain.

Pendant ce temps, le compagnon de voyage de Camille Rambaud voyait le P. Lacordaire, qu'il avait déjà consulté une première fois. Son âme était-elle restée sujette à des fautes qu'il avait promis de ne plus commettre ? Le Père voulait-il seulement mettre à l'épreuve une vocation qui ne lui semblait pas suffisamment solide ? Toujours est-il qu'il lui ordonna de se découvrir les épaules pour être châtié. Ce qui fut fait, et n'empêcha pas le postulant de revenir un peu plus tard demander la robe blanche.

Lorsque M. Rambaud quitta Flavigny, après y avoir

séjourné quatre jours, son âme était subjuguée par le spectacle de la vie dominicaine qu'il avait eue sous les yeux : il n'avait encore rien vu de si beau. Là, se disait-il, dans ce petit coin de terre, la religion domine en souveraine ; le cœur humain ne bat pas pour les choses inférieures, mais pour Dieu ; et la vraie joie de l'âme en est la conséquence, parce que c'est l'ordre rétabli dans les affections. Ici, tout rappelle Dieu : ces religieux, ce couvent, cette cloche, cette psalmodie, ces chants, ce silence dans une maison peuplée de jeunes gens. Là nulle voix discordante ne se fait entendre ; les sottises de l'incrédulité qui retentissent et s'étalent dans un monde aveugle et dérouté, ne passent pas ce seuil ; c'est bien le vestibule de l'éternité et le bonheur le plus grand dont on puisse jouir ici-bas dans la vérité et la vertu. « Oh ! bienheureux es-tu, disait Camille à son ami en le quittant, d'avoir été choisi pour cette vocation ! » Le souvenir de ces jours passés à Flavigny ne le quitta plus ; il fit même naître en son cœur, nous le verrons bientôt, des velléités de vie religieuse.

Mlle Sophie Bonnard écrivait à sa sœur Louise, le 15 janvier 1851, à propos de cette visite :

Louis a reçu ta lettre de nouvel an ; il te répondra dans quelque temps. T'estimes-tu assez heureuse d'être la fille en Dieu d'un dominicain. Sans aucun doute il priera pour toi. Tu sais peut-être que M. Rambaud est allé le voir. Il dit qu'il est magnifique dans ses habits blancs, et avec cette couronne de cheveux tout le tour de la tête. Enfin il est heureux, il est gai, il se porte bien. Tante Olympe paraît un peu consolée.

La réponse annoncée dans cette lettre porte la date du 22 janvier ; nous la citons ici parce qu'elle montre le détachement du novice et ses dispositions envers les personnes qu'il avait laissées dans le siècle.

« Ma chère filleule, disait le Frère Ambroise, j'ai reçu la lettre que vous m'avez écrite, et qui contenait vos souhaits de bonne année : je les accepte avec reconnaissance. Je commence cette nouvelle année d'une manière bien différente de toutes celles qui se sont écoulées jusqu'ici ; il faut espérer que je saurai profiter des grâces attachées à la vie religieuse. Vous ne me donnez point de nouvelles de toute votre famille ; j'espère qu'elle se porte bien et que vous vous habituez au vide que doit nécessairement laisser auprès de vous l'absence de Julie. Quant à l'aube que vous voulez me broder, d'abord je n'en aurai pas besoin avant cinq ou six ans, si je suis encore de ce monde à cette époque, et d'ici là beaucoup de choses peuvent se passer, et enfin il vous sera même impossible de me faire ce petit présent. Les Dominicains ne possèdent rien en propre, comme tous les autres Ordres qui ne sont pas dégénérés ; il est par conséquent tout à fait impossible de leur rien donner, puisqu'ils n'ont rien à eux, pas même la robe qu'ils portent.

« Je suis toujours bien sensible à votre bon souvenir et je le reconnaitrai, autant qu'il est en moi, en priant Dieu pour vous. C'est la seule manière dont je puisse m'acquitter des obligations que j'ai contractées au moment de votre baptême, lorsque j'ai promis par procuration de veiller sur vos intérêts spirituels.

« Présentez, je vous prie, mes respects à Monsieur et Madame Bonnard et croyez à l'affection sincère de votre parrain.

L. Ambroise Potron, des frères Prêcheurs.

Cependant, M. Rambaud, de retour à Lyon, se remit à son école de la rue Molière avec un courage plus grand que jamais. Dans l'exercice de cet apostolat visiblement béni du Ciel, il était plus heureux qu'on ne saurait le dire.

Il goûtait cette joie profonde et pure que procure la charité chrétienne à celui qui, pour Dieu seul et sans motif d'intérêt personnel, éclaire les âmes de ses frères, les porte au bien et les dispose au bonheur qui ne doit point finir : joie ineffable que ne connaissent que les âmes d'apôtres et qui est ici-bas leur meilleure récompense.

Ces satisfactions intimes, il sentait le besoin de les faire partager à son ami dominicain, et pour ce motif il le tenait soigneusement au courant des progrès de son œuvre par des lettres multiples.

En l'une d'elles, comparant sa vie toute d'action à la vie recueillie et solitaire du novice, il félicitait ce dernier de la bonne part qui lui était échue, comparait la paix dont il jouissait à Flavigny à celle de Notre-Seigneur à Nazareth, et lui disait qu'après le temps de sa formation religieuse il récolterait au centuple ce qu'il semait maintenant dans la prière et l'étude. Le Frère Potton lui adressa une belle réponse où il lui montre à nu son âme, désireuse sans doute et même avide de travailler activement à la gloire de DIEU, mais soumise à la loi qui le retient momentanément au repos, pour le mieux préparer à l'action. Vers la fin, il donne à son ami d'excellents conseils sur la manière dont il doit pratiquer le zèle envers autrui et sur l'indifférence à tout ce qui le concerne personnellement.

Mon cher Camille, lui disait-il, je reçois vos lettres avec un grand plaisir ; quand vos occupations vous le permettront, n'oubliez pas de m'écrire.

Que vous êtes heureux de pouvoir déjà faire quelque chose pour DIEU et travailler à l'amélioration et à la sanctification de vos frères ! Quelle grande joie ce doit être d'annoncer la parole de vie et de voir fructifier, même imparfaitement, la semence que nous répandons autour de nous ! Saint Ignace se consolait de son exil terrestre en songeant qu'il était utile aux âmes, et consentait à voir différer encore le bonheur qui l'attendait dans le Ciel, en pensant qu'il pouvait enfanter des âmes à la vie éternelle. Il n'y a point d'occupation plus noble et plus élevée que celle-là ; JÉSUS-CHRIST l'a choisie pour lui ; et jamais nous ne lui ressemblons davantage qu'en nous consacrant à instruire les petits, les pauvres, les ignorants.

J'envie votre bonheur, et, tout en priant qu'il plaise à DIEU d'étendre votre école, de donner à vos enfants l'intelligence des vérités de la foi, et à leurs professeurs le zèle qui porte des fruits, je m'afflige un peu à la pensée que longtemps encore je ne pourrai pas contribuer activement à la dilatation du royaume de DIEU. Cinq années encore au moins, et six années sans doute, s'écouleront, avant que je puisse être employé, si je suis jamais bon à quelque chose. Les prêtres commencent quelquefois à exercer le ministère de suite, à cause de notre petit nombre, mais les simples frères doivent toujours, je crois, achever toutes les années de leurs études, avant de pouvoir vaquer à aucun travail du dehors. J'aurai donc trente-deux ans, et non pas trente. Je n'avais jamais songé à la ressemblance que vous m'avez fait remarquer ; elle me touche beaucoup, et j'y trouve un motif de consolation. Si Notre-Seigneur a voulu, sur les trente-trois années de sa vie mortelle, en consacrer trente au silence et à la retraite d'une humble profession manuelle, celles que je consacre à me préparer ne sont pas, sans doute, des années inutiles ; je crois avec mon cher saint Vincent de Paul qu'il y a un mystère d'incompréhensible sagesse dans chacune des actions de notre Sauveur, et surtout dans l'obscurité qu'il a choisie pour lui pendant si longtemps. Il est dur et pénible quelquefois de se trouver toujours en face de soi-même ; de concentrer contre soi toutes ses forces et toute son action, sans qu'il soit permis de s'épancher en dehors dans un travail actif ; de s'épuiser en désirs qui paraissent stériles et de se réduire à des souhaits quand il semble qu'il faudrait des actes. On aime à penser à ce que l'on voudrait faire pour Dieu, et à songer qu'il récompenserait avec sa largesse infinie les petits travaux entrepris pour lui. Mais ce ne sont là, après tout, que des tentations, car nous sommes toujours assez utiles, si nous sommes bons, et nos prières ferventes (si seulement les miennes l'étaient !) opèrent souvent beaucoup plus que nos actions. Et puis Dieu daigne quelquefois me faire voir si clairement tout ce qu'il me faudrait faire pour être un digne ministre de sa parole, que ce n'est pas trop, je le comprends, de quelques années passées dans le silence pour se préparer à un si auguste ministère.

Dieu aime à se servir d'ouvriers humbles et convaincus de leur néant et de leur impuissance, afin que sa gloire éclate sans partage. Il veut des hommes qui reconnaissent qu'ils ne sont rien, sinon un outil imparfait entre ses mains ; des hommes qui sentent que leurs bonnes pensées, leurs bonnes actions, leur zèle, leur ardeur, tout cela vient d'en haut et leur est donné gratuitement pour en faire un saint usage, et qui, indifférents à tout ce qui les regarde, ne soient touchés que de la gloire de leur maître.

Je pense que vos prières sont agréables à Dieu, et il me semble que je vois dans vos lettres quantité de bons désirs de le servir fidèlement, qui viennent tout droit de lui, sans doute. Je vous demande donc de le prier, non point pour moi seulement, mais pour vous et pour moi, pour nous deux ; qu'il nous donne cette humble connaissance de nous-mêmes qui nous rende agréables à ses yeux et dignes d'être employés à son service ; qu'il fasse naître et croître en nous une complète indifférence pour tout ce qui nous regarde ; qu'il allume dans nos âmes un désir très ardent et très sincère de procurer sa gloire autant que nous le pourrons ; qu'il nous accorde de nous consumer tout entiers à son service, ainsi qu'il arrivait à cette sainte fille qui désirait être la lampe allumée devant le très saint Sacrement, afin de se consumer comme elle à la gloire et à la louange de DIEU.

Vous êtes heureux déjà de l'avoir fait connaître à ceux qui ne le connaissent point et d'avoir ouvert des yeux fermés à la vie. Pour moi, que puis-je dire que j'aie fait ?

CHAPELLE DES BAROLLES

Puisque vous avez reçu une si tendre dévotion pour la très Sainte Vierge, vous seriez bien méchant, si vous me refusiez de la prier pour moi et de lui demander pour nous deux le secours de son intercession toute puissante.

Adieu, mon cher ami. Veuillez dire à ma mère que je l'embrasse tendrement et que je la prie de me faire savoir en quel endroit mon père a l'intention de bâtir sa chapelle (1). J'ai oublié de le demander à Ferdinand. Priez pour moi comme je prie pour vous, afin que nous soyons réunis un jour au pied du trône de Dieu.

Quand vous irez à Cîteaux (vous ne dites pas quand), n'oubliez pas de ménager beaucoup votre santé, de peur qu'un régime plus rude, embrassé tout à coup, ne vous soit défavorable.

Ecrivez-moi de Cîteaux même, cela me fera grand plaisir. Dites à Valérie que je vais lui répondre incessamment. Adieu.

Une autre lettre écrite par le Frère Ambroise à M. Rambaud, pendant le Carême de 1851, n'a pas une grande importance au point de vue des œuvres entreprises par ce dernier, mais elle montre sous un jour touchant l'admirable humilité du novice qui, en se réjouissant des succès croissants de son ami, rend grâces à Dieu de n'être plus à Lyon, parce que, dit-il, « sa gaucherie aurait suffi à tout arrêter dès le commencement. » Le Frère Potton parle aussi du premier sermon qu'il donna au réfectoire, par mode d'exercice ; et enfin, décrivant tout au long une pieuse cérémonie en usage les vendredis de Carême dans les couvents dominicains, il en profite pour exposer à son ami, encore un peu néophyte dans la piété, d'utiles vérités sur la passion et la mort de Jésus-Christ.

Que vous dirai-je, mon cher Camille, écrit-il. Je voudrais bien répondre aux deux lettres que vous m'avez écrites, il y a quelques jours ; mais je ne sais si je pourrai le faire sans vous ennuyer.

J'ai vu avec beaucoup de joie les progrès rapides et inespérés de

---

(1) Il s'agit de la chapelle des Barolles, construite avec l'argent que M. Potton aurait donné à ses deux fils au moment de leur établissement, s'ils étaient restés dans le monde.

votre école qui, commencée d'abord par l'instruction de quelques petits enfants et presque à titre d'essai, est devenue comme d'elle-même, sous la main du bon DIEU, une école où vous enseignez aux jeunes gens les vérités du salut. Je me réjouis jusqu'à un certain point de ne point me trouver à Lyon dans ce moment, car, j'en suis sûr, avec votre amitié ordinaire, vous auriez voulu me donner une part dans votre bonne œuvre, et je n'aurais pas osé me récuser. Comment, en effet, refuser un pareil concours ? Or, je crois que ma gaucherie aurait suffi ou pour vous arrêter dès le commencement, ou pour compromettre votre succès. S'il me fallait faire un sermon, je dis un sermon véritable, je serais fort embarrassé ; et l'autre jour encore, après avoir prêché aux bouteilles du réfectoire (1), je me demandais quel rapport il y avait entre ce que j'avais dit et un vrai sermon, c'est-à-dire un discours dans lequel un homme, pénétré de l'importance des vérités de la foi, essaie de faire passer chez ses frères le feu qui le brûle et la lumière qui l'illumine. Je le sais bien, pour faire quelque chose, nous devons compter non sur nous-mêmes, mais sur l'assistance de DIEU qui peut tout. Mais je crois que ma foi est encore loin d'être assez vive, ma confiance assez grande et assez absolue, pour que DIEU daigne me donner tout ce que je n'ai pas. J'ai encore plusieurs années à passer avant d'être appelé à la vie active, et il faut que je tâche d'apprendre dans la retraite tout ce qui me rendra plus tard susceptible de recevoir les dons de DIEU. Je compte que vos prières m'y aideront ; si les miennes peuvent quelque chose pour vous aider dans la belle entreprise que vous avez commencée, elles ne vous manqueront point.

Que vous êtes heureux de travailler pour DIEU et pour votre prochain ! Car quelle joie de songer que l'on répand au loin la connaissance de son saint Nom, et qu'on le fait adorer par des âmes qui jusque-là l'avaient ignoré !

C'est une vérité de foi et qui doit grandement vous encourager, de savoir que si tous les hommes donnaient leurs soins, leurs peines, leurs travaux, leur vie et jusqu'à la dernière goutte de leur sang, pour ouvrir à une seule âme l'entrée du Ciel, il n'y aurait aucune proportion entre le résultat obtenu et les peines qu'ils auraient souffertes.

Voulez-vous que je vous raconte une de nos cérémonies de Carême ? Elle est particulière à notre Ordre et nous la devons à sainte Catherine

---

(1) Le Frère Potton avait prêché par mode d'exercice au réfectoire, pendant le dîner de la communauté.

de Ricci. Chaque vendredi soir, jour de la Passion de Notre-Seigneur, après Complies, un prêtre revêtu de l'aube sans la chasuble se rend au pied de l'autel, sur lequel se trouve placée une croix de bois. Là, seul au milieu du silence et représentant Jésus-Christ avant sa passion, il commence à chanter, en les entrecoupant de longues pauses, les versets prophétiques mis par Dieu dans la bouche de David et d'Isaïe, de longs siècles avant que la plénitude des temps fût arrivée. La réunion de ces textes épars est frappante, et l'on ne peut s'empêcher d'admirer l'exactitude avec laquelle toutes les circonstances de la Passion douloureuse de Notre-Seigneur ont été prédites par les prophètes. Rien n'y manque : la conspiration des Juifs, la trahison de ceux que le Sauveur avait comblés de bienfaits, la flagellation, la crucifixion, le fiel, le vinaigre, les habits tirés au sort et d'autres détails encore. Le prêtre chante seul chaque verset sur l'air simple et sévère des psaumes ; quand il arrive aux dernières paroles de Jésus sur la croix : *In manus tuas, Domine, commendo spiritum meum* (1), tout le couvent, interrompant sa méditation, s'écrie avec le Sauveur : *In manus tuas, Domine, commendo spiritum meum*. Puis, le prêtre reprend et annonce la mort du Sauveur : *Jesus autem clamans voce magna tradidit spiritum* (2). Dès lors, le caractère de la cérémonie change ; les versets funèbres, qui ne parlaient que de souffrances et de mort, sont remplacés par des versets joyeux qui nous apprennent que nous sommes faits participants des mérites de Jésus et que nous sommes justifiés par sa justice. Ce sont les paroles d'Isaïe : « Il a été blessé à cause de nos iniquités et puni à cause de nos crimes », et d'autres encore dont je ne me souviens qu'imparfaitement, et qui nous annoncent que la colère divine est apaisée, que les cieux sont ouverts et que l'homme est réconcilié avec Dieu par le sang de Jésus versé sur la croix. Ensuite, tout le couvent chante l'hymne *Vexilla Regis*, et la cérémonie se termine par la bénédiction donnée avec la Croix. Je n'ai pu que bien imparfaitement vous indiquer tout ce qu'il y a de vraiment grand dans cette méditation qui commence par le récit des souffrances et des humiliations, pour finir par un chant de triomphe et de gloire. *Nonne oportuit Filium hominis pati et itâ intrare in gloriam* : « Ne fallait-il pas que le Fils de l'homme souffrît, afin d'entrer dans la gloire ? » Et nous sommes tous les fils de l'homme appelés comme notre Maître à voir les peines de notre vie mortelle suivies des gloires de la résurrection...

---

(1) « Je remets, Seigneur, mon âme entre vos mains. »
(2) « Jésus, poussant un grand cri, rendit l'âme. »

Cependant une nouvelle phase commençait pour M. Rambaud, celle des difficultés et des contradictions : le monde se mettait à le juger. De loin se préparait la tempête, qui bientôt, allait assaillir l'école de la rue Molière ; déjà brillaient les premiers éclairs précurseurs de l'orage. Au début, sa généreuse initiative n'avait pas fait grand bruit dans la société ; maintenant que son œuvre a grandi, que les élèves ont décuplé, qu'il persévère, on commence à en parler, à s'en inquiéter, et les critiques, même mordantes, ne manquent point.

Oubliant que tous les hommes sont frères et égaux, et que les plus élevés doivent d'autant plus d'affection et de secours aux petits que ceux-ci sont plus dénués de toutes sortes de biens, plusieurs déclaraient que M. Rambaud perdait sa peine et son temps auprès d'enfants miséreux et malappris dont ils rougiraient de s'approcher, et qu'il était indigne d'un homme bien élevé de fréquenter de pareils êtres. Le Frère Potton, averti de tout cela par son ami lui rappelle sur ce point la doctrine de l'Eglise et des Saints, et il le fait en des termes que le monde vaniteux de nos jours et de tous les temps trouvera profit à méditer.

Flavigny, mai 1851.

Mon cher frère et ami, vous me dites de vous encourager dans la bonne œuvre que vous avez entreprise, mais je ne sais vraiment pas si vous avez réellement besoin d'encouragement ; le ton de votre lettre, à la fin surtout, est plein de confiance, et d'ailleurs le bon Dieu ne m'a pas encore accordé le don de savoir prononcer les paroles qui, toutes seules, savent trouver le chemin du cœur. Je ne sais point dire ce que je voudrais, et tout ce que j'écris n'est rien auprès de ce que je voudrais écrire.

Pourquoi donc vous décourageriez-vous, mon très cher frère ? Vous n'avez jamais prétendu faire l'œuvre du monde, travailler pour lui, chercher son approbation, conquérir ses faveurs et ses applaudissements. Vous le saviez, le monde approuve et consent à tolérer, à honorer même certaines vertus, parce qu'il ne peut faire autrement sans se rendre odieux, la bienfaisance, par exemple, qu'il a décorée du nom de philanthropie, afin de faire croire qu'elle lui appartient en propre ; mais vous le saviez aussi, cette bienfaisance admirée par le monde doit s'exercer de loin et sans s'approcher trop près de tous ces pauvres gens dont les vêtements ne sont pas élégants, il s'en faut, et dont le langage n'a rien que de grossier. Vous le saviez d'avance, il vous critiquerait d'employer votre temps, vos peines, vos soins, vos réflexions et la meilleure part de votre cœur au service de ceux qu'il considère comme indignes de sa société et dont il n'approche point de peur de se salir ; vous saviez qu'il ignore ces vérités si bien comprises du chrétien : que toute âme a été rachetée du sang de Dieu ; que, si pauvre qu'il soit, tout homme est un des membres vivants de Jésus-Christ, et que la beauté et la dignité infinie du Chef rejaillissent sur tous ces membres et leur donnent une valeur et une grandeur infinies. Aussi n'est-ce point pour le monde que vous avez travaillé ; vous avez travaillé pour Dieu et n'avez voulu satisfaire que lui.

Qu'importe que le monde trouve votre œuvre absurde et insensée ? Vous devriez plutôt vous épouvanter si vous étiez entouré de l'admiration universelle ; car il est écrit : « Si vous étiez du monde, le monde aimerait ce qui est sien. » Jésus savait que ses disciples et ceux qui essaient à travers leurs faiblesses et leur tiédeur de faire les œuvres qui lui sont agréables, s'arrêteraient quelquefois en présence de la réprobation universelle et trembleraient d'avoir mal agi ; aussi, pour les rassurer, il leur disait d'avance dans la personne des apôtres envoyés aux brebis égarées de la maison d'Israël : « Vous serez en haine à tous à cause de mon nom », non point pour aucun motif raisonnable, mais uniquement parce que vous êtes mes disciples et parce que vous portez mon nom, car « le disciple n'est point au-dessus du maitre, et s'ils ont appelé Béelzébub le père de famille, que diront-ils de ses serviteurs ? » Depuis le jour où saint Siméon tenant l'enfant Jésus dans ses bras disait : « Celui-ci sera comme un signe de contradiction », la haine du monde n'a jamais manqué à toutes les œuvres qui sont de Dieu. Jésus-Christ a voulu y être en butte le premier, et nous acquérir par ses souffrances et sa mort le pouvoir de résister à toutes les attaques. Je ne sais si l'on pourrait citer une œuvre véritablement bonne qui n'ait point souffert, soit au moment de sa fondation, soit un peu plus tard. Notre Province de France en est une preuve frappante ; je le sais, quoique je ne connaisse que très imparfaitement son histoire, les épreuves ne lui ont point manqué, ni celles que Dieu envoie dans sa bonté tout aimable, ni celles que les hommes infligent dans leur malice. Le Père Lacordaire ne s'est-il pas vu, au début, ou seul, ou entouré d'âmes expirantes (car plusieurs des premiers, et les meilleurs peut-être, sont morts au commencement) ; en face d'une législation qui défendait l'existence des communautés en France ; en présence de l'indifférence de presque tous, de la haine de quelques-uns et des préventions injustes, inspirées, par la permission de Dieu, même à ceux qui devaient le protéger et le soutenir ? Ce serait une belle page d'histoire à écrire, page qui, je l'espère, s'écrira quelque jour. On y lira ses paroles :

« Nous ferons ce qu'il plaira à Dieu, beaucoup s'il veut que nous fassions beaucoup, peu de chose si telle est sa volonté ; et s'il veut que notre œuvre soit anéantie et que ce ne soit rien, nous bénirons son nom très saint et nous nous consolerons dans la pensée que nous avons travaillé pour lui et qu'il nous a vus du haut du ciel. »

Il me semble donc que vous devez puiser dans la lutte comme un nouveau courage et une nouvelle ardeur ; et, tout en remettant entre les mains de Dieu, qui peut tout, le succès et la vie de l'œuvre que vous faites pour lui et qui ne subsiste que par lui, priez-le de ne pas permettre que vous arrêtiez le bien qu'il veut faire pour vous, faute d'un peu de ce dévouement dont les âmes des saints étaient remplies et qui débordait de leur cœur et s'épanchait sur tout ce qui s'approchait d'eux. Oui, si Dieu a daigné vous appeler, car il me semble qu'il vous appelle, parmi le nombre, si petit hélas ! de ceux qui essaient de le servir en vérité et sans trop regarder ce qu'il en coûte, vous devez le prier d'achever son œuvre en vous, de vous soutenir dans vos quelques petites épreuves et de vous permettre de vous élever plus haut dans la voie royale de l'amour.

Souvenez-vous de moi, mon très cher frère, devant la madone de Notre-Dame-des-Anges ; j'aime à voir que vous avez choisi ce nom relié à l'histoire de saint François qui aimait tant les pauvres du bon Dieu.

Je ferai profession, s'il plait à Dieu, le jour des saints anges gardiens ; je dois donc avoir une dévotion toute particulière pour la Sainte Vierge considérée comme reine et souveraine des anges. Il faudra beaucoup prier pour moi comme j'ai prié pour vous et votre école, autant du moins que j'en suis capable et ce n'est sans doute pas dire beaucoup. Continuez à m'écrire toutes les fois que vous aurez à épancher un peu votre cœur dans un cœur ami qui vous aime tendrement et qui prie Dieu et la Sainte Vierge de vous rendre bon et parfait. Le chemin de fer sera ouvert au public le 3 juin. Dites à ma mère que je vais écrire à mon père, et que je l'embrasse, ainsi que ma sœur et mon cher frère Ferdinand.

Frère L.-A. Potton.

Au commencement du mois de juillet 1851, M. Rambaud eut la consolation de revoir le Frère Ambroise au cours d'un voyage qu'il fit en Angleterre. La grande exposition de Londres fut le terme de ce voyage, mais non le motif principal : il désirait surtout visiter Cîteaux et Flavigny qui, à son retour de Paris à Lyon, se trouvaient presque sur son chemin. Il resta plusieurs jours dans la célèbre abbaye illustrée par saint Bernard, attiré et intéressé non seulement par les anciens souvenirs monastiques, mais aussi pour les souvenirs récents de l'essai de phalanstère, tenté par Fourier après 1830 dans ces vastes bâtiments. Il espérait trouver là quelque lumière pour l'organisation des œuvres sociales dont à certains moments encore, comme après la révolution de 1848, il rêvait l'établissement. Au moment de repartir pour Lyon, il ne sut pas résister à la tentation de revoir Louis Potton. Outre le plaisir de converser avec lui, il sentait le besoin de l'entretenir de vive voix des difficultés sérieuses qu'il rencontrait dans ses œuvres et des impressions qu'il avait éprouvées en visitant Cîteaux.

Fourier, on le sait, inventa le système qui porte son nom pour remédier aux maux séculaires dont souffrent les sociétés humaines. Il imagina une association basée sur ce qu'il nommait l'*harmonie*. Ecartant les sciences diverses qui sont à ses yeux incertaines, il leur substitue la science unique et supérieure, la *science sociale*, qui a pour base l'*attraction passionnelle* et pour résultat l'*association universelle*. Dans son système philosophique, il analyse longuement les passions humaines qu'il divise en trois séries : la *pivotale*, qui produit l'unitéisme, l'harmonie ; les passions *sous-foyères*, qui inclinent aux groupements divers dans l'association ; les passions *radicales*, dont cinq *sensitives* relatives aux cinq sens, et sept *animales*, l'ambition, l'amitié, l'amour, le familisme, la cabalistique, la composite et la papillonne ou alternante. Pour l'application de ce système, il inventa la *phalange*, composée de cent familles, soit environ mille huit cents individus travaillant d'après leurs goûts et leurs passions. Le vaste édifice qui leur sert d'habitation se nomme *phalanstère*: chaque famille y a sa place selon ses instincts et ses besoins; les enfants qui appartiennent plutôt à l'association qu'aux parents, y reçoivent la même éducation et les mêmes soins. Chacun y touche en retour de son travail l'argent et les objets nécessaires aux besoins et même aux agréments de sa vie. L'élection nomme l'*unarque*, qui est à la tête de la phalange, en attendant l'*omniarque*, qui commandera plus tard à toutes les phalanges, quand l'association sera étendue au monde entier.

Le Frère Ambroise et son ami Camille parlèrent longuement de ce système bizarre, vraie caricature de la vie religieuse ; de l'arbitraire et de la fausseté de cette nouvelle division des passions humaines, de la très grave atteinte portée à la loi naturelle par l'attribution des enfants à une société factice au détriment du droit primordial des parents, et de l'impossibilité absolue de faire tenir debout un tel échafaudage, plutôt semblable à un château de cartes qu'à un édifice. Ils se rappelèrent le mot de Reybaud sur l'absurdité du fouriérisme : « Le travail ici-bas est issu du devoir ; son mobile n'est pas l'attrait, mais le besoin ». Le novice religieux cita aussi à M. Rambaud le verset des psaumes qu'il récitait chaque jour à l'office : « Si le Seigneur n'édifie pas la maison, en vain travaillent ceux qui la construisent », et il l'exhorta à laisser de côté, une fois pour toutes, ces systèmes aussi absurdes dans leur conception qu'impies dans leur origine, pour continuer avec courage et persévérance les œuvres qu'il avait commencées à Lyon et qui, avec le secours de Dieu, pourraient encore grandir.

De cette entrevue des deux amis, nous n'avons pu retrouver aucune mention, sinon dans une lettre intéressante écrite des Barolles par Sophie Bonnard à sa sœur Louise. Cette page vivante doit trouver place ici, non seulement parce qu'elle signale ce fait, mais aussi parce qu'elle jette un jour assez vif sur les dispositions du novice dominicain et sur ses rapports avec sa famille pendant cette première année de sa vie religieuse :

... M. Rambaud vient d'aller à Londres, dit-elle. Il n'est pas revenu enchanté du tout de l'exposition ; il prétend que Londres est une telle cohue, une telle mêlée, que c'est effrayant. Il a été beaucoup plus heureux et beaucoup plus ravi de Flavigny et du pénitencier de Cîteaux, où il a passé quelques jours. Louis est superbe de santé, de bonheur ; il est magnifique sous son costume. Il a écrit à ma tante Potton une lettre délicieuse. Délicieuse ! Quel mot ai-je écrit ? Je dois dire une lettre toute sainte, toute remplie des idées nobles et grandes que doit donner l'austérité du cloître. Toujours bon, toujours affectueux, il a fait verser des larmes à mes tantes ; et, il y a quelque temps, tante Olympe disait qu'en le voyant si heureux, on pouvait se consoler de l'avoir perdu. Devant de telles vocations, on ne peut que remercier Dieu de les avoir données avec la force de les suivre. Je suis bien sérieuse, n'est-ce pas, Louise ? Mais si l'on songeait souvent au grand exemple si rapproché de nous que nous donne Flavigny, on deviendrait peut-être bientôt comme lui voudrait que nous fussions tous.

L'essaim joyeux se réunissait donc encore aux Barolles. Cependant ce n'était plus l'entrain d'autrefois, comme le prouvent ces lignes qui commençaient la même lettre : « Je ne sais ce que tout le monde devient ; je ne reçois plus de lettres, je n'écris plus, par conséquent ; il me semble que, depuis le départ de Louis, tout est désorganisé. »

CHAPITRE IV

DEUXIÈME ÉTAPE : DERRIÈRE L'ÉGLISE SAINT-POTHIN

Profession du Frère Potton.— Menaces des locataires.— Derriére Saint-Pothin.— Petit hôpital.— Tristesses et encouragements. — Attente (1851-1852).

Ce fut le 2 octobre 1851, en la fête du Rosaire, que le Frère Ambroise Potton, renonçant définitivement au monde, prononça ses vœux à la fois perpétuels et solennels. Sa sœur Olympe écrivait à ce sujet, le 1er novembre, à sa cousine Louise Bonnard :

... J'ai reçu, il y a deux jours, une lettre de ton parrain qui est toujours très content ; il a fait ses vœux à Flavigny le 2 octobre, puis est parti le 3 pour Paris, afin d'y faire sa philosophie. Le voilà donc consacré à DIEU pour sa vie entière ; il ne dira la messe que dans quatre ans. Je suis allée le voir avec ma mère et Ferdinand, et j'ai été étonnée de le trouver si bien portant et si frais. Le dimanche, à la grand'messe, le Père Prieur lui a fait encenser l'autel ; il avait l'air d'un chérubin. Il a bien demandé de tes nouvelles et s'est recommandé à tes prières. Si tu veux lui écrire, tu adresseras ta lettre au Frère Potton, couvent des Dominicains, rue de Vaugirard, 70.

Pendant qu'à partir de cette époque, l'étudiant religieux se plongeait avec délices dans l'étude des questions philosophiques, Camille Rambaud continuait à Lyon son commerce de soieries qui prospérait de plus en plus. Il était très aimé de ses employés et de ses ouvriers, car non content de s'enrichir lui-même, il s'inquiétait efficacement de leur bien-être.

En même temps son Œuvre des Enfants continuait à se consolider parmi des difficultés toujours grandissantes.

On l'a répété souvent, les hommes de Dieu passent ordinairement par l'épreuve, et c'est là, dans le creuset de la souffrance, qu'ils sont purifiés, comme l'or, de toutes les scories de l'amour-propre et de la confiance en eux-mêmes. M. Rambaud devait, comme tous ceux qui veulent servir Dieu sincèrement, se trouver aux prises avec l'adversité. Au milieu des contradictions des hommes, l'amitié du Frère Ambroise allait devenir sa force, comme elle avait été sa consolation dans la prospérité. Une fois de plus se réaliserait la parole de l'Ecriture : « Le frère aidé par son frère est comme une cité forte. »

Quatre-vingts enfants de la lie du peuple se rendant trois ou quatre fois par semaine au cinquième étage d'une grande maison, ne passaient point inaperçus, on le comprend, pour les locataires de l'immeuble ; et si ces derniers avaient salué l'entreprise de M. Rambaud en ses débuts comme une œuvre d'assainissement social, ils n'y virent plus, quand elle eut grandi, qu'une œuvre gênante et intolérable. Des plaintes commencèrent à se faire entendre contre la présence de ces *voyous*, comme on disait, « qui se bousculent dans les escaliers, les descendent quatre à quatre, y poussent des cris de fauves et apportent la vermine avec eux ». Peu à peu, chacun expose au voisin ses griefs, l'animosité augmente, et finalement, dans les derniers mois de l'an 1851, tous menacent le propriétaire de donner leur dédite et de se retirer, si l'établissement ne disparaît pas. Ainsi en est-il habituellement dans les œuvres les plus saintes : à côté de celui qui se dévoue jusqu'à l'héroïsme, d'autres ne veulent pas endurer le moindre inconvénient ; bien plus, quelques-uns souffrent de voir le bien se faire, se liguent contre lui et l'empêchent.

Ce grave incident fit du bruit en ville, où l'œuvre de la rue Molière était désormais assez connue, et il ne manqua pas de censeurs, dans les salons de tous étages, pour critiquer M. Rambaud et taxer son entreprise d'impossibilité et d'utopie.

Camille avait le caractère trop bien trempé pour se décourager devant ce premier obstacle, quelque sérieux qu'il fût : il se mit en quête d'un autre asile où il ne génât personne. Il chercha longtemps une maison à louer, mais n'en pouvant trouver aucune à sa convenance, il résolut de bâtir à ses frais *la Maison des Enfants* ; là, il serait chez lui et distribuerait à son gré les pièces d'une manière favorable au maintien de la discipline parmi la gent tapageuse. Au chevet de l'église Saint-Pothin, au coin nord de la rue Bugeaud, un emplacement était libre et sans construction ; il le loua aux Hospices de Lyon qui en étaient propriétaires, fit creuser les fondations, et bientôt on vit s'élever une maisonnette en pisé, simple d'apparence, mais assez spacieuse. Elle n'existe plus, l'inondation de 1856 l'ayant renversée comme tant d'autres quatre ans plus tard.

Le rez-de-chaussée, écrivait en 1852 M. l'abbé Coudour, devait être consacré aux écoles ; mais le premier étage, à quoi serait-il destiné ? Les projets ne manquaient pas ; on s'y arrêtait avec plaisir et l'on faisait quelquefois de *ces châteaux* moins brillants sans doute, que ceux que l'imagination construit souvent *en Espagne*, mais au moins aussi doux et plus solides. Du reste, les délibérations se terminaient toujours par ces paroles. « Attendons et prions ; quand il en sera assez temps, DIEU en décidera. » C'était DIEU, en effet, et

Dɪᴇᴜ seul qui devait décider. La destination de ce premier étage était son secret.

Sur ces entrefaites, une contrariété assez vive arriva aux généreux soutiens de l'œuvre commencée. Peut-être la crurent-ils un instant entravée. Mais la foi leur rendit bien vite le courage, et l'un d'eux (c'était M. Rambaud) nous écrivait au milieu de ses perplexités : « Qu'arrivera-t-il ? Nous ne pouvons le savoir, il ne nous reste qu'à nous remettre entre les mains de Dɪᴇᴜ. Ces contradictions, ces démarches, ces oppositions du monde, sont réellement fort ennuyeuses ; mais après tout, il faut peut-être nous en réjouir, parce qu'il n'y a rien de bien fondé que ce qui se fonde au milieu des armes et des peines. Plus je vais et plus je vois qu'il ne faut pas s'inquiéter du lendemain, car les événements tournent toujours à l'*envers* de ce qu'on s'imagine .. Oh ! gloire, gloire à Dɪᴇᴜ au plus haut des cieux ! Qu'il nous prenne, qu'il nous triture dans sa main, si c'est son bon plaisir. Que sommes-nous vis-à-vis de lui ? Que sont toutes nos petites misères ? Peut-être nous attachions-nous trop à nos œuvres, et Dɪᴇᴜ veut, par les embarras qu'il nous suscite, en détacher notre cœur afin que nous les fassions par un plus pur amour de lui. »

Cependant l'épreuve s'était bien adoucie. La nouvelle maison allait être finie, l'école allait se rouvrir et on devait profiter, pour mieux réussir encore, de l'expérience acquise les mois précédents. De plus, Dɪᴇᴜ avait parlé pour la destination à donner au premier étage. Éloigné depuis quelques jours de *ces Messieurs*, nous avions entendu transpirer quelque chose sur leur nouveau projet ; nous écrivîmes alors à l'un d'eux (M. Rambaud), et voici la réponse que nous en reçûmes ; nous ne faisons que supprimer les noms propres, et nous la transcrivons, pour le reste, presque en entier ; car, en même temps qu'elle nous fera connaître l'œuvre qui allait s'accomplir, elle nous révèlera quelques sentiments de ces cœurs que brûle le feu de l'amour divin et que pressent les ardeurs de la charité pour les hommes. Que si, contre notre vœu, ces lignes tombent sous les yeux de l'auteur de la lettre, nous lui demandons bien pardon de l'indiscrétion que nous allons commettre. Nous n'avons pas osé en solliciter de lui la permission ; sa modestie bien connue nous l'aurait sans doute refusée et nous ne pouvons néanmoins ne pas nous exposer à lui causer cette peine, parce que nous espérons quelque fruit de cette publicité.

« Je tirerai les oreilles à mon petit frère X..., dit-il, en punition d'avoir parlé d'un projet qui n'avait pas encore assez de consistance pour être digne de vous être soumis ; du reste, il n'y a dans tout ceci rien de nouveau, ce n'est que la mise en exécution de ce dont nous avons souvent causé ensemble à propos de la destination à donner au premier étage de notre maison. Nous ne pensons nullement à laisser, en quoi que ce soit notre école ; bien au contraire, nous allons la recommencer avec une nouvelle ardeur, et j'espère que nous pourrons profiter, pour le bien à faire, de l'expérience que nous avons acquise cet hiver. Voici ce que nous espérons faire en outre. Il y a quinze jours, descendant de Fourvière, j'entrai chez Mme Garnier. Nous causâmes du bon Dieu, comme toujours, et alors je lui demandai une idée sur l'emploi que nous devions faire de notre premier étage. Nous parlâmes de dortoirs pour les jeunes gens, etc...

« Mais, dit Mme Garnier, pourquoi ne recevriez-vous pas de petits « incurables auxquels vous donneriez personnellement des soins : il y « en a tant qui sont sans asile et croupissent dans la misère et « l'ignorance la plus profonde. »

« Cette idée me sourit de suite ; vous devez même vous en souvenir, nous en avions parlé ensemble, et j'étais heureux de nous voir conseiller cette œuvre par une personne aussi compétente que Mme Garnier.

« Nous causâmes un peu des moyens d'exécution ; nous dîmes qu'il faudrait prendre une brave femme pour faire le ménage, etc..., mais que nous nous réserverions à nous le soin personnel des enfants, le pansement, l'instruction, etc. « Que vous serez heureux, ajouta « Mme Garnier, de pouvoir soigner ces petits enfants Jésus ! Car ces « pauvres enfants qui souffrent sans avoir péché, sont bien certaine- « ment semblables à Jésus, si innocent, mort pour nous.» Nous pensâmes que chacun de nous prendrait le service pendant une semaine, etc., etc. Vous voyez que les projets ne manquaient pas : mais tout en est là, rien n'est encore fait, et je comptais bien vous en entretenir au premier jour : j'avais même prié *ces Messieurs* de n'en rien dire, vu que c'est encore un projet tout à fait en l'air. J'attends M. le Curé de ***, pour le consulter sur cela, je tiens avant tout à son approbation.

« Vous le voyez donc, il n'y a rien de nouveau et nous ne voulons nullement abandonner notre école, mais, au contraire, la rendre plus efficace. Car, j'ose espérer que ces petits malades attireront les bénédictions de Dieu sur la maison, si toutefois nous les soignons avec amour, charité et humilité. En effet, comme le dit Mme Garnier, ce sont de véritables petits enfants Jésus, et c'est bien à eux que peut s'appliquer le nom de membres de Jésus-Christ crucifié. N'est-ce pas à cause du péché que, comme Jésus-Christ, ils

7

souffrent? Et Dieu leur fait expier des péchés qu'ils n'ont pas commis, peut-être les nôtres. Nous devons donc nous estimer heureux de les soulager, et ne craignez pas que ce soin nous détourne en rien de l'école. Je remarque que nous dépensons énormément de temps en promenades, vaines causeries et autres choses très inutiles; eh! bien, nous nous lèverons plus tôt, et, quand nous sortirons de panser les plaies de ces pauvres enfants, je ne doute pas que nos paroles ne soient, par la grâce de Dieu, beaucoup plus efficaces.

« Tenez, ce projet me semble si beau, si merveilleux, que je n'ose y croire, et vraiment je n'en suis pas digne. D'où nous vient donc cette grande grâce que Dieu veuille nous choisir pour être les serviteurs de ses pauvres? En quoi avons-nous pu mériter de trouver notre joie et notre bonheur dans ce qui, aux yeux de la chair, n'est que dégoût? Eh quoi! nous allons donc pouvoir bien réellement nous faire pauvres, vivre avec les pauvres, manger avec eux, les servir même, être leurs serviteurs! O Dieu! soyez mille et mille fois béni, car vous nous faites de grandes grâces. Oh! je vous en prie, vous, Monsieur, qui êtes le ministre de Dieu, priez-le pour nous, offrez lui à notre intention le saint sacrifice de la messe, car nous en avons besoin. Dieu nous a mis au cœur une belle idée; mais comment la réaliserons-nous? Que de contradictions je prévois de tous côtés! Les uns crieront au ridicule, les autres nous accuseront de forfanterie, d'excentricité; à coup sûr, presque tous trouveront mauvaise notre conduite et bien peu l'approuveront. Prions Dieu afin que nous nous conduisions en tout ceci avec simplicité et humilité, nous taisant et laissant à Dieu le soin de nous justifier.

« Non, je ne puis vous exprimer tout ce que je ressens; nous ne pouvons en parler avec nos chers amis, sans être remplis de la plus douce joie... Mais en voici déjà beaucoup trop sur ce projet que nous ne serons peut-être jamais dignes d'exécuter... »

Nous ne faisons point de réflexions, ajoute M. Coudour, sur ces paroles d'un dévouement si admirable. Tout ce que nous pourrions ajouter ne saurait qu'en diminuer l'effet.

Avons-nous besoin de dire que l'école rouverte est plus florissante que jamais, que chaque dimanche matin soixante enfants ont le bonheur de déjeuner avec leurs *jeunes Maîtres, ces Messieurs,* comme ils les appellent toujours, et qu'à l'ombre de ces enfants se glissent assez souvent de vieilles gens qui viennent recevoir leur part de la soupe commune. Dans un vestibule de la maison est établi un banc sur lequel se mettent les pauvres du voisinage, et on en compte quelquefois jusqu'à trente qui reçoivent ainsi une aumône si précieuse. Est-il besoin de remarquer que Dieu a trouvé *ces Messieurs* dignes d'exécuter le projet de l'œuvre des *petits incurables*, et que cette œuvre est aujourd'hui commencée? Le jour de Noël, quatre petits scrofuleux ont été conduits dans le nouvel hospice que la Providence leur a préparé. A cette heure, il y en a six. Une bonne femme leur prépare la nourriture et pourvoit à leurs besoins de la journée. Chaque matin et souvent chaque soir, *ces Messieurs* viennent panser eux-mêmes leurs plaies, les instruire et leur parler du bon Dieu.

La première fois que nous entrâmes dans cette salle, nous étions accompagnés de l'un *des petits frères des infirmes du bon Dieu*, et nous vîmes ces pauvres enfants couverts de plaies s'avancer le sourire sur les lèvres, et embrasser tendrement leur bienfaiteur en l'appelant leur *petit frère*. Nous étions si émus que nous nous détournâmes un peu pour essuyer les larmes qui roulaient dans nos yeux.

Nous avons parlé bien plus longuement que nous ne voulions le faire d'abord. Un seul mot pour finir.

N'allez pas croire que les soins continus exigés par les deux œuvres dont nous venons de raconter la naissance, absorbent entièrement le dévouement de ceux qui les ont créées et les soutiennent. Oh! non; ils trouvent encore le temps d'aller visiter beaucoup de pauvres à domicile et de leur porter, avec l'aumône qui soulage, la parole de religion et de sympathie qui élève et console.

Dans ces visites, ils regardent l'exercice de la charité comme un devoir si sacré pour eux, qu'ils ne croient pas pouvoir y manquer sans injustice, et qu'ils se considèrent en quelque sorte comme tenus *à restitution*.

Un jour, deux de nos *petits frères des infirmes du bon Dieu* étaient allés dans le misérable quartier de la Part-Dieu visiter et secourir quelques familles nécessiteuses. Pendant la distribution arrive une femme qu'on n'avait pas encore vue; son extérieur n'accuse pas une extrême misère.

« Vous n'avez pas besoin, lui dit un des deux *petits frères*, je ne puis vous donner.

— Je n'ai pas besoin! reprend cette femme, qu'en savez-vous, monsieur? vous faites-là un jugement téméraire. »

Le *petit frère* ne répond rien et passe outre. La distribution finie, les deux *petits frères* reprennent le chemin de Lyon; lorsqu'ils sont arrivés sur les bords du Rhône, la conversation suivante s'engage entre eux.

« Avez vous remarqué ce que vous a dit cette femme? N'est-il pas possible qu'elle soit plus malheureuse que ceux que vous avez secourus? N'avez-vous pas fait là vraiment un jugement téméraire?

— Vous avez raison, j'ai eu tort et j'ai du regret de ma conduite ; tenez, faites-moi le plaisir de lui porter cette aumône.

— Non, je refuse ; ce n'est pas à moi à la porter. Vous avez fait le péché, à vous de faire la pénitence.

— Mais je n'ai pas le temps : je dois aller voir ma mère à la campagne et voici l'heure du départ des omnibus ; si je la laisse passer, je serai forcé d'aller à pied et c'est bien loin.

— Tant pis, la pénitence n'en vaudra que mieux. »

Avons-nous besoin d'ajouter que l'*impitoyable ami* obtint satisfaction et que l'autre prit la course et revint sur ses pas pour accomplir lui-même sa pénitence ?

« Et combien pensez-vous qu'ils sont pour suffire à toutes ces œuvres ? Six ou sept pour la direction de l'école, et trois, quelquefois quatre, pour le soin des petits malades. Et encore le quatrième va-t-il manquer aux trois autres, car ses affaires l'appellent hors de Lyon. Ils ne seront plus que trois !!! et il y a tant à faire !...

Parfois, Camille Rambaud trouvait dans la reconnaissance des enfants de bien douces consolations pour son cœur. Une page, due encore à la plume de M. l'abbé Coudour, en 1853, en fera la preuve :

Il est peu de prêtres à Lyon, dit-il, qui ne gardent en leur âme le souvenir de quelques traits admirables sur les enfants de cette catholique cité. Lorsque j'exerçais le saint ministère, il m'est arrivé de rencontrer des enfants de treize à quatorze ans, laissés de bonne heure à leur libre arbitre par des parents qui n'eurent jamais pour eux ni cœur ni affection, abandonner d'eux-mêmes, et sans y être poussés par aucun conseil direct, leurs maîtres d'apprentissage, parce que ceux-ci, les faisant travailler le dimanche, les empêchaient d'aller à la messe et d'assister ce jour-là à des réunions où des jeunes gens leur enseignaient avec amour les premiers principes d'une religion à laquelle, sans cela, ils seraient peut-être toujours restés étrangers. Ils s'exposaient à pâtir de la faim pour accomplir ce que leur conscience nouvellement éclairée leur prescrivait comme un devoir. J'en ai connu un de douze ans : ces jeunes *Messieurs* dont je viens de parler l'avaient ramassé dans les rues, attiré dans leur école et instruit quelque peu sur le catéchisme. Un jour ils lui demandaient comment il se trouvait dans son atelier.

« Ma maîtresse d'apprentissage, répondit-il dans son langage naïvement grossier, me f... bien des coups de trique ; ça fait bien mal, mais c'est égal : je pense que Jésus-Christ a bien plus souffert que moi. »

Tous les élèves de M. Rambaud n'étaient pas, toutefois, de cette trempe, et à côté des cœurs bons et reconnaissants, il y avait les cœurs mauvais et ingrats.

Le lecteur se tromperait, en effet, si n'écoutant que le récit enthousiaste de ces lignes, il se représentait M. Rambaud au milieu de ses œuvres dans un bonheur sans nuage et dans une immuable tranquillité. Il n'en était rien. Plus d'un enfant répondait à son dévouement par la malice ; quelques tiraillements se faisaient sentir parmi les jeunes gens qui le secondaient ; enfin il y avait les tentations du dedans, tristesses, découragements, qui ne manquent jamais à personne, tant que nous sommes sur le chemin et n'avons pas encore atteint le terme. Il souffrait, et parfois son fardeau lui paraissait bien lourd à porter.

Son meilleur conseiller, son plus intime confident parmi ces épreuves, était le Frère Potton qu'il tenait exactement au courant, à Paris comme à Flavigny, de l'état de son école et des dispositions de son âme.

Au printemps de 1852, il lui adressa une lettre désolée : son commerce l'accablait, lui disait-il ; il était souvent inquiet et triste ; ses œuvres et le magasin lui créaient des occupations au-dessus de ses forces ; il se demandait si sa place était bien au milieu du monde… Une nouvelle aspiration se dessinait dans son cœur. Le départ de son ami qui l'avait remué jusqu'au fond de l'âme, lui revenait sans cesse à l'esprit ; le spectacle de son bonheur lui dans le cloître excitait son envie ; il sentait grandir en le désir de le suivre, et il l'aurait peut-être fait à ce moment, si son confesseur ne l'avait retenu.

Louis Potton, plongé dans l'étude de la philosophie, ne répondait pas à chacune de ses lettres, mais cette fois il le fit sans retard, le Jeudi saint 1852. Il était d'autant plus capable de comprendre et juger une telle disposition d'âme que lui-même l'avait éprouvée avant son entrée en religion. Ses conseils dénotent un sens très supérieur à son âge.

Mon cher Camille, lui dit-il, si je ne vous écris pas plus souvent, ne m'accusez point pour cela d'indifférence ; le motif est que je n'ai aucune nouvelle intéressante à vous apprendre, et comme mes lettres n'ont point le feu nécessaire pour réchauffer personne, j'ai pensé que vous vous en passeriez sans peine et vous contenteriez de mes pauvres prières.

Toutefois, je vous l'assure, je vous plains très sincèrement et de tout mon cœur ; c'est une machine très pesante et très dure à mettre en mouvement qu'un commerce aussi compliqué et aussi étendu que le vôtre et, vous l'avouerai-je, j'ai souvent admiré que vous puissiez vous tirer d'affaire, sans paraître y prendre trop de peine. Pour moi, je le sais, si je l'avais eu sur les épaules, d'abord je n'aurais pas su assurément le faire marcher et ensuite je serais mort au bout de six mois.

Cependant il ne faut pas non plus vous décourager. Comment ! du découragement ! de l'abattement !! de la tristesse !!! Est-ce que vous y pensez ? Ne faites-vous donc plus les œuvres du bon Dieu ? N'est-ce donc plus une bonne chose de soigner les pauvres, et de recueillir chez vous ces chers petits malades que Dieu a voulu abandonner, afin que vous en prissiez soin ? N'est-ce pas une œuvre louable d'enseigner la vérité à ces pauvres âmes qui l'ignorent, et d'ouvrir les portes du ciel à ceux pour qui peut-être elles auraient été fermées pour toujours ? Prenez donc bon courage ; à quoi la tristesse a-t-elle jamais servi ? Jetez un regard vers le ciel, et affermissez-vous dans votre voie.

Du reste, il ne faut point vous étonner si vous ressentez les atteintes de la faiblesse et du découragement. C'est la commune loi : il faut souffrir ici-bas pour enfanter Jésus-Christ au dedans de nous-mêmes ; rien ne s'achète sans douleur et travail, et depuis que la terre maudite aux jours d'Adam porte pour nous des ronces et des épines, tout est marqué pour nous au coin de la souffrance. Quelque chose que l'on veuille acquérir, il faut souffrir pour l'atteindre ; comment donc serait-il possible d'obtenir sans combat la victoire sur le mal et sur nous-mêmes, cette victoire auprès de laquelle disparaissent dans le néant tous les combats et toutes les victoires dont parlent les histoires des peuples. Il est écrit que tous ceux qui veulent vivre pieusement dans le Christ Jésus souffriront la tribulation ; les uns sont atteints par la tribulation extérieure, par la calomnie, la faim, la fatigue, la pauvreté et tous les maux qui atteignent l'homme au dehors ; les autres ont à lutter au-dedans contre eux-mêmes et à soutenir ces alternatives de douleur et d'allégresse, de courage et d'abattement. que connaissent ceux qui ont commencé à s'exercer dans la voie de Dieu. C'est un bon signe que vous les ressentiez en vous, car tant que nous sommes plongés dans la joie et dans la consolation, tant que tout nous est facile et que, entraînés par la grâce, nous portons sans nous en apercevoir les œuvres dont la seule pensée fait frémir la délicatesse du monde, c'est un signe que Dieu nous traite encore comme des enfants qui ne font que commencer, comme des enfants que l'on porte dans ses bras parce qu'ils sont encore trop faibles pour s'exercer à la marche, et que le temps n'est point venu de les appliquer à l'étude et aux travaux qui doivent en faire des hommes. C'est une preuve qu'il ne nous juge point encore dignes de reproduire en nous la ressemblance de son Fils bien-aimé Jésus-Christ, mort pour nous sur la croix.

Jésus-Christ, le premier né de Dieu. voilà le modèle qui nous est offert. *Exemplum dedi vobis*, « je vous ai donné l'exemple », nous a-t-il dit ; et comme nous espérons vivre un jour avec lui de la vie glorieuse et infinie dont il jouit dans le sein de son Père. de même faut-il que nous commencions à nous transformer dès ici-bas en sa ressemblance, en souffrant comme il a souffert et en imitant de loin et sa patience et son invincible amour. Je le sais, cela est dur. Mais qu'est-ce que cela fait ? Quand une mère a mis un fils au monde. elle ne se souvient plus de la douleur qu'elle a éprouvée, parce qu'un fils lui est né. Il faut donc ne point vous étonner. mais accepter avec générosité une lutte qui est destinée à vous former pour le ciel.

Vous paraissez craindre ; dans toutes vos lettres se trahit je ne sais quel sentiment de défiance et d'inquiétude. Vous vous demandez si vous êtes dans la voie où Dieu vous veut, vous soupirez après une vocation à laquelle vous n'êtes point certain de n'être point appelé. La vocation religieuse est un chose belle et heureuse, et ceux qui en parlent mal et s'en raillent attaquent le Christ qui a dit au jeune homme : « Si vous voulez être parfait, vendez ce que vous avez et donnez le aux pauvres ; puis venez et suivez-moi. » Tous n'y sont point appelés, mais quelques-uns le sont ; et heureux ceux qui entendent au dedans d'eux-mêmes la voix de l'Esprit-Saint les engageant à se séparer. même avant la grande séparation de la mort, des biens, des richesses, des vanités et des mensonges du monde. Comment donc savoir si nous ne sommes pas en butte à la tentation du démon qui nous trouble et nous décourage; ou bien si au contraire nous ne laissons point éteindre le feu que Dieu allume invisiblement dans notre cœur? Nous pouvons être sans crainte et agir avec confiance si nous nous conduisons conformément à l'obéissance; mais c'est à nous de choisir ceux qui ont l'esprit de Dieu et de discerner ceux qui sont capables de nous conduire. Si ceux que vous avez consultés sont tels, ne craignez rien: si vous craignez de vous tromper encore, écrivez au Père Danzas, le prieur de Flavigny. C'est un très saint homme; si j'avais personnellement quelque doute, je le consulterais et ne croirais pas me tromper en suivant ses avis. Il vous connaît déjà, car il a vu vos lettres même avant moi, et il vous aime beaucoup. Moi, je ne connais assez ni vos pensées, ni rien de ce qu'il faudrait; mais si vous lui ouvrez votre cœur en entier, il saura vous dire sûrement ce que Dieu veut de vous et à quoi il vous appelle. Pardonnez-moi si je vous parle ainsi, il m'a semblé plusieurs fois que vous hésitiez et doutiez: si je me suis trompé, mettons que je n'ai rien dit, n'en parlons plus et que tout ceci soit comme non avenu.

Croyez toujours à ma sincère affection et réservez-moi une place dans vos prières. Il y a deux ou trois jours, je suis allé prier pendant une heure et quart, tout seul, auprès d'un mort qui se confessait pendant sa vie au Père Prieur. C'est le premier défunt que je vois depuis bien des années. A ce spectacle de ce que devient le corps, on comprend que toutes nos sollicitudes devraient se tourner du côté de l'âme et que nous ne devrions plus nous occuper que des moyens de nous approcher de Dieu.

J'embrasse Ferdinand et j'écrirai à ma mère au grand jour de Pâques fleuries. Faites mes compliments aux amis. Et surtout n'oubliez pas de bien soigner votre santé dont le bon Dieu a besoin.

Enchanté et réconforté par de telles lettres, M. Rambaud écrivait fort souvent à son ami; il en vint à ne rien lui laisser ignorer de ses dispositions les plus intimes et les plus diverses, afin de recevoir les conseils dont il avait besoin.

La réponse suivante est particulièrement belle, et exerça sur lui une influence sérieuse en le faisant entrer dans le Tiers-Ordre de Saint-François. Le frère Potton aurait pu conseiller de préférence le Tiers-Ordre de Saint-Dominique, et d'autant plus naturellement

qu'en 1845 le P. Lacordaine avait jeté à Lyon les bases
d'une fraternité d'hommes. Mais il voyait pour son ami
un avantage dans le Tiers-Ordre de Saint-François : le
couvent des Pères Capucins, auxquels avait été confiée
la garde de la Chapelle expiatoire des Brotteaux, était
à cent mètres de son école actuelle, et, en entrant dans
leur Ordre, il pourrait plus facilement et plus sûrement
obtenir leur concours : c'était un motif sérieux de se
diriger de leur côté. A la fin de cette lettre, il charge
Camille de diverses commissions pour sa mère, son frère
Ferdinand et Mme Garnier; il ne dit rien de son père qui
ne lui a pas encore pardonné son départ et qui a même
défendu de prononcer son nom devant lui.

Mon cher Camille, lui dit-il, vous ne m'en voulez pas, j'espère, de
ce que je vous écris si peu, tandis que vous m'écrivez tant. J'ai un
très grand plaisir à recevoir vos lettres; ainsi, il ne faut point vous
décourager à cause de mon long silence, mais continuer toujours à
me parler de temps en temps de vos pensées, de vos progrès.

Je m'intéresse vivement à tout ce qui concerne votre nouvel établissement, et je me promets bien d'aller le voir et même de panser un
petit malade, si Dieu le permet à mon passage à Lyon. Seulement il faudra me donner une leçon et me surveiller pendant
l'opération, afin qu'il n'ait point trop à se plaindre de ma maladresse.
Je ne puis que vous engager de tout mon cœur à persévérer dans la
voie que vous avez choisie ou plutôt que le bon Dieu a ouverte devant
vous. C'est un très beau rôle, une très grande et très sainte mission
que de faire briller au milieu du monde la lumière des bonnes œuvres;
ainsi il n'aura plus d'excuse pour sa paresse, et puisqu'il s'agit des
œuvres de bienfaisance dont nous voyons la vie des saints toute
remplie, il ne pourra plus parler de la nécessité de la vocation
religieuse pour les accomplir; au contraire, il sera forcé de reconnaître que partout, avec la grâce divine, nous pouvons faire beaucoup
de bien autour de nous et acquérir de grands mérites pour le ciel.

A vous de répondre par l'ardeur de votre zèle et surtout par la
pureté de vos intentions et la ferveur de votre amour, à la grande
grâce que Dieu vous fait en vous appelant plus spécialement que
tant d'autres à travailler à cette grande lutte du bien contre le mal
qui remplit toute l'histoire de l'humanité. Un jour viendra où le mal

sera vaincu pour toujours et où tous les coopérateurs et ouvriers de DIEU seront admis à la félicité incompréhensible de la vie éternelle. Nous vivons tous dans cet espoir : heureux celui qui persévérera jusqu'à la fin et entrera dans la joie du Seigneur.

Je voulais aussi vous recommander, s'il m'est permis de vous exposer là-dessus mes pensées, de vous serrer autant que possible et d'aussi près que vous le pourrez contre la sainte Eglise de DIEU. C'est d'elle et d'elle seule que vous tenez la vie et tout ce que vous êtes, et comme les membres qui se séparent d'elle entièrement périssent bien vite, ainsi ceux qui s'attachent à elle davantage participent plus abondamment aux grâces que DIEU répand par elle sur le monde. Je sais combien vous êtes éloigné de vouloir agir indépendamment d'elle : mais plus vous l'accepterez pour mère, pour guide, pour directrice, elle et ceux qui sont revêtus de son autorité, plus vous aurez droit à espérer les bénédictions de DIEU sur votre œuvre.

Tout chrétien en état de grâce est un membre vivant de l'Eglise : mais de même que des grâces particulières sont attachées aux rangs élevés, comme à l'Episcopat, au Sacerdoce et aux autres Ordres, ainsi les religieux et les Tiers-Ordres religieux sont quelque chose de plus que la multitude des simples fidèles et sont plus étroitement liés au grand corps dont Notre Seigneur JÉSUS-CHRIST est le chef. Ils reçoivent plus abondamment les fruits des prières et des mérites des saints ; ils peuvent davantage pour leur sanctification et celle des autres. Je voudrais donc vous engager, si vous voulez bien me permettre de vous donner humblement ce petit conseil, à entrer dans le Tiers-Ordre de Saint-François : ne semble-t-il pas prédisposé à prendre très étroitement votre entreprise et vous-même sous sa protection, puisque votre chapelle porte un nom célèbre dans son histoire, puisque plusieurs de vos compagnons sont Tertiaires et que les Pères Capucins semblent placés dans votre voisinage exprès pour vous aider et vous diriger dans votre œuvre. En vous reliant à un Ordre religieux, vous donnez à vos actions une unité plus grande et un gage de persévérance et de vie. Cela s'entend, toutefois, à condition que vous n'y voyiez aucun inconvénient, car je ne connais ni les règles du Tiers-Ordre de Saint-François, ni l'esprit de ceux qui le composent. Ainsi, je n'ai pas même les connaissances qu'il faudrait pour donner un conseil ferme et je laisse tout à votre appréciation.

Je vous ordonne de présenter mes respects à Mme Garnier, à votre prochaine visite, sans y manquer. Vous lui direz que je conserve un très bon souvenir du jour où je suis allé la voir avec vous et que je la prie de ne pas m'oublier dans ses prières.

J'envoie à ma sœur un mauvais petit porte-crayon et une jolie

Sainte-Thérèse, et à ma mère un Saint-Dominique, par l'entremise d'une dame qui doit partir bientôt et se propose de profiter de vos conseils. Elle pourra donner à ma mère de mes nouvelles, car elle m'a vu de ses propres yeux ; elle a même assisté à la grand'messe où je remplissais les fonctions de thuriféraire.

J'ai aussi écrit à Ferdinand ; je ne sais pas très bien ce que j'ai mis dans la lettre, mais si quelque chose n'est pas aussi bien que je le voudrais, je suis sûr que sa charité passera par dessus sans y faire attention. J'ai toujours grand plaisir à apprendre que vous vous avancez dans le service de Dieu, et j'espère qu'il nous fera à tous deux la grâce de devenir de grands saints. Ainsi soit-il.

Je vous embrasse, ainsi que toute ma famille. Adieu.

M. Rambaud ne parlait pas seulement de lui-même à son ami. il lui demandait aussi de ses nouvelles et s'intéressait vivement à tout ce qui le concernait. Entre amis, tout n'est-il pas commun ? Et le bien de ceux que nous aimons ne nous est-il pas aussi à cœur que notre bien propre ? La lettre suivante écrite dans l'été de 1852, mais sans date précise, le mit au courant de la vie fort occupée du Frère Ambroise, de l'intérêt qu'il prenait à ses études, et de la grande et juste idée qu'il se faisait de sa vocation dominicaine :

Voilà déjà bien longtemps, lui dit-il, que je ne vous ai pas écrit, et quoique mon silence, je le sais, ne vous fasse pas le moins du monde douter de mon affection pour vous, je ne veux cependant pas que vous puissiez m'accuser de paresse.

Je n'ai point autant d'occupations que vous, je n'ai pas une maison de commerce à diriger, des commissionnaires plus ou moins récalcitrants à manœuvrer, plus une maison d'invalides et une école de petits enfants à soigner, sans parler des sociétés de Saint-Vincent-de-Paul et de mille autres choses. Je me considère cependant comme fort affairé ; les heures me semblent passer si vite que je cherche souvent les moyens d'économiser quelques minutes par ci et quelques minutes par là, et je suis tout satisfait quand j'y réussis. Vous, vous êtes lancé dans la vie extérieure, dans les bonnes œuvres, et vous vivez au milieu des périls du monde, à l'abri cependant de tout danger, parce que le bon Dieu et la Sainte-Vierge vous protègent et vous gardent ; moi, je jette dans ce moment les fondements de ma vie future. Jusqu'à vingt-cinq ou vingt-six ans, je n'ai rien fait ou à peu près, sinon beaucoup de choses que je voudrais n'avoir pas faites; aussi faut-il maintenant que je répare tant de temps perdu et consacré à la vanité et au péché. Oh! quel long et solide fondement il faudrait poser pour la plus belle vie et la plus belle carrière qu'il soit donné à l'homme d'accomplir : celle d'annoncer le nom du Seigneur, de répandre la parole de vie, de semer le bon grain qui doit fructifier dans les cœurs, de distribuer le Pain vivant descendu du ciel, d'éclairer les ignorants, de réconcilier les pécheurs, de faire en un mot ce que Notre Seigneur Jésus-Christ a fait pendant les dernières années de sa vie. Nous sommes tous appelés à prendre part à ce grand combat du bien contre le mal, du ciel contre l'enfer; ce combat a commencé aux premiers jours du monde et ne finira qu'avec le monde. Nous avons tous à choisir l'étendard sous lequel nous voulons combattre, et quelque parti que nous prenions, celui de Dieu ou celui du démon, nous laissons tous, tout autour de nous et derrière nous, le bien ou le mal que nous avons fait et qui se multiplie dans la société par nos exemples, par nos paroles, par nos actions, sans qu'il nous soit possible de l'arrêter. Mais combien est grande l'action de ceux qui sont choisis pour être les ministres de Dieu, pour parler en son nom, pour être médiateurs entre lui et les hommes et participer ainsi au sacerdoce éternel de Jésus-Christ, le véritable médiateur! Combien devrait être grande la sainteté de ceux qui ont à remplir ces redoutables fonctions !

La science est quelque chose; non point la science mondaine qui sert peu, mais la science de Dieu, la plus belle des sciences, celle qui plane et domine de bien haut sur toutes les autres, la théologie qui nous fait voir de plus près les mystères d'amour de notre sainte religion. Pour l'acquérir selon la mesure de mes facultés, je me plonge autant que je puis dans la doctrine de l'incomparable saint Thomas, qui est autant au-dessus des théologiens modernes (d'après ce que je puis voir) qu'une belle cathédrale l'emporte en beauté sur une vulgaire maison. De ce côté, je puis le dire, j'ai bien rencontré ma vocation. J'étais venu au monde pour vivre dans les bouquins, et voilà qu'au lieu des pauvretés de la science humaine, j'ai rencontré les richesses infinies de la science divine qui satisfait à la fois l'esprit et le cœur. Mais ce qu'il me faudrait surtout, c'est la sainteté sans laquelle tout le reste est inutile, et je vous demande instamment de prier Dieu qu'il me l'accorde, pour moi d'abord, car à quoi me servira d'enseigner les autres si je ne suis qu'un airain sonnant et une cymbale retentissante, et pour les autres aussi, car sans la sainteté jamais je ne ferai de fruits dans le ministère apostolique. Si je pouvais seulement commencer à aimer Dieu véritablement, tout irait bien, et il ne serait pas besoin d'autre chose. Ainsi demandez à Dieu qu'il daigne m'accorder sa grâce qui surpasse en richesse, en grandeur, en dignité et en magnificence tout ce que nous pouvons imaginer. Il me semble que je désire avancer dans le bien: peut-être si vous le demandez au bon Dieu, il m'accordera le bonheur de commencer à l'aimer et à le servir mieux que je ne l'ai fait jusqu'à présent.

J'ai appris par ma mère que l'un de vos petits enfants était mort. Courage ! Voilà déjà un de vos élèves qui prie Dieu pour vous dans le ciel. Oh ! il ne s'agit point de s'arrêter, ni de se refroidir, mais bien de monter et d'avancer toujours. Nous aussi, nous avons un saint dans le ciel ; le missionnaire Schœffler, dont vous pouvez lire la mort dans le dernier numéro de la *Propagation de la Foi*, était un Dominicain (du Tiers-Ordre). Cependant, nous ignorons s'il avait fait profession ou si seulement il avait reçu la ceinture pour la première année d'épreuves. Il est mort martyr avec un grand courage et une grande joie ; il a été décapité au Tonkin, je crois, après avoir souffert vaillamment pendant quelques jours. Il se reposera maintenant dans la gloire ; c'est à nous de le suivre et de l'imiter, afin d'avoir part à sa récompense. Que tout ce que nous pouvons faire est peu de chose en comparaison de la récompense incompréhensible réservée aux élus.

Dites à Ferdinand que je m'apprête à recevoir sa visite d'ici à quelques jours, avec votre permission, bien entendu, puisque vous êtes son chef ; mais je ne crois pas que vous soyez un tyran bien farouche. Quant à vous, je vous verrai bientôt à Lyon, si vous ne venez me voir à Paris. On vous a dit, je pense, que j'avais eu la visite de votre ami Kirsop : je pense qu'il est le seul et unique commissionnaire au monde, capable de venir depuis la place Notre-Dame-des-Victoires jusqu'à Saint-Sulpice pour le seul motif de me voir, quand il n'a qu'une journée à passer à Paris....

Adieu. Priez pour moi Notre-Dame de Fourvière.

Frère A.-L. Potton, des Frères Prêcheurs.

Au commencement d'août 1852, Camille Rambaud était encore sous le pressoir ; dans son âme si naturellement ardente et enthousiaste, le découragement persistait. Un nouveau et plus grave motif de tristesse s'ajoutait à tous les autres : Ferdinand Potton, son meilleur ami depuis le départ de Louis et son plus fidèle compagnon dans ses œuvres de zèle, le quitte à son tour et se fait religieux. Depuis deux ans, il avait reporté partiellement sur lui la tendre affection qui l'unissait à son frère aîné, avant son départ pour Flavigny. Souvent encore, le dimanche, il montait aux Barolles, où tous deux avaient introduit la louable coutume de réciter les Vêpres à deux chœurs avec tout le personnel de la maison. Ils se montraient très enjoués, en même temps que très religieux, et parvenaient à y ramener parfois un rayon de soleil, malgré l'éloignement de Louis et le mécontentement persistant du père. Souvent le dimanche soir, il y avait encore sauterie.

« M. Camille, nous écrivait jadis une vénérable dame, autrefois membre attitré de ces réunions, aimait avec son caractère gai à réjouir l'excellente société. Il aimait la valse et, quand on la dansait, il me demandait pour l'exécuter avec lui ; nous nous aimions bien l'un l'autre, à tel point que j'espérais l'épouser, mais lui se sentit bientôt attiré d'un côté tout opposé. Il y a aux Barolles une immense pierre, appelée « la Pierre Souveraine ». Il était dit que toute jeune personne qui en faisait le tour sept fois à cloche-pied, se mariait dans l'année. M. Rambaud engageait volontiers les jeunes personnes à l'essayer, et surtout moi, mais je reculais devant la fatigue. C'étaient jeux d'enfance et jeux mignons. Quelquefois, après la danse, il nous donnait à lire un chapitre de l'*Imitation*. Je me rappelle qu'un soir, par un temps exécrable, le facteur vint apporter à Mme Potton pour nous une lettre. Sur le papier bien enveloppé, il y avait un cœur dessiné ; c'était le sien. Tout autour voltigeaient une vingtaine d'autres petits cœurs à peu près semblables, tous très jolis... Mme Potton se fâcha un peu : « Quel enfant, dit-elle, d'avoir envoyé le facteur par un « temps semblable et pour une si futile bagatelle ! »

« Une autre fois, à Lyon, il vint me demander pour la

« danse et me dit : « Je viens de soigner un enfant qui a
« les jambes presque pourries, remplies de plaies ; mes
« doigts, depuis trois jours, sentent mauvais. — Quelle
« horreur !» m'écriai-je, et néanmoins j'acceptai. Mais les
jours devinrent plus sérieux, à l'époque où Ferdinand

FERDINAND POTTON

partit chez les Capucins. Celui-ci laissa une lettre à
Camille, où il lui annonçait sa détermination. Le lendemain, M. Potton cherchait partout son fils au magasin.
Camille déposa sur son bureau la lettre ouverte que Ferdinand avait jointe à la sienne pour la remettre à son

père. M. Potton entrant dans une violente colère, fit atteler et partit aux Barolles. Une demi heure auparavant, M. l'abbé Coignet, chargé par Ferdinand, à son départ, d'avertir sa mère de sa décision, était apparu à la grille de la maison de campagne. Mme Potton, étonnée d'une visite aussi matinale, fit avec lui et Mlle Olympe une petite promenade dans le clos, et ce fut devant la la croix plantée sur la Pierre Souveraine que le prêtre remplit sa pénible mission et révéla à la pauvre mère le nouveau sacrifice que Dieu lui demandait. Presque en même temps, un coup de sonnette retentit. Mme Potton envoya sa fille voir qui venait : c'était M. Potton qui arrivait furieux et qu'elle rejoignit aussitôt au salon.

Ferdinand, témoin de la fureur de son père, lorsque, deux ans plus tôt, son frère était parti pour Flavigny, avait cru nécessaire de régler ainsi toutes choses dans le plus grand secret, afin d'échapper à d'insurmontables difficultés. Il n'avait rien dit même à sa mère, afin de lui épargner les reproches de son père.

A partir de ce moment, M. Rambaud se trouva bien seul. Il n'a plus autour de lui aucun ami vraiment intime auquel il puisse se livrer librement. Il sent davantage, dans cette espèce de solitude, le poids de ses œuvres. Par ailleurs, l'exemple de ces deux jeunes gens qui renoncent pour Dieu au plus brillant avenir, excite son émulation ; leur bonheur lui fait envie. Encore une fois il se demande s'il ne ferait pas mieux, lui aussi, d'entrer en religion.

A charge à lui-même, il ouvre son âme tout entière au Frère Ambroise dans une lettre attristée qui lui vaut cette belle réponse immédiate :

Mon très cher Camille, je vois beaucoup de raisons de louer Dieu dans la lettre que vous m'avez écrite. Autrefois, quand vous m'écriviez des pages si remplies de joie et d'allégresse, quand tout vous paraissait si léger et si facile et que vous paraissiez voler au lieu de marcher, je pensais bien qu'un si beau soleil ne durerait pas toujours, et qu'il viendrait, tôt ou tard, de ces jours de pluie, qui ne sont pas moins utiles pour le bien de la campagne. Le bon Dieu nous traite avec toutes sortes de soins et de précautions et celui qui comprendrait quelque chose à cette divine agriculture, serait ravi d'admiration en voyant tant de prudence, tant de prévoyance et surtout tant de miséricorde. Ne l'aimons-nous encore que très peu ? Il nous attire par la douceur, parce qu'il connaît notre méchanceté ; il le sait, s'il ne nous donnait pas un peu de sucre en commençant, nous trouverions trop sec le pain que nous ne sommes pas habitués encore à manger, quoi qu'il soit excellent et très salutaire ; mais, lorsqu'il voit nos âmes bien enracinées dans le bien et dans la sacrée dilection de sa bonté, il commence à nous éprouver un peu selon nos forces et à nous purger peu à peu de toutes les imperfections qui lui déplaisent encore en nous et sont autant d'obstacles à ses desseins sur nous. Et bienheureux ceux qui restent fidèles et supportent cette épreuve avec courage ! Beaucoup d'âmes se donnent à Dieu volontiers tant qu'il s'agit de recevoir sans rien donner et d'avoir la satisfaction sans ressentir la peine ; mais quand Dieu veut leur enlever un peu cette présomption, cette confiance en elles-mêmes, cet orgueil caché qui accompagne si souvent la prospérité spirituelle, afin de leur apprendre peu à peu et par degrés ce qu'est l'homme et quel abîme de misères et de péchés il renferme au dedans de lui-même ; quand il leur envoie pour cela ces mille peines intérieures que connaissent tous ceux qui essaient de servir Dieu dans la sincérité de leur cœur : ce découragement qui fait trouver la vie si lourde, cette insensibilité qui rend la prière si pénible, cet affaissement de toutes les forces de l'âme, ce manque de lumières et ces mille combats qu'il faut renouveler si souvent et recommencer sans relâche, oh ! alors, bien peu d'âmes persévèrent avec courage et restent disposées à servir Dieu également dans l'abondance ou dans la pauvreté, dans la joie ou dans la tristesse.

En somme, cependant, il n'y a point d'autre route pour arriver à la sainteté. Et je puis vous dire ce que l'Ange disait à Tobie : « Parce que vous étiez agréable à Dieu, il a été nécessaire que la tentation vous éprouvât » ou bien ce que dit Jésus, fils de Sirach : « Mon fils, en vous approchant de Dieu, préparez votre cœur à l'épreuve. »

Après tout, je ne vois pas encore que vous soyez trop à plaindre. Est-ce que vous n'avez pas une ferme résolution de ne point vous séparer de Dieu par le péché ? Eh ! bien, qu'importe après cela tout le reste ? Il faut souffrir beaucoup et mourir bien des fois au dedans de soi-même avant d'arriver au repos qui nous est promis, et toute âme qui est désireuse d'enfanter Jésus-Christ ne doit point s'étonner si elle achète par quelques peines un si grand honneur ; car, même lorsqu'il s'agit seulement de la naissance d'un homme, la mère, comme il est dit dans l'Évangile, ne se souvient plus de la douleur qu'elle a éprouvée, parce qu'un fils lui est né.

Vous me faites remplir un office que je connais guère encore et que peut-être je ne connaîtrai jamais ; j'aurais plus besoin d'être exhorté que d'exhorter ; mais puisque vous avez voulu m'ouvrir votre âme, je n'aurais pas aimé à ne vous parler que de choses indifférentes. Vous devriez lire saint François de Sales, surtout ses lettres, quoique dans le nombre il y en ait beaucoup d'indifférentes écrites à des étrangers. Cette lecture vous ferait un bien infini : nul homme que je connaisse ne se peint aussi parfaitement dans ses écrits, et l'âme de ce bon saint est une âme si pure et si belle qu'il est impossible de le connaître un peu sans l'aimer encore plus qu'on ne l'admire. Vous verrez comme il s'entend bien à réconforter les gens, et à panser et guérir toutes les blessures des âmes, pour les faire marcher courageusement vers le but d'une très sainte perfection.

Dans quelques semaines vous me reverrez à Lyon ; vous me reconnaîtrez encore, j'espère, après une si longue absence ; je crois que je suis à peu près comme à Flavigny, excepté que mes cheveux *blanchissent*. Je me fais vieux, car dans deux ans je vais attraper le numéro trois.

Adieu, je vous souhaite d'aimer Dieu de tout votre cœur et de le servir fidèlement en quelque lieu et en quelque état que vous soyez ; cependant je ne désespère pas de vous voir quelque jour revêtu de mon habit. Quoi qu'il en soit, je suis et serai toujours votre frère et ami. Embrassez pour moi toute la famille, j'écrirai à mon père pour lui annoncer mon arrivée, si je connais le jour quelque temps à l'avance.

Camille Rambaud attendit avec impatience l'arrivée de son ami. Ce lui était une joie très vive de pouvoir passer quelques jours avec lui et de l'initier *de visu* à son genre de vie. Il se proposait de lui montrer tous les détails de ses œuvres multiples, et il comptait sur sa présence pour encourager à la persévérance ses coopérateurs.

Mme Potton tressaillait de bonheur, et un peu de fierté maternelle, à la pensée d'avoir près d'elle son cher dominicain ; Mlle Olympe n'était pas moins heureuse. On se demandait comment M. Potton recevrait son fils : sa colère s'était un peu calmée depuis quelque temps, et l'on comptait sur cette entrevue pour une réconciliation. Tous les amis de Louis se faisaient une fête de le contempler dans sa robe blanche et sous sa couronne monastique. Dans la famille entière et le cercle de ses connaissances, c'était un événement.

On se confiait que supérieurs et confrères du novice étudiant l'avaient en très haute estime, on se répétait un propos récemment tenu à Lyon par le Père Souaillard. Reçu par M. Chirat, excellent tertiaire, il lui avait dit en lui tapant familièrement sur l'épaule : « Ah ! si vous nous envoyez souvent des novices comme le Frère Potton, je me réconcilie avec votre ville. » Et il avait ajouté au cours de la conversation : « Le Frère Potton est du bois dont on fait les Provinciaux. »

CHAPITRE V

Le Frère Ambroise à Lyon. — Velléités de vie religieuse, contradictions et tristesses.— Chalais.— Oscillations du commerce. — Mort de Mme Rambaud.

A la fin de son année de philosophie, le Frère Ambroise fut assigné par le P. Lacordaire, de Paris au couvent du Chalais, près Grenoble, où dans une ravissante solitude les jeunes religieux étudiaient la théologie. Lyon se trouvait sur sa route ; comme il l'avait annoncé à son ami, il s'y arrêta. Son père, si longtemps outré de colère depuis son entrée en religion deux ans auparavant, et plus exaspéré encore par le récent départ de Ferdinand, se radoucit contre toute espérance et reçut son fils aîné, sinon avec tendresse, du moins convenablement. Sa mère qui avait eu tant à souffrir pour n'avoir rien révélé à son mari de la détermination dont Louis, avant de s'éloigner, lui avait fait confidence, éprouva une joie sans bornes à le revoir. Pendant de longues heures, ils s'entretinrent tous deux des nombreux événements survenus en ces derniers temps et bénirent ensemble le Seigneur. Ce fut alors que le Frère Ambroise exhorta cette chère mère à s'unir à lui par de nouveaux liens spirituels, ceux du Très-Ordre, et peu après il eut le bonheur de voir son désir réalisé. Sa jeune sœur Olympe, alors âgée de dix-sept ans, eut aussi une large part de ses tendresses.

Quant à Camille, les jours passés à Lyon par son ami furent pour lui des jours de délices. Il l'amena plusieurs fois à son école et l'initia complètement au fonctionnement de ses œuvres. Passant sur la place Saint-Pothin : « C'est ici, lui dit-il, que chaque dimanche matin, à heure fixe, j'agite une petite clochette. C'est le signal convenu : tous mes enfants, dispersés de tous côtés, se précipitent tumultueux à ma suite et nous entrons à l'école. Là, je dois faire une sorte d'inspection générale, depuis le visage qui n'est pas toujours bien propre jusqu'aux cordons de souliers. Je dis ensuite à mon peuple : « Nous aurons une leçon « de catéchisme, et, si vous m'écoutez bien, on vous « servira une bonne soupe aux choux. Puis vous aurez « la messe à la paroisse. » Le programme s'exécute, après quoi je les congédie.

« Les jours de la semaine sont plus chargés pour moi. Chaque matin, quelquefois, après avoir entendu la messe à Saint-Pothin, je viens panser les plaies de mes petits malades, puis je vaque tout le jour à mon commerce, et le soir je dois encore plusieurs fois faire le catéchisme à ceux de nos enfants du dimanche que nous préparons à la Première Communion... »

Le novice religieux écoutait son ami avec autant d'édification que d'intérêt. Selon le désir qu'il avait manifesté dans une de ses lettres, Camille lui fit panser un des petits malades. Mais ce fut surtout de son âme qu'il l'entretint longuement. Le voyant tout embrasé d'amour pour Dieu et sentant la supériorité de ses lumières sur les siennes au point de vue spirituel, il lui réitéra la demande de le diriger par lettres, « personne, lui disait-il, n'ayant su le comprendre aussi parfaitement et lire aussi avant dans son cœur. » Le jeune religieux s'en défendit, déclarant qu'il n'était pas encore prêtre, et allégua joyeusement qu'il ne pouvait être « père » avant d'être né à la vie. Malgré cela, nous le verrons dès ce chapitre, devenir en fait son vrai guide, son soutien et sa force. Leur affection prit ainsi un nouveau caractère, plus intime que jamais ; Camille Rambaud devint le « fils spirituel » de son ami religieux ; et celui-ci remplit son office de directeur avec une sûreté de coup d'œil, un esprit surnaturel et une vigueur que nous aurons plus d'une fois l'occasion d'admirer (1).

Un autre sujet fut aussi examiné sérieusement. M. Rambaud, voyant d'une part le Frère Ambroise heureux de sa nouvelle vie jusqu'à l'enthousiasme, comme il arrive d'habitude à cet âge, et constatant d'autre part que des difficultés surgissaient de divers côtés, que plusieurs bonnes volontés des débuts se retiraient et qu'il lui serait très difficile de suffire à sa double tâche commerciale et scolaire, agita de nouveau la question de vocation dominicaine. Après le départ de son ami pour Chalais, il consulta aussi à ce sujet son confesseur, M. Desroziers, curé de Saint-Pierre,

---

(1) « Je regarde, dit Leibnitz, un directeur pieux, grave et prudent comme un grand instrument de Dieu pour le salut des âmes ; car ses conseils servent à ré.ler nos affections, à nous éclairer sur nos défauts, à nous faire éviter l'occasion du péché, à dissiper les doutes, à relever l'esprit abattu, enfin à enlever ou mitiger toutes les maladies de l'âme : et si l'on peut à peine trouver sur la terre quelque chose de plus excellent qu'un ami fidèle, quel bonheur n'est ce pas d'en trouver un qui soit obligé, par la religion inviolable d'un sacrement divin, à garder la foi et à secourir les âmes. »

et celui-ci confirmant la décision du novice, approuva en principe son entrée à Flavigny.

Mais tels n'étaient point les desseins de Dieu, qui ne voulait pas que les deux amis, dont les natures étaient si différentes, vécussent de la même vie et sous le même habit. D'une part, Camille se demandait pourquoi il ne pourrait pas ce que Louis Potton avait pu, pourquoi il n'embrasserait pas une vie où l'on trouvait tant de joies pures dans le service de Dieu et le plein rassasiement de ses facultés. Par ailleurs il se demandait avec inquiétude s'il pouvait briser de force le contrat d'association passé avec M. Potton pour une durée de dix ans ? Et cela, en pleine prospérité de commerce. N'était-ce pas une injustice ? De plus, et ceci lui était encore plus sensible, pouvait-il contrister son vieux père et sa mère tendrement aimée ? Ne serait-ce pas pour eux le coup de mort, comme ils le lui avaient affirmé à sa première ouverture à cet égard. Enfin, cette joie sans mélange, goûtée par son ami dans les longues veilles de l'étude, l'aurait-il en partage ? Au lycée, ils avaient été dissemblables à cet égard, se ressembleraient-ils au couvent ? L'intelligence supérieure du Frère Potton se prêtait à la spéculation et à la culture des idées ; lui, n'était-il pas plutôt fait pour la vie pratique et le maniement des hommes ? Toutes ces considérations entraient en lutte dans son esprit ; un rude combat se livrait dans son cœur entre la grâce qui semblait l'appeler et la nature qui lui semblait formuler des objections sérieuses. Après avoir réfléchi sur le pour et le contre pendant plus d'un mois, il rendit compte de tout à son ami, lui demandant en grâce de lui dire clairement ce qu'il en pensait et ce qu'il lui conseillait. La réponse, datée du 22 octobre 1852, ne se fit pas attendre :

Notre-Dame-de-Chalais

Mon cher frère et ami, j'ai reçu votre lettre avec une grande joie. J'ai toujours prié pour vous depuis que j'ai quitté le monde, et je me suis toujours intéressé particulièrement à tout ce qui vous concernait, quoique je ne vous aie pas écrit très souvent. N'avons-nous pas fait presque nos premières armes ensemble dans la société de Saint-Vincent-de-Paul, et que de fois n'avons-nous pas parlé ensemble de la vanité du monde ? Je vous ai précédé de deux années à peu près en religion ; mais j'ai toujours espéré quelque peu, sans bien m'en rendre compte, que vous me suivriez. Vous avez dû peut-être le remarquer dans mes lettres : quelquefois j'en parlais un peu, pensant que le bon Dieu voulait se servir de moi pour faire germer ou croître dans votre cœur les bons désirs qui fructifient pour la vie éternelle ; et puis, après avoir un peu ouvert la bouche, j'avais peur d'en avoir trop dit et d'avoir voulu faire quelque chose là où il fallait laisser agir la grâce intérieure qui nous conduit plus habilement que nous ne pouvons le comprendre. Enfin Dieu soit béni ! Que craignez-vous désormais ? Puisque M. le Curé de Saint-Pierre vous approuve, vous ne pouvez plus douter de la volonté de Dieu, et si vous saviez quel trésor est la vie religieuse, vous n'auriez pas pu être retenu si longtemps. Mais béni soit Dieu qui ouvre nos yeux comme il lui plaît. et qui dispose de toutes choses pour sa plus grande gloire avec une sagesse que nous ne connaîtrons que dans le ciel. Ferdinand me l'écrivait encore il y a quelques jours, et je le sais par ma propre expérience, et il n'y a pas sans doute un seul religieux ayant quitté le monde avec une vocation véritable qui ne puisse le dire : à peine est-on délivré des soins du siècle que l'on voit clairement où se trouve la volonté de Dieu et qu'on est délivré sur ce point de toute inquiétude. Vous n'avez qu'à remercier et à rendre grâces ; car tous ne sont pas appelés à la vie religieuse et vous recevez une faveur spéciale qui n'est accordée qu'à un bien petit nombre.

Seulement, il faut vous armer de courage ; je sais par moi-même combien il est dur de se séparer de ceux qu'on aime. J'ai vécu encore quelque temps dans ma famille avec la pensée que bientôt peut-être. il allait falloir me séparer d'elle, et j'ai beaucoup souffert à Flavigny avant de prendre l'habit, en songeant quelle douleur je causais à ma mère que sa résignation rendait encore plus touchante ; elle m'a écrit des lettres qui m'ont fait verser bien des larmes. Mais voyez : si aujourd'hui elle pouvait tout d'un coup me rendre à la vie mondaine, me voir marié et avoir autour d'elle ses petits-enfants, le voudrait-elle ? Je ne crois pas, ou du moins, j'en doute très fort. C'est un moment triste et rude à passer, mais songez que Dieu le récompensera par les grâces qu'il répandra sur votre famille. Il prend un soin tout particulier de ceux qui lui ont abandonné un de leurs enfants ; et s'il les protège, s'il les défend, qui pourra leur nuire ?

Je voudrais vous faire comprendre quel grand bonheur c'est d'être au milieu du monde comme n'y étant point, et d'avoir Dieu seul pour appui inébranlable, tandis que tout passe autour de nous sans que nous nous en inquiétions : mais vous le comprenez et je ne suis pas digne de le dire.

Courage, mon cher Camille, songez combien de saints vous regardent dans le ciel : est-ce que vous ne pourrez pas ce qu'ils ont pu ? En lisant leurs vies, vous en trouverez tant qui ont triomphé des affections et des liens si difficiles à briser qui les retenaient au sein de leurs familles. Ne voulez-vous pas suivre leur exemple ? Et puis, que dit Jésus-Christ Notre-Seigneur dans son Évangile ? Ne voulez-vous point écouter sa parole, et voulez-vous chasser de votre cœur celui qui vous appelle à le suivre ? Oh ! combien ces combats seront glorieusement récompensés, et si un verre d'eau donné au nom du bon Dieu prépare dans le ciel une récompense, que sera-ce donc des larmes que nous versons pour lui et des déchirements de cœur que nous supportons volontairement, non point seulement pour éviter de l'offenser mortellement, mais afin qu'il ne puisse pas être dit que nous nous sommes refusés à accomplir les conseils qu'il nous présentait sans nous les imposer.

Courage, et ne craignez rien. Je suis sûr que vous accomplirez ce qui est commencé si généreusement. Chacun reçoit de Dieu le don qui lui est propre : l'un est appelé dans une voie, l'autre dans une autre ; chacun glorifie à sa manière Dieu qui est l'auteur de toutes choses et dont tout bien procède. Ferdinand Capucin, moi Dominicain, vous... Dieu le sait, car il ne faut rien affirmer avant que vous n'ayez fait le pas décisif, mais j'ai la ferme espérance que vous ne resterez point dans le monde et que vous finirez un jour votre vie comme le bon Frère Saint-Beaussant (1), qui a fait une si belle mort, revêtu de l'habit religieux, et soutenu dans votre dernier combat par les prières de tous vos frères en Jésus-Christ.

Écrivez-moi bientôt, car j'aurai maintenant une plus grande impa-

---

(1) Le Frère de Saint-Beaussant était mort au collège d'Oullins, où le Tiers-Ordre enseignant venait de s'établir. Le Père Lacordaire avait dit de lui dans son oraison funèbre en avril 1852 :

« Le Frère que nous pleurons avait laissé s'obscurcir le flambeau de la foi et abandonné les pratiques de la religion à un âge que j'ignore, et, depuis quinze ans qu'il avait dépouillé les langes de l'adolescence, il avait passé sa vie dans les plaisirs, oublieux de ses devoirs.

« Revenant d'Italie, il entra par hasard dans une église de Marseille, n'y étant pas même attiré par la renommée du prédicateur ; l'homme qui était en chaire n'était qu'un homme médiocre, mais qui savait que

tience d'avoir de vos nouvelles. A vrai dire, je pensais un peu que
ce n'était pas pour rien que vous étiez resté plus d'un mois sans me
rien écrire.

Adieu. Courage, je vous embrasse en Notre-Seigneur.

Dans les dernières semaines de 1852, M. Rambaud
pliait plus que jamais sous le faix. Il était découragé et
par les luttes du dehors et par celles du dedans. Pour
s'adonner aux bonnes œuvres, il avait dit adieu aux
plaisirs du monde et, de ce fait, plusieurs de ses
relations avaient été rompues. Maintenant il se sentait
seul, et Dieu lui-même le laissait dans la sécheresse.
Ses amis d'enfance ne comprenaient guère sa vocation ;
ils l'en plaisantaient souvent, et leurs propos, de badi-
nage plutôt que sérieux au fond, l'attristaient cepen-

Dieu est tout et l'homme infiniment peu de chose. Il prêchait sur le
bonheur et disait : « Je parle peut-être à des hommes qui ne croient
« point à la religion : un seul d'entre eux peut-il dire qu'il soit heureux ?
« S'il peut le dire, je me trompe, ce que dit l'Evangile est faux, l'on
« peut être heureux sans Dieu. Mais s'il ne le peut, j'en conclus qu'il
« n'a pas choisi la bonne route pour trouver le bonheur. »

« Se posant à lui-même cette question, Alphonse de Saint-Beaussant,
qui ne vivait pas en chrétien, se dit : « Suis-je heureux, moi à qui rien
« ne manque, moi qui jouis de tous les plaisirs et qui suis libre de
« toutes mes actions ? Non, je ne suis pas heureux. »

« Il s'en alla donc trouver le prédicateur et lui demanda ce qu'il fallait faire. Quand une âme en est là, le reste est un jeu pour la grâce...

« Il revint changé dans sa ville natale... J'arrivais en ce moment à
Nancy, et je devais y rester cinq mois pour y prêcher l'Evangile...
D'une nature prudente et timide, je me demandais : Est-ce ici, est-ce là,
n'est-ce pas ici, n'est-ce pas là que Dieu veut que je m'établisse ? Cet
homme bon me prévint et me dit :

« Mon Père, pourquoi n'établiriez-vous pas à Nancy votre premier
« couvent de Dominicains ?

« — C'est, lui dis-je, que je manque des fonds nécessaires, car je n'ai
« pas le sou.

« — Qu'à cela ne tienne, me répondit-il ; j'ai une fortune suffisante
« pour faire un sacrifice sans nuire aux intérêts de ma famille et à ce que
« j'aime. »

« Il fonda le premier couvent dominicain en France, et ne tarda pas à y
entrer lui-même comme religieux. Sa santé étant délabrée, il vint à Chalais pour la refaire dans l'air réconfortant des montagnes ; mais tout
fut inutile. Son état ne fit que s'aggraver, et il ne descendit à Oullins
que pour y mourir saintement le 17 avril 1852. »

dant. De plus, la joie de servir ses petits incurables, si vive au début, était remplacée par la répugnance. Jadis il courait à son hôpital comme à un lieu de délices ; maintenant, pour y aller, il lui fallait chaque matin faire un effort. Deux fois le jour, au lieu de se procurer un repos bien mérité par de longues journées de travail, il devait visiter, panser, consoler de pauvres enfants couverts d'ulcères repoussantes et exhalant une odeur fétide. Le nombre de ses compagnons de dévouement s'était amoindri ; de plus ils venaient quand ils le pouvaient ; lui, devait toujours être là, et son cœur se soulevait souvent à ces soins répugnants. Quant à à son école, souvent les garnements qui la fréquentaient faisaient parler d'eux. Son père entrait en colère contre lui en voyant ce qu'il avait à en souffrir : « Ne vaudrait-il pas mieux, lui disait-il, élever des serpents que de tels enfants ? Et convient-il de laisser ses devoirs d'état et son commerce pour perdre son temps si inutilement ? ».

Sa mère elle-même le pressait de se marier, comme autrefois elle l'avait conjuré de revenir à Dieu. A ces paroles, Camille lui rappelait ses exhortations d'autrefois et s'étonnait de ses remontrances présentes : « Mais, lui répliquait-elle, quand je demandais à Dieu la rosée, je ne demandais pas le déluge. »

Ainsi de quelque côté qu'il se tournât, il rencontrait des difficultés et des contradictions. Le trouble agitait son âme et sa vie était abreuvée d'amertume. Une lettre de son ami, datée du 29 décembre, vint l'encourager et le réjouir à l'aurore de l'année 1853.

N.-D. de Chalais.

Mon cher Camille, je vous écris afin de vous souhaiter une bonne et heureuse année, car ma lettre ne vous parviendra pas, je crois, avant le 1er janvier.

Vous savez ce que l'on souhaite ordinairement à ses amis : une longue vie, une parfaite santé, de grandes richesses et d'abondantes consolations. Moi, je ne vous souhaite pas la même chose; car à quoi sert d'avoir vécu cent ans, puisqu'il faut mourir un jour, et à quoi sert d'être riche, puisque l'on n'emporte rien avec soi, si ce n'est un compte à rendre des biens qu'on a reçus. Je vous souhaite d'être toujours parfaitement soumis à la volonté de Dieu et d'accepter tout de sa main, avec courage, avec abnégation, avec la docilité d'un enfant, et, s'il se peut, avec la sainte allégresse qui ne devrait jamais nous abandonner.

Ne voyons-nous pas, en effet, dans tous les événements qui nous froissent et nous déchirent, s'accomplir la volonté de celui que nous aimons par dessus toutes choses, et qui ne nous éprouve que pour nous rendre moins indignes d'arriver jusqu'à lui et nous faire mériter la joie qu'il nous prépare ? Il est assurément pénible d'être éprouvé, non pas une fois en passant et dans une circonstance, mais souvent et en beaucoup de choses, et de constater, lorsqu'on croyait approcher du terme, que c'est à peine si l'on a commencé à marcher dans la véritable voie qui convient aux serviteurs d'un Dieu crucifié. Que font les hommes du monde, lorsqu'ils sont affligés en quelque manière, ou par la perte de leurs amis, ou par ces mille contrariétés que Dieu permet et qui pénètrent comme des flèches jusqu'au fond de notre cœur ? Ils s'efforcent d'oublier, de se distraire, ils cherchent dans le plaisir un remède assez violent pour leur faire perdre leurs maux de vue. Trop heureux quand ils s'arrêtent aux plaisirs permis et ne von point jusqu'au péché. Pour nous, il en est autrement ; les plaisirs, la vie large et joyeuse ne peuvent plus être notre consolation ; d'ailleurs ils ne nous suffiraient point : car s'ils ne peuvent remplir le vide d'une âme qui ne s'est jamais occupée que des vanités du monde, combien moins peuvent-ils satisfaire celle qui une fois s'est sentie créée pour le bonheur infini, réservé aux saints dans le ciel. Nous n'avons qu'une ressource : c'est Dieu, entre les bras duquel nous remettons notre sort et notre vie, nos épreuves et nos consolations, nos joies et nos douleurs, nos larmes et nos sourires. Ce Dieu si bon était peut-être toujours prêt, au commencement, à venir à notre aide, et à nous faire oublier par une petite goutte de cette paix dont il est le père, les troubles, les inquiétudes et les chagrins qui agitent notre pauvre cœur ; mais dans la vie spirituelle comme dans la vie des corps il y a plusieurs âges ; et si dans notre première enfance nous n'avions point à craindre la sévérité de nos parents qui épargnaient nos commencements et notre faiblesse, plus tard, pour notre bien, il a fallu commencer à souffrir quelque chose pour voir corriger nos défauts et nous préparer au rôle d'hommes que nous devons jouer dans la société. De même, nous sommes appelés à de grandes choses par Dieu : de nous il veut faire des saints, c'est-à-dire de ces hommes extraordinaires qui commencent à voir dès ici-bas la lumière des choses divines, qui ne sont presque plus séparés de l'éternité que comme par un voile transparent, et qui sans cesse ravis hors d'eux mêmes sont tout embrasés de l'ardeur de la charité dont Dieu est la source. Mais, avant d'arriver à ce terme où nous aspirons et où peut-être la miséricorde de Dieu daignerait nous conduire si nous étions fidèles et si nous ne manquions pas de courage, il faut traverser beaucoup d'épreuves et livrer de nombreux combats; il faut plier fréquemment sous l'obéissance, sentir souvent son cœur se briser, ses yeux se remplir de larmes, ses forces s'épuiser dans une lutte où Dieu semble vouloir nous abandonner, se croire plus d'une fois éprouvé avec une sévérité qui parait trop dure.

Heureux ceux qui sont ainsi éprouvés, s'ils ne se lassent point! Car ils se préparent une récompense qui n'a point de terme, et même dès cette vie quelquefois, ils oublient, dans la joie de l'abandon, la misère qui a précédé. Sainte Thérèse, si je ne me trompe, ne nous dit-elle pas qu'une âme parvenue à l'union divine ne croirait pas avoir acheté trop cher quelques minutes de son entretien avec Dieu par de longues années de peines et de souffrances.

Pourquoi vous ai-je écrit tout cela, mon cher Camille? C'est que je crois vous voir un peu découragé et accablé par les luttes que vous avez eues à subir au-dedans de vous et au-dehors. Je veux que vous soyez rempli de joie et que vous disiez avec saint Paul : « Lorsque je suis infirme, c'est alors que je triomphe, car la vertu se perfectionne dans l'infirmité. »

Je vous souhaite donc une heureuse année et la grâce du Saint-Esprit. « Jamais je n'ai vu le juste abandonné », dit David. Est-ce à dire que jamais le juste n'ait été éprouvé, affligé, ruiné, calomnié? Eh! vraiment non, car les exemples de ces tribulations ne manquent point; mais tout ce qui arrive aux justes de fâcheux est ordonné par la Providence divine, et pour eux toutes ces peines ne sont point des maux, mais des biens véritables, puisqu'elles sont autant de secours pour avancer davantage.

Adieu, je vous embrasse de tout mon cœur et vous prie de vite venir me voir quand vous le pourrez. Je suis procureur et j'aurai grand soin que vous ne mourriez pas de faim dans nos montagnes. Consolez bien votre père et toute votre famille, et faites bénir Dieu par votre douceur, votre charité, votre patience et votre désintéressement.

Réconforté et consolé par les exhortations du Frère

Ambroise, M. Rambaud multiplie les lettres et réclame de plus en plus sa direction. Il lui ouvre son âme comme à un vrai directeur, lui dit ses tristesses, ses dégoûts et ses fautes, lui demande des consolations, des reproches et des encouragements, le charge d'organiser sa vie spirituelle et lui promet une entière docilité. Vers la même époque, il reçut encore de lui les pages suivantes, relatives au même sujet si important dans la vie spirituelle, c'est-à-dire à l'utilité des épreuves pour fortifier la vertu. Le lecteur y remarquera le conseil d'assister aussi souvent que possible à la sainte messe. C'est un premier pas dans la voie où le religieux veut pousser son ami. Jusqu'ici, M. Rambaud a beaucoup donné à l'action et au prochain, mais assez peu, somme toute, à la prière. Converti depuis trois ou quatre ans seulement, les rapports familiers avec Dieu sont encore pour lui un mystère. Son pieux directeur va tout doucement, sans rien précipiter, l'introduire dans ce sentier nouveau ; et, en cela, on peut le dire, il prépara les grandes œuvres de l'avenir, car jamais Camille Rambaud n'aurait osé briser avec le monde comme il le fit en 1854, s'il n'avait été d'abord un homme d'oraison. Une fois de plus, la piété eut « les promesses de la vie présente en même temps que celles de la vie future. »

Mon cher Frère et ami, lui écrivit-il de Chalais, le 22 février, vous me demandez toujours dans vos lettres des avis, des consolations, des reproches, des réprimandes et beaucoup d'autres choses encore. Je voudrais bien avoir tout cela à vous donner pour le bien de votre âme et pour la gloire de Dieu ; mais vous oubliez un peu trop quels rapports nous unissent ; je ne suis pas votre Père, mais plutôt votre Frère et votre ami ; je ne vous ai point engendré à la vie spirituelle, mais plutôt vous m'avez animé au bien par votre ardeur ; vous êtes plus âgé que moi, et je n'ai pas encore grande confiance dans l'autorité que mon habit me donnerait peut-être aux yeux de quelqu'un qui ne me connaîtrait point du tout.

Qu'est-ce que vous voulez, mon cher Frère ? Je désire le bien de votre âme et je prie Dieu qu'il la remplisse de ses dons, qu'il veille autour d'elle, qu'il la garde, la protège, la défende, la conserve et la rende digne de lui. C'est une chose rare, très rare, infiniment rare qu'une âme toute à Dieu. N'avez-vous point envie de faire partie de ce petit nombre que Jésus s'est choisi et à qui il se communique familièrement ? Beaucoup de personnes vivent exemptes de grandes fautes et de passions qui les asservissent ; mais quelle tiédeur dans le service de Dieu ! que de vanité, que d'amour-propre, que de retours intéressés sur soi-même, que d'avidité pour le plaisir, que de froideur dans la prière ! N'avez-vous pas le désir de consoler un peu le bon Dieu qui a tant fait pour nous, et de le réjouir par votre abnégation, votre dévouement à ses intérêts et votre courage à tout supporter pour lui ? Oh ! je le sais, vous ne voulez qu'une chose : offrir à Dieu en vous-même une victime pure, sainte, sans tache et agréable à ses yeux, parce vous ne considérez que sa gloire. Eh bien ! s'il en est ainsi, armez-vous de courage et préparez-vous à ne point vous arrêter, et à mourir à vous-même plus courageusement que vous n'avez encore fait.

Vous souvenez-vous du B. Henri Suso ? Il avait déjà beaucoup travaillé, lorsqu'un jour, dans une vision, un ange se présenta devant lui portant une armure de chevalier ; et, comme le pauvre jeune homme demandait la signification de ces armes, il apprit, non sans verser des larmes et pousser des soupirs, que jusque-là, il n'avait rien fait encore, qu'il n'était qu'un soldat lâche et inutile, jugé indigne des parts difficiles et des entreprises périlleuses ; mais que, maintenant enfin, le moment était venu de prendre en main les armes d'un chevalier, parce que bientôt il aurait à combattre des combats plus dignes de ce nom.

Oui : il faut combattre toujours. Vous vous trouvez froid et tiède dans le service de Dieu. Oh ! que cela vous est utile ! J'en suis sur, vous vous imaginiez jusqu'ici pouvoir quelque chose et avoir votre bonne part dans cette belle ardeur qui vous faisait marcher si vite et si facilement ; mais maintenant ne faudra-t-il pas rendre grâces à Dieu seul de tous ces dons, sans nous rien attribuer à nous-mêmes, sinon la lâcheté dont nous sommes tous remplis. Il nous est utile d'être quelquefois visités par la bonté divine, d'être quelquefois tout pleins de bons désirs, de bon courage et de saintes affections ; car cela nous apprend à connaître la puissance et la bonté de Dieu, qui daigne descendre jusqu'à notre néant. Il nous est utile aussi, et plus utile encore, d'être quelquefois visités par le découragement et la tristesse, afin d'apprendre à nous connaître pour ce que nous valons, à ne point compter sur nous en rien et à nous regarder comme rien.

C'est également pour nous une occasion de combattre véritablement et de montrer de la constance et du courage, car, il faut l'avouer, il n'y a pas grand mérite à marcher vite quand le vent est favorable, mais il faut de la force et des bras vigoureux pour aller contre le courant à force de rames.

Cependant, je ne veux point non plus trop vous consoler; oh! non. Voyez le bon Samaritain, cette image frappante de Notre-Seigneur. Lorsqu'il se penche sur le pauvre voyageur qui, blessé et laissé pour mort sur le bord de la route, représente si bien toutes les misères de notre pauvre humanité, que met-il dans ses blessures afin de lui rendre la santé? De l'huile d'abord, afin de les adoucir et d'en calmer l'amertume; mais ensuite du vin, afin de les fortifier, quoiqu'il dût lui en coûter quelque douleur. Non, je ne veux point que vous vous négligiez, ni que vous vous ralentissiez. C'est là le grand danger que courent les personnes séculières : entourées de séductions, elles suivent une route toute semée de difficultés, et pour peu qu'elles se ralentissent, elles sont très exposées à s'arrêter et à reculer, ne trouvant rien autour d'elles pour les réveiller, les retenir et les faire avancer comme elles le faisaient auparavant. C'est là le grand avantage de la vie religieuse. On se trouve pris, encadré, emprisonné dans une machine qui va toujours; il faut toujours se lever la nuit, toujours jeûner, toujours faire pénitence; et, malgré les répugnances, tant qu'on n'est pas tout à fait un mauvais religieux, le courant des bons exercices vous porte et vous entraîne. Il n'en est pas de même dans le monde; lorsqu'on est seul, il est clair qu'on est moins fort. Mais, qu'il n'en soit pas ainsi pour vous. Je le veux, ayez bon courage.

Assistez, je le veux aussi, à la sainte Messe, autant, bien entendu, que vos occupations et votre santé vous le permettent, et offrez-vous à Dieu pour le servir vaillamment comme un bon serviteur, sans demander à chaque moment quelque petite consolation pour votre salaire, comme si vous n'étiez pas sûr de sa justice et de sa miséricorde et comme si vous aviez peur de vouloir lui prêter à crédit.

Adieu. Je vous embrasse et vous demande de prier pour moi. Oui, en vérité, j'espère qu'un jour nous nous trouverons tous réunis dans le sein de Dieu. Ah! quelle joie! quelle félicité! quel repos! quelle splendeur! quelle gloire! quelle éternité! Que cela est acheté à bon marché par quelques jours de souffrances! Fasse Notre-Seigneur que nous lui restions fidèles, et que nous commencions à l'aimer sincèrement de tout notre cœur; et si notre cœur est encore trop petit et trop étroit pour le contenir, eh bien! qu'il l'agrandisse et l'élargisse

par la charité. Dites pour moi un *Ave Maria* quand vous passerez
devant la statue de la Sainte Vierge de Fourvière.

Le Frère Potton désirait beaucoup recevoir à Chalais
la visite de son ami, et celui-ci la lui avait maintes fois
annoncée dans ses lettres.

CHALAIS

Au centre, la chapelle et le clocher ; à gauche, le couvent ; à droite,
l'hôtellerie ; entre l'hôtellerie et le couvent, l'arbre de la Liberté
bénit en 1848 par le P. Lacordaire ; derrière le couvent, forêts et
montagnes ; par devant, jardin clos de murs et prairies.

Le couvent de Chalais avait son histoire. Construit
à 940 mètres d'altitude et au-dessus de Voreppe, à deux
lieues de Grenoble, il fut à son origine (1108) un prieuré
de Bénédictins. En 1303, les Chartreux en firent
l'acquisition, et l'utilisèrent comme infirmerie, pour les
religieux auxquels le grand âge ou la maladie ne
permettait pas de vivre à la Grande-Chartreuse. Sous
la Révolution, il avait été vendu comme bien national.
En 1844, le P. Lacordaire, prêchant à Grenoble, l'avait

acheté, pour y installer ses étudiants. Le site est admirable : devant le couvent, qui est adossé à une forêt de sapins étagés sur une pente douce au-dessus de laquelle se dressent les gigantesques escarpements des Bannettes, s'étendent de riantes prairies ; et, de quelque côté que l'on dirige ses pas, l'œil s'arrête avec délices sur la belle vallée que sillonne l'Isère et au delà de laquelle s'élèvent d'autres montagnes aux aspects grandioses et variés : situation splendide, que l'on peut comparer à la Grande-Chartreuse pour la beauté, mais qui a l'avantage d'un climat un peu moins rigoureux, quoique cependant il y fasse bien froid en hiver et que la neige y séjourne souvent trois ou quatre mois consécutifs. En été le séjour est délicieux.

Tel était le couvent où le Frère Potton poursuivait ses études théologiques ; il s'y livrait avec une ardeur d'autant plus vive que son intelligence, naturellement ouverte à tous les grands horizons de la science, se délectait davantage dans la sublime doctrine de la *Somme de saint Thomas,* manuel obligatoire des scolasticats dominicains. Dès cette première année, il montra pour les sciences sacrées de telles dispositions, et s'appliqua en même temps avec une telle ardeur à la pratique de toutes les vertus naturelles et religieuses, que le P. Lacordaire, alors Provincial, jeta les yeux sur lui pour l'enseignement et pour la charge de Père-Maître au noviciat profès. Il l'en avertit, mais l'étudiant lui répondit en toute simplicité que, s'il devait expliquer plus tard la *Somme de saint Thomas,* il lui serait pour le moins profitable d'aller étudier quelque temps à Rome, afin de puiser à sa source la doctrine traditionnelle de l'Ordre. Le P. Lacordaire comprit et approuva ce désir qui ne devait pas tarder à se réaliser.

Plusieurs fois déjà, nous l'avons dit, le Frère Ambroise avait invité Camille à venir le visiter dans sa ravissaute solitude ; par une lettre en date du 2 août 1853, il revient à la charge, et entretient en même temps son ami de la profession prochaine de son frère Ferdinand et des avantages de la vie religieuse.

Mon cher Camille, lui dit-il, vous vous annoncez toujours, et vous ne venez jamais me voir. Ce n'est pas que je vous en fasse des reproches ; je le sais, vous avez de bonnes et excellentes raisons, mais j'ai peur que, le 15 août passé, vos affaires ne vous retiennent encore ; car, si j'ai bonne mémoire, c'est une des époques où vous avez le plus à faire et où la présence du chef est plus indispensable. Je vous tiens compte cependant de votre bonne volonté et vous suis aussi reconnaissant que si vous vous étiez réellement dérangé pour venir jusqu'ici.

Toutefois, pour vous, ce n'est pas tout à fait la même chose ; quelques jours de solitude à Chalais, si vous aviez pu y venir sans nuire à vos occupations, auraient fait, je crois, grand bien à votre âme comme à votre corps. Chalais, au printemps, quand les feuilles et les fleurs commencent à revenir, est un petit paradis, et la pureté de l'air donne des forces pour gravir les montagnes qui l'entourent de tous les côtés. J'espère cependant qu'un jour ou l'autre vous mettrez vos promesses à exécution, et vous viendrez m'apporter de bonnes nouvelles de tous ceux que j'ai laissés à Lyon.

C'est mon père qui, de tous, est le plus digne de compassion. La profession de Ferdinand approche, puisqu'il entre en retraite avant la fin du mois, et le 8 septembre qui anéantira pour toujours les dernières espérances de mon père au sujet de ses deux fils, doit être pour lui un jour bien pénible. Que les voies de Dieu sont merveilleuses ! Qui aurait dit à mon père, il y a quatre ans, que de ses deux fils, l'un serait dominicain et l'autre capucin, et que son associé se lancerait à corps perdu dans les pratiques de la charité chrétienne et abandonnerait le désir des biens terrestres pour se réjouir dans les saintes délices de la pauvreté volontaire ? A coup sûr, cette prédiction aurait paru au moins extraordinaire, et cependant le bon Dieu a fait tout cela par les voies qui lui sont connues ; il a ainsi accompli en nous les desseins de miséricorde qu'il avait sur nous de toute éternité, lui qui ne cessait point de penser à nous, même lorsque nous l'oublions. Nous avons de grandes actions de grâces à lui rendre, et en vérité je ne puis nullement m'affliger de la profession de Ferdinand. Sans doute, vous qui êtes auprès de mon père, qui voyez sa douleur et le chagrin profond que lui cause la perte de son fils, vous ne pouvez vous empêcher de vous en sentir peiné ; mais il faut regarder plus haut. Que de peine mon départ n'a-t-il pas fait à ma mère ! Que de larmes, et quels cruels déchirements de cœur ! Cependant, je ne voudrais certainement pas ne pas avoir causé ces souffrances bénies que les anges ont recueillies pour les présenter à Dieu et qui sont écrites dans le grand livre du ciel. Qui sait ce que Dieu nous prépare encore ? Sa miséricorde ne nous a-t-elle pas appris à ne point craindre de demander beaucoup et à tout espérer de lui ? Seulement, il a coutume de nous faire acheter par les souffrances et par les larmes les biens qu'il nous destine, afin que personne ne soit récompensé qui n'ait légitimement combattu ; il veut aussi par là nous rendre semblables à notre Chef, à notre Seigneur et à notre Maître, qui, digne à coup sûr de toute la gloire et de toute la félicité qui ont suivi sa résurrection, puisqu'il est vraiment le fils unique de Dieu, a voulu néanmoins acheter et mériter ces grandeurs par les humiliations et les douleurs de sa vie pauvre et souffrante. Tous les saints nous apprennent qu'il en coûte pour se donner à Dieu ; tant d'exemples que vous connaissez aussi bien que moi, nous font voir la vérité de cette parole de l'Evangile que le royaume de Dieu, c'est-à-dire la vie chrétienne, est semblable à une perle précieuse que rencontre un marchand de bijoux. Quand il l'a vue, il oublie tout le reste et vend tout ce qu'il possède, afin d'acheter ce joyau inestimable. Il faut vendre tout ce que nous avons pour acheter la gloire d'être les serviteurs de Dieu, et à ce prix, on peut bien le dire, nous l'achetons à bon marché. Au premier abord, il nous paraît dur et cruel de faire autant souffrir ceux que nous aimons ; mais qui pourrait dire par quelles grâces invisibles Dieu compense toutes ces douleurs ?

Je me réjouis d'apprendre que vous avez maintenant une petite cellule tout à fait monastique. Les exercices extérieurs contribuent plus qu'on ne croit à perfectionner notre âme et nos sentiments, et ceux qui veulent avoir l'esprit d'humilité et de détachement, sans jamais pratiquer effectivement ces vertus, rêvent un résultat bien difficile à obtenir, quoique toutefois la grâce de Dieu le rende possible à ceux qui sont retenus invinciblement et sans qu'il y ait de leur faute au milieu des vanités et des plaisirs du monde. Et puis, vous dites l'office en commun ; c'est une chose excellente, car l'exemple et le concours de ceux qui nous entourent nous donnent de grandes forces pour éviter le mal et pratiquer le bien ; c'est là un des bienfaits de la vie religieuse.

Adieu. Courage et réjouissez-vous toujours dans le Seigneur ! Quelle chose peut affliger, ou effrayer, ou simplement contrister celui qui a Dieu pour ami et qui sait qu'aucune puissance ni sur la terre, ni dans le ciel, ni dans les enfers, ne peut le séparer de la charité de Jésus-Christ? Nous devrions toujours être abîmés en de perpétuelles actions de grâce.

Recommandez-moi au saint Enfant Jésus qui protège votre maison; j'ai pour lui une dévotion particulière et je veux désormais lui adresser humblement mes prières, quand je me trouverai dans mon étude arrêté par quelque point difficile.

Pendant que le Frère Ambroise acquérait beaucoup de science par l'étude, Camille gagnait beaucoup d'écus par le commerce. De 1848 à 1853, la maison de soieries Potton-Rambaud n'avait pas cessé de prospérer; chaque année elle avait pris de nouveaux accroissements, créé de plus nombreux débouchés, et les inventaires s'étaient trouvés excellents. Un fait entre beaucoup d'autres :

Un jour, en 1852, Camille rentrant en son magasin rue Lafont, aperçoit M. Chirat, un de ses amis, comme lui ancien élève du lycée et son condisciple. D'un air exalté, il court à lui :

« Qu'est-ce que signifient ces manières? lui dit M. Chirat.

— Mon ami, lui répond-il, nous venons de finir notre inventaire; figure-toi que j'ai plus de 200.000 francs, à moi! Ruiné, il y a quatre ans, me voilà riche maintenant. Que de beaux projets je forme dans ma tête... »

En effet, cet argent que tant d'autres recherchent pour lui-même, oubliant qu'il n'est qu'une vile matière et un prêt à courte échéance, il le voulait, lui, pour une fin plus noble; il voulait le consacrer au bien de l'humanité, et plus il le voyait affluer entre ses mains, plus il entrevoyait en faveur de ses semblables des résultats étendus qui réjouissaient son cœur et dilataient son âme. Enthousiasme charmant d'un jeune homme de trente ans! Rêve d'un cœur généreux! Doux éclat d'un matin qui annonce un beau jour!

Autour de lui, il voit d'autres activités se donner aussi libre carrière dans le commerce. Mais pour le grand nombre, non moins ardents à poursuivre la fortune, le but est tout différent. « Quiconque est riche est tout » a dit Boileau. C'est leur devise. Il connaissait des jeunes gens qui, à l'âge où ils auraient dû encore penser comme des poètes, comptaient déjà comme des agents de change, avec une application et un esprit de calcul dignes de commerçants blanchis dans les affaires. Et quelle était leur préoccupation unique? Amasser beaucoup, passer pour riches et l'être. Hélas ! de nos jours le spectacle n'est-il pas le même, et plus encore qu'en 1850 ? il n'y a plus guère de jeunes gens. L'enthousiasme a fait place à la raison sèche et désabusée. Voilà notre jeunesse moderne, telle que le surmenage des études forcées et l'absence d'idéal l'ont formée. Dans la France nouvelle, on est homme à quinze ans. La fièvre du gain, la morale égoïste de l'intérêt, l'oubli des grandes vérités chrétiennes et le souci des seuls biens terrestres sont les causes les plus tangibles de ce positivisme qui s'infiltre jusque chez les adolescents eux-mêmes.

Un observateur intelligent écrivait à l'époque où nous sommes arrivés dans cette histoire :

« L'étude de notre temps est facile; jamais on n'a vu plus qu'aujourd'hui se trahir dans les regards, dans les habitudes, dans les conversations de tous, l'unique et fondamentale préoccupation qui use les âmes aussi bien que les corps. Cette préoccupation, c'est l'argent comme source d'indépendance, de crédit, de jouissances multiples, de bien-être quotidien. »

M. Rambaud était une belle exception à cette avarice effrénée; il avait échappé à ce sensualisme et à ce désordre. S'il avait cherché à faire fortune et s'il y était arrivé au delà de ses espérances, c'était pour les pauvres et pour Dieu, nous le verrons bientôt.

Cependant, dans la seconde moitié de 1853, il poussa le cri d'alarme. Pour la première fois, cette maison dont il avait préparé l'avenir et étendu magnifiquement les opérations commerciales, voyait soudain fléchir le chiffre de ses affaires. Le Frère Potton qu'il en avertit aussitôt, ne s'en émut pas outre mesure et profita de l'occasion pour élever l'âme de son ami vers des horizons plus hauts, et lui rappeler la résolution dont il lui avait jadis fait confidence, de se donner à Dieu totalement d'une manière ou d'une autre, dans le cloître ou dans le siècle.

Mon cher Camille, lui écrivit-il le 5 novembre, je viens répondre à la lettre que vous m'avez écrite il y a quelques jours. Vous m'annoncez que votre commerce est bien déchu de la magnifique splendeur dont il brillait encore il y a quelques mois. Hélas ! que voulez-vous ? c'est la condition des affaires de ce monde ; tantôt en haut, tantôt en bas, c'est là notre destinée sur la terre ; et si nous savions en profiter, toutes ces variations tourneraient à notre avantage, puisque dans la prospérité nous avons occasion de remercier Dieu, et que dans l'adversité, nous reconnaissons et éprouvons cette vérité que sans le secours d'En-Haut, tous nos efforts servent de peu. En même temps, nous pouvons offrir à Dieu quelques sacrifices et quelques peines, plus utiles peut-être que toute autre chose pour notre avancement et celui des personnes auxquelles nous nous intéressons.

Du reste, je le sais par expérience, c'est une chose vraiment pénible de mettre à bas tous ses métiers, de voir les dessinateurs et les employés sans travail, les liseurs inoccupés, et M. Goyet venant périodiquement demander si l'on a reçu quelque commission. Mais que voulez-vous ? il faut nous soumettre et tout accepter, en pensant que nous ne sommes pas encore traités comme nous le méritons. Du reste, si j'en juge par ce que je vois de temps en temps dans le journal, la situation de la Fabrique en ce moment est loin d'être prospère. La guerre est menaçante, les subsistances très rares ; les soies sont chères, les fonds baissent, et j'ai vu dans la *Gazette de Lyon* que l'on montait des chaînes simples tramées au bout ; ce ne doit pas être un article brillant. Et puis, comme vous le pensez sans doute, qui peut savoir la volonté de Dieu et ce qu'il nous prépare ? Quand tout nous semble aller mal, c'est alors souvent qu'il nous épargne de plus grands maux, et nous serons un jour tout étonnés de voir de combien de manières il a veillé sur nous, sans que nous l'ayons même soupçonné.

Ici, le temps continue à être magnifique, et tout à fait hors de saison : nous en profitons pour ramasser des feuilles dans le bois et nos vaches seront cet hiver couchées sur des lits très moelleux. Il est vrai, ce que nous faisons n'est pas pour elles, mais pour nous, puisque les feuilles se convertissent en fumier qui se change en foin, puis en écus, puis en aliments, puis en arguments théologiques, puis enfin en prédications et confessions pour le salut des âmes et la plus grande gloire de Dieu. Un nouveau frère arrivé ici hier nous a donné des nouvelles de Flavigny ; vous direz à ma mère que j'ai été trompé en lui donnant les noms des frères qui sont à Toulouse : il n'y a d'exact que le R. P. Lacordaire ; il va, dit-on, reprendre en cette ville la suite des Conférences qu'il a prêchées tant d'années à Paris. Les Toulousains aiment déjà beaucoup les Dominicains. Dieu veuille que nous nous rendions dignes de leur affection. Le pauvre Père Danzas est très fatigué ; depuis longtemps déjà il est malade, et sa santé ne paraît pas s'améliorer. Je le recommande aux prières de ma mère et aux vôtres. Si nous le perdions, ce serait pour nous un grand malheur. Je ne connais pas tous nos Pères, mais parmi tous ceux que je connais, aucun ne pourrait remplir aussi bien la charge si difficile de Maître des Novices simples. Dans quelques jours doit paraître le premier volume de l'histoire de notre Ordre qu'il a commencée pendant mon Noviciat. Dites-le à ma mère ; elle aimera peut-être à en prendre connaissance. La *Vie de sainte Catherine de Sienne*, par Cartier, est en vente maintenant. Tous ces pauvres saints Dominicains ont été si oubliés. L'Ordre lui-même et son histoire sont presque inconnus ; il faut espérer qu'ils vont reparaître, pour nous protéger par leur réapparition. Ferdinand m'a écrit : il paraît très content, et ce m'est une grande joie de le savoir religieux. Quant à vous, j'ai demandé à Dieu de vous donner un bon inventaire, afin de vous débarrasser de ce commerce qui doit peser si lourdement sur vos pauvres épaules. Cela ne paraît guère près de se réaliser ; mais n'importe, je ne cesse pas d'avoir pour vous une bonne espérance d'une manière ou de l'autre.

Adieu. Je vous embrasse et compte vous voir bientôt, à la première occasion. Je pense toujours passer par Lyon dans un mois environ : mais vous viendrez me rendre visite sans doute auparavant.

Durant les mois suivants, M. Rambaud songea sérieusement encore à entrer en religion ; il s'en ouvrit de nouveau à sa mère qui s'en désola et le supplia avec larmes de ne pas la quitter. Ce détail ressort clairement d'une lettre adressée le 17 novembre par Sophie Bonnard à sa famille de Dieulefit :

«... Combien, dit-elle, j'ai trouvé hier la soirée languissante et triste. Marie a cependant été aussi affectueuse que possible, mais ce n'était rien à côté de ce qui manquait. Le croirais-tu ? M. Rambaud y est venu ; il a fait ses plaisanteries, ses folies, et si j'osais le dire, ses pantineries, comme si la veille il n'avait pas vu à ses pieds sa mère le suppliant de ne pas l'abandonner. N'est-ce donc pas à présent ou jamais qu'il faut lui voir quitter cette légèreté qui ne peut se concilier avec les idées qu'il veut exécuter. Je suis ridicule, moi aussi, de parler de cela qui ne me regarde nullement, mais enfin j'étais presque indignée contre lui. »

Cette critique est trop sévère. Mêlé aux distractions d'une soirée mondaine, le jeune homme se laissa simplement aller pendant quelques heures à la tendance naturelle de son caractère enjoué ; cela ne l'empêchait nullement d'aimer beaucoup sa mère. En fait, il ne la quitta point. Mais Dieu ne devait pas tarder à la lui ravir, et à écarter ainsi, en lui envoyant ce chagrin, le plus grand qui puisse atteindre le cœur d'un bon fils, le principal obstacle à la poursuite de sa vocation, quelle qu'elle fût.

Mme Rambaud était une vraie chrétienne ; ses enseignements, ses conseils et ses prières avaient été pour beaucoup dans la conversion et le don total de Camille à Dieu. Dans ses dernières années, elle avait trouvé, il est vrai, qu'il s'occupait trop **en dehors** de son commerce, et comme son mari, quoique avec beaucoup plus de modération, elle lui répétait de donner davantage à ses devoirs d'état et moins à des œuvres de surérogation. Mais ceci ne mettait aucun nuage **entre** les deux cœurs qui s'aimèrent toujours tendrement jusqu'à la fin.

Vers le 20 janvier 1854, elle fut renversée par un cheval dans les rues de Lyon. Forcée de s'aliter, elle vit dans ce grave accident, une punition que Dieu lui infligeait pour avoir contrarié les saints désirs de son fils. Celui-ci, assis à côté de son lit, lui disait parfois :

« Que voulez-vous que je fasse? Faut-il continuer mon commerce? Faut-il me faire religieux? Faut-il me marier?

— Mon cher fils, lui répondait la malade, fais ce que Dieu t'inspirera. J'ai été riche, j'ai été pauvre, je vois clairement, dans l'état où je suis, que tout cela n'a pas grande importance. Il n'y a rien que le ciel. »

Le 5 février, quinze jours après sa chute, elle s'éteignait doucement entre les bras de son fils en larmes. Malgré la sainteté d'une mort toute résignée et éclairée par les doux rayons de la foi et de l'espérance, Camille avait le cœur brisé ; il s'empressa, le jour même, d'adresser au Frère Ambroise une lettre éplorée où il lui disait sa profonde tristesse et racontait au long les derniers moments de la chère défunte. Le cœur de son ami battit à l'unisson du sien, et s'il est vrai que la véritable affection se montre et se reconnaît dans l'affliction et dans le deuil, les lignes suivantes prouveront avec la dernière évidence que celle qui les unissait était profonde et sincère. Cette fois, il ne fit point attendre sa réponse ; le jour même il écrivit à M. Rambaud :

N. D. de Chalais, le 5 février 1854.

Eh ! bien, mon cher Camille, c'est maintenant que je voudrais savoir vous témoigner toute mon amitié et toute mon affection, afin de vous consoler un peu dans votre douloureuse épreuve.

Votre lettre s'est trouvée un peu en retard ; elle ne m'est parvenue que ce matin. Mais déjà hier au soir j'avais été instruit de la triste nouvelle par le Frère Brosse qui, en parcourant le journal, y avait lu l'annonce que vous y avez fait mettre. Dès ce matin, j'ai pu communier pour le repos de l'âme de Madame votre Mère et je lui applique une indulgence plénière que je peux gagner aujourd'hui. Déjà hier nous avons eu l'anniversaire que nous célébrons tous les ans pour les Pères et Mères défunts et, sans le savoir, j'avais prié pour elle en priant particulièrement pour les âmes du Purgatoire et surtout pour celles qui m'intéressaient d'une manière spéciale.

J'espère du reste que Mme Rambaud n'a point besoin de ces secours, car d'après ce que vous m'écrivez, ses derniers moments ont été ceux d'une femme toute sainte et entièrement détachée des choses de la terre. Ce doit vous être une grande consolation, et c'est la seule que l'on puisse offrir à un chrétien, de penser que votre mère a quitté cette misérable vie où il y a tant à lutter et tant à souffrir pour prendre possession du ciel et y jouir du fruit de ses peines. C'est sur nous qu'il faut pleurer dans ces circonstances douloureuses, puisque nous restons seuls sur la terre ; quant à ceux qui sont entrés dans la gloire de Dieu, que leur manque-t-il ? Ils se reposent de leurs travaux et intercèdent pour nous, afin que nous soyons trouvés dignes de marcher sur leurs traces et qu'après avoir été éprouvés par la tribulation, nous arrivions aussi à conquérir ce royaume qui s'achète par beaucoup de souffrances et de larmes.

Il faut nous détacher peu à peu de ce monde où tant de gens abusés se trouvent si bien qu'ils voudraient y vivre éternellement, si le bon Dieu le leur permettait ; il faut élever en haut nos cœurs et penser à notre véritable Patrie. Déjà, nous avons renoncé à beaucoup de choses en ce monde : ses plaisirs et ses joies ne sont plus pour nous ; ne vivons donc plus que pour Dieu en quelque lieu et de quelque manière qu'il veuille nous employer à son service ; envoyons par avance nos saints désirs et nos bonnes œuvres dans cette terre des vivants où nous espérons passer un jour avec la grâce d'en haut et où nos amis et parents nous précèdent tous les jours, comme pour nous préparer la route et nous faire une bonne réception quand l'heure sera venue.

Madame votre Mère vous le disait, et c'est un grand enseignement lorsqu'on l'entend sur un lit de mort : « Il n'y a rien que le Ciel », ou plutôt il n'y a rien que le bon Dieu, dont la volonté sainte s'accomplit partout : dans ce monde où il nous tient exilés pendant un peu de temps loin de lui, et dans l'autre monde où il est entré victorieux, promettant de nous y préparer notre demeure.

Votre mère doit y avoir une belle place ; ses vertus et ses bonnes œuvres doivent l'avoir élevée bien haut dans le royaume de notre

Dieu, qui a promis de ne point laisser même un verre d'eau sans lui donner sa récompense. Pensez quelquefois au bonheur dont elle jouit, plutôt qu'à la peine que vous cause une si triste séparation. J'ai beaucoup souffert quand il a fallu me séparer de ma mère : et ce fut de beaucoup la plus difficile épreuve dont il m'a fallu triompher. Cependant ce n'était pas une séparation aussi douloureuse que la vôtre, puisque j'espérais la revoir encore sur cette terre, et en effet, je l'ai déjà revue plusieurs fois. Mais je n'avais jamais quitté ma mère, non plus que vous la vôtre ; et les mères témoignent à leurs enfants une affection si tendre et si dévouée que les cœurs les plus durs ne peuvent s'en défendre. Quelle consolation elle a dû éprouver en mourant, de voir qu'elle vous laissait en bon chemin : vous occupant de Dieu, aimant Dieu, travaillant à son service suivant vos forces et vos lumières et trouvant, dans votre résignation au bon plaisir de Dieu, le courage de supporter cette épreuve. Les hommes du monde sont malheureux et sans ressource, lorsque la mort les sépare. Quelle consolation leur reste-t-il, en effet ? Ils ne peuvent espérer de se revoir, sans songer à la mort dont le seul nom les épouvante ; tandis que, pour nous, l'accomplissement de la volonté de Dieu adoucit toute notre peine. Dites donc avec les saints : « O mon Dieu, que votre volonté s'accomplisse ! C'est une volonté bien dure pour moi ; cette mère que vous m'aviez donnée, je l'aimais puisqu'elle m'aimait ; elle vous aimait aussi comme moi je vous aime, ô mon Dieu ; mais que votre volonté s'accomplisse et non pas la mienne. Vous savez ce qui lui était bon et utile ; vous savez ce qui m'est bon et utile ; vous savez ce qui nous est avantageux à tous et vous disposez tout pour la gloire et le bonheur de vos élus. Que votre volonté s'accomplisse, et non pas la mienne ! » Répétez cela souvent, et je prie Dieu de vous donner ainsi comme un baume qui calme et adoucisse votre blessure.

Je n'ai pas besoin de vous assurer que je prierai encore pour elle et pour vous. J'y suis obligé, car vous m'avez toujours témoigné plus d'amitié que je ne méritais, et, je vous l'assure, je vous aime beaucoup en Notre-Seigneur qui est le lien des amitiés véritables. Je ne manquerai point de faire célébrer vos messes le plus tôt possible. Je vais les porter au Révérend Père-Maître qui en dira, je pense, quelques-unes avec une dévotion toute particulière, parce que déjà il vous connaît. J'ai aussi recommandé, ce matin, Madame votre Mère aux prières de la Communauté, comme nous le faisons d'habitude quand nous apprenons la mort de quelque personne qui nous est chère.

Adieu, mon très cher frère et ami. Je ne vous dis point de n'être point triste et affligé, puisque Notre-Seigneur, lui-même, pleura sur

Lazare, qui n'était que son ami. Cependant, prenez bon courage et priez le bon Dieu, qui peut tout, qui voit tout, qui sait tout et qui vous aime tant. Qu'il soit votre consolation et votre force ! Car quelle consolation, si ce n'est Dieu, peut remplir le cœur de celui qui vient de perdre sa mère? Ecrivez-moi comme à votre frère et ami, mais quand vous en aurez le temps et sans vous gêner : il me suffit, en attendant, que vous sachiez que je ne vous oublie point et prie pour vous tous les jours. Je vous embrasse et vous recommande de prendre bon courage.

Adieu !...

CHAPITRE VI

LE GRAND PAS OU L'ABANDON DU MONDE

Première pensée de quitter le commerce. — Résiliation du contrat d'association avec M. Potton. — Plaintes à Saint-Pothin contre les enfants. — Le grand pas ou l'abandon dn monde. — Projets de fondation à la Guillotière.

Le Frère Ambroise eut l'occasion de revoir son ami à Lyon et de le consoler de vive voix dans son grand deuil, beaucoup plus tôt qu'il ne l'avait pensé. Fatigué de la vue, il fut envoyé à Flavigny, peu de jours après avoir écrit la lettre précédente, pour s'y reposer, durant tout le printemps, dans un climat moins âpre que celui de Chalais. Les deux jeunes gens s'entretinrent longtemps de saints projets. Camille nese sentant plus aussi incliné vers la vie religieuse, le Frère Ambroise ne le pressa pas dans ce sens, mais il lui fit envisager sérieusement la possibilité de quitter le commerce totalement pour s'adonner exclusivement aux œuvres de zèle.

Il avait bien, derrière l'église Saint-Pothin, loué les services d'une excellente Alsacienne qui, au cours de la journée, gardait les petits incurables et leur donnait ses soins ; mais elle ne suffisait pas, et tant que l'œil du maître ne serait pas là, il ne pourrait ni prétendre à un grand nombre de malades ni espérer un vrai succès. De plus, très occupé au magasin, il devait nécessairement limiter les heures destinées à l'enseignement religieux des enfants. Ce fut alors que le Frère Ambroise lui proposa la solution radicale de toutes ces difficultés :

« Quittez, lui dit-il, le commerce ; faites-vous pauvre avec les pauvres et habitez avec vos enfants, vêtu comme eux, nourri comme eux. »

L'idée était hardie, mais le cœur de M. Rambaud était assez généreux pour la goûter.

Il ne s'agissait plus pour lui d'entrer en religion : il resterait dans le monde, mais il y vouerait toute son existence aux enfants et aux malheureux. Les 200.000 francs qu'il avait gagnés dans le commerce, étaient sa propriété personnelle : il les emploierait intégralement à ses œuvres d'apostolat. — Il devait se sentir d'autant plus pressé de réaliser ce projet, lui disait le frère Ambroise, que le nombre de ses aides ayant diminué, la direction de son école, le soin des malades de son hospice et toutes les sollicitudes de son commerce lui créaient un ensemble d'occupations extérieures réellement au-dessus de ses forces. De plus, les affaires languissaient : il ne pourrait plus guère, vraisemblablement, réaliser de grands bénéfices pour la cause de Dieu.

Restait un grand obstacle : son contrat d'association avec M. Potton, qui était valable encore pour quatre ans. Son ami l'engagea vivement à s'ouvrir à son père de ses desseins et à lui demander sans retard s'il consentirait à résilier la convention. Camille fut docile comme toujours aux conseils de son jeune directeur. M. Potton, sans consentir, reçut toutefois cette nouvelle sans étonnement ni colère, et Mme Potton, mise au courant de tout, s'empressa, dès le 28 février, d'en aviser son fils à Flavigny. Celui-ci en fut transporté de joie et écrivit immédiatement à Camille pour l'encourager à achever résolument ce qui était si heureusement commencé. A cette date s'ouvre une correspondance pleine d'intérêt, où l'on admirera, plus encore que dans les lettres précédentes. la forte direction donnée à M. Rambaud par le Frère Potton, et la vérité de cette parole de l'Ecriture : « Celui qui a trouvé un ami véritable, a trouvé un trésor. »

Mon cher Frère Camille, lui disait-il, j'ai reçu ce soir une lettre de ma mère. Elle m'apprend plusieurs choses qui m'ont fait grand plaisir et dont j'ai remercié Dieu : entr'autres que mon père n'a point trop mal reçu la nouvelle que vous aviez l'intention de quitter le commerce. C'est Dieu qui dispose les cœurs, et quand il le veut, il sait tout préparer avec une si merveilleuse Providence que tous nos soins et toutes nos prévisions ne sont rien véritablement en présence de son infinie sagesse.

Vous le savez, jamais je ne vous ai pressé de rien entreprendre. surtout parce que je ne doutais pas que vous n'eussiez de meilleurs conseils que les miens. Mais ce soir, étant à genoux en adoration devant le Très Saint Sacrement que nous avons exposé solennellement ces trois jours (les Quarante Heures), afin de réparer suivant notre pouvoir les injures faites à Notre-Seigneur, la pensée m'est venue que je devais vous écrire, afin de vous engager à rompre enfin des chaînes qui vous pèsent depuis longtemps. Est-ce une pensée qui vienne de Dieu ? Je ne sais ; mais avant de vous envoyer cette courte lettre, je communierai demain pour obtenir les lumières du Ciel auprès desquelles la raison humaine est bien faible et bien aveugle. Si donc vous recevez ma lettre. ce sera une preuve que j'aurai été confirmé dans ma première intention. Il est temps, je le crois, de vous consacrer tout entier à votre Dieu et de laisser votre cœur s'embraser des flammes du divin amour. Il est temps que ce feu, couvé depuis si longtemps, devienne un incendie qui brûle et dévore tout en vous. Qu'est-il écrit de notre Maître ? *Sustinuit crucem. confusione contemptâ.* « Il souffrit la croix, méprisant la confusion. » Il est temps de marcher sur ses traces et de dépouiller toute sagesse humaine pour vous revêtir de la folie sublime qui enivre les enfants de Dieu. Ne prenez pas exemple sur moi que vous avez vu si faible, si mou, si lâche et si vide de tout esprit intérieur. Peut-être un jour Dieu, sans que je l'aie mérité d'aucune manière, daignera dans sa miséricorde me donner cette charité sans laquelle nous ne sommes rien ; mais pour vous, oubliant tout ce qui est derrière vous et tout ce que vous avez fait déjà pour regarder en avant, revêtez-vous de Jésus-Christ, notre Seigneur et Dieu, et commencez à compter vos journées uniquement par les sacrifices que vous lui aurez offerts et par les douleurs, angoisses, reproches que vous aurez soufferts pour son amour.

Donnez-vous à lui : car nul ne peut servir deux Maîtres, nul ne peut diviser son cœur. Qu'il règne en vous sans partage, au milieu de l'humilité, de la pauvreté, de la souffrance et des railleries du monde qu'il a choisies pour lui et auxquelles il convie tous ceux qui l'aiment comme à un festin délicieux. Devenez insensé, afin d'être sage.

Est-ce là vraiment la volonté de Dieu ? Je le crois. Mais vous savez que mes conseils sont peu de chose, et d'ailleurs je ne parle pas sans craindre beaucoup de me tromper.

Adieu. Je vous embrasse en Notre-Seigneur.

Quelques jours après avoir reçu cette lettre, M. Rambaud adressait à son cher directeur une réponse toute découragée; l'hésitation avait remplacé la décision; la crainte, la confiance. Avec insistance, il revient sur les objections déjà formulées à Lyon de vive voix : la peur d''échouer, le qu'en-dira-t-on, les obligations contractées envers M. Potton qui semble maintenant ne plus vouloir transiger, enfin les conseils qui lui sont donnés par des personnes prudentes. Il conclut que les difficultés à vaincre dans le présent et les incertitudes de l'avenir l'obligent à rester dans le négoce, et que, s'il y a incompatibilité entre ses obligations commerciales et ses œuvres de zèle, il restreindra celles-ci dans la mesure exigée par celles-là.

D'ailleurs, une grosse difficulté venue de l'extérieur, s'ajoutait alors à toutes les autres. Persécuté jadis par les locataires de son immeuble en rue Molière, il l'était

maintenant par les paroissiens de Saint-Pothin. Chaque
dimanche, il conduisait dans l'église de ce nom, pour y
entendre la messe, ses soixante enfants du cathéchisme.
Or, il est facile de le comprendre, cette bande était souvent indisciplinée, et moins silencieuse que les personnes
pieuses ne l'auraient désiré; de plus, malgré les efforts
de M. Rambaud pour faire préalablement les toilettes,
tous ces enfants et jeunes gens étaient loin d'être vêtus
à la dernière mode. Peu à peu, une opinion défavorable
se forma contre lui dans le public paroissial qui avait ses
places autour du groupe tapageur, et plusieurs familles
déclarèrent qu'elles ne continueraient pas à payer leurs
chaises si ces petits *pouilleux* ne disparaissaient pas.
M. le Curé, tout en admirant son zèle et en constatant
le bien accompli, lui fit part de ces plaintes.

En face de tant de difficultés réunies, M. Rambaud,
comme il nous l'a dit lui-même, n'eût pas fait le pas
décisif s'il eût été abandonné à ses seules forces; la prudence humaine l'eût arrêté sur le chemin de l'héroïsme,
et le repos lui eût semblé une sage temporisation. Heureusement, il s'était confié à l'amitié d'une âme grande et
forte. Le Frère Ambroise, inspiré sans doute d'en-haut,
vit clairement la grandeur du but à atteindre, et, jugeant
son ami capable d'un si noble effort, il résolut de le pousser en avant. Le 16 mars, il lui écrivit une lettre, admirable, la plus belle peut-être de toute cette correspondance, qui fit cesser toutes ses hésitations et le décida,
selon son expression pittoresque, *à brûler tous ses
vaisseaux.*

Chalais, le 16 mars 1854.

Vous faiblissez, mon cher Camille, lui disait-il, et vous vous laissez
tromper. DIEU vous avait parlé, mais vous ne voulez plus l'entendre.
Sans doute, si vous avez espéré quelque chose de grand, si, en quittant le
commerce, vous avez voulu fonder quelque chose d'admirable, donner

un noble exemple, obtenir des succès, avoir de nombreux collaborateurs, fonder une œuvre appelée à prendre de grands développements, vous attirer l'estime de tous ceux qui vous connaitront, si vous avez voulu tout cela, vous avez raison de reculer. D'ailleurs les prétextes ne vous manquent pas ; les difficultés se sont accumulées sur votre passage. Trois ou quatre fois déjà vous avez voulu quitter, et toujours de nouveaux obstacles ; vous avez consulté les personnes les plus sages et les plus capables de vous conduire, et elles vous ont conseillé de rester en repos ; et maintenant, avant de finir, vous vous trouvez lié par un engagement que vous êtes bien aise de croire indissoluble. Et puis, votre présence ne peut-elle pas opérer du bien sur Monsieur votre Père ? qui sait si votre résistance ne l'exaspérera pas tout à fait ? de plus, n'est-ce pas une bonne et louable chose d'acquérir pour verser sur les pauvres d'abondantes aumônes et de donner un exemple d'autant plus efficace qu'il est plus rare dans ceux que leur position met à même de s'y faire remarquer de tous ?

Mais ce n'est pas cela que Dieu a demandé de vous. Ne vous faites point dans votre esprit un brillant avenir de cette carrière qu'un moment vous avez crue la vôtre. Ce n'est point ainsi qu'il faut la voir. Considérez que chacun vous blâme d'avoir quitté le commerce et se rit de votre *sottise*, comme ils diront ; considérez que les personnes les plus religieuses, vous accuseront d'un esprit original et diront que c'est pour vous singulariser que vous avez voulu laisser la voie commune : de plus, pensez que Dieu semblera leur donner raison en vous abandonnant et que peut-être vous verrez se trouver réduit à rien ou presque rien tout le bien que vous espériez ; que peut-être votre père vous affligera par sa conduite et que tout le monde vous en jettera la pierre ; que le peu de secours que vous espérez encore de quelques personnes s'évanouira quand vous croirez le saisir. Enfin, au milieu de cet abandon universel, pensez que peut-être Dieu lui-même se retirera de vous et qu'il semblera vous manquer, alors que vous aurez tout quitté pour lui. Voilà comment il faut regarder l'avenir. Si vous avez voulu grandir, vous faites bien de vous arrêter, car Dieu ne vous appelait point.

Mais si, au contraire, vous êtes touché par la vie et par l'amour de Dieu mort sur une croix ; s'il vous semble qu'il est plus doux et plus beau de vivre et de mourir avec la couronne d'épines, semblable à votre Seigneur qui était Dieu et qui vécut et mourut méprisé ; si vous sentez quelque chose de ce délire qui faisait que saint François passa une journée sur les marches d'une église confondu parmi les mendiants qui vivaient d'aumônes ; alors, avancez et soyez fou, afin de devenir sage.

La sainteté ne consiste point dans une prudence si parfaite, et si l'amour de la Croix a touché votre cœur, ne craignez point ces toiles d'araignée dont vous vous trouvez lié. Je ne vous dirai pas que votre engagement avec mon père ne vous lie point ; toutefois, dans une telle circonstance, je crois qu'avec une indemnité il est licite de le rompre de force, non pour un motif quelconque, mais pour acquérir le trésor de la pauvreté volontaire.

Mais les choses n'en sont point là ; persévérez à demander, et mon père se rendra facilement. Il serait bien aise de vous retenir ; mais il ne vous retiendra pas malgré vous. Voulez-vous rester dans le commerce ? Songez que si depuis huit années déjà vous avez été heureux, vous ne savez pas ce que Dieu vous prépare pour l'avenir ? Est-ce votre prudence ou votre talent qui vous ont fait réussir, et si vous réfléchissez, ne trouverez-vous pas que presque toujours c'est à une circonstance imprévue que vous avez dû le succès de vos affaires ? La guerre n'est-elle pas commencée ? Et si vous perdez, comment sortirez-vous ensuite ?

Je vous conseille contre tout sentiment humain. Car il m'en coûte de faire de la peine à mon père qui m'a reçu avec une affection dont j'ai été touché profondément ; ma mère même me blâmera. Et peut-être vous-même, vous direz que je suis insensé et que je vous conseille bien à mon aise, assis dans ma cellule où rien ne me manque et où les murs du couvent me garantissent de tout mal. J'ai cependant voulu vous dire tout cela, et Dieu sait que je désire sincèrement sa gloire. Si vous ne sentez pas en vous le désir du sacrifice, le besoin de descendre plus bas et de devenir semblable à Jésus crucifié, bafoué, raillé, moqué, abandonné et s'écriant, au milieu d'une incomparable angoisse, « qu'il était délaissé même de son Père », si vous ne brûlez pas de ce désir de racheter par votre passion ce monde qui reste froid au milieu des bienfaits de Dieu et qui répond à son amour par des péchés et des ingratitudes sans nombre et sans mesure ; alors vous avez raison, et restez dans le commerce. Vous ne commettez en cela aucun péché, vous ferez même une œuvre méritoire et digne de la vie éternelle, car vous ne désirez vous enrichir et vivre comme vous vivez que pour la gloire de Dieu. Mais peut-être les Anges s'affligeront dans le Ciel, ou plutôt, comme ils ne sont plus capables de s'affliger, ils adoreront la volonté de Dieu qui a permis qu'un grand bien fût empêché. Consultez donc votre cœur, écartez tout motif humain. Ne tentez point par une folle espérance et par respect humain peut-être, une chose au-dessus de vos forces.

Mais, *si la croix vous plaît et seulement dans ce cas*, je vous le conseille, embrassez-la. car il est bon d'y vivre et d'y mourir. Du reste. quoi que vous fassiez, je suis votre frère et votre ami ; écrivez-moi toujours en toute amitié et toute confiance. Peut-être me trompé-je en ceci et ne sais-je ce que je dis. Croyez donc toujours, quoi que vous fassiez, à l'affection tendre et inaltérable que je vous porte en Notre-Seigneur. en qui puissions-nous vivre et mourir.

Cette lettre, dont personne ne contestera la vigueur et la beauté, est de celles que seuls les saints savent écrire : elle trouva dans l'âme de M. Rambaud un écho fidèle et vibrant, releva son courage et lui mit au cœur la volonté qui ne se démentit plus, de se sacrifier sans réserve à Dieu et aux âmes.

Sur ces entrefaites, un jeune homme de Lyon qui le tenait au courant de ses désirs de vocation dominicaine, se rendit à Flavigny au mois d'avril 1854 pour y faire une retraite. Il le chargea de remettre une lettre au Frère Ambroise et de lui rapporter la réponse. Dans cette lettre, Camille manifestait à son directeur son désir d'aller, lui aussi, se retremper à ses côtés pendant quelques jours de recueillement, sa volonté bien arrêtée maintenant de suivre ses conseils et sa résolution ferme, prise après mûre réflexion, de se délivrer entièrement et le plus tôt possible des soucis du commerce pour se donner totalement aux œuvres Le novice dominicain en tressaillit de joie et remit au retraitant pour leur ami commun, à la date du 23 avril, les lignes suivantes, toutes débordantes d'enthousiasme et de piété communicative. C'était alors le temps pascal ; il ne l'oublie pas, le rappelle à Camille et l'invite à se tenir toujours étroitement uni à Jésus ressuscité. Il conclut en lui disant que le jour de sa délivrance il dira plusieurs *Te Deum* d'actions de grâces, et que, s'il est possible, il fera même chanter une grand'messe.

Flavigny, le 23 avril 1854.

Mon très cher Camille, lui écrit-il, M. M... m'a dit que vous vouliez absolument recevoir de ses mains une lettre de moi. Il faut donc que je m'exécute ; car quoique j'aime beaucoup causer avec vous, je n'aime guère écrire.

Je vous renvoie votre ami M... en bonne santé de corps et d'âme, à ce que j'espère. Il se félicite de sa retraite à Flavigny : il paraît que saint Dominique a bien voulu lui accorder une magnifique hospitalité. Il me parlait si vivement des impressions d'amour qu'il avait éprouvées, que je l'écoutais sans savoir que lui répondre : qu'est-ce que les hommes peuvent dire lorsque Dieu parle de la sorte ? Il ne reste qu'à se taire et à admirer cette grâce victorieuse qui fait de nous tout ce qu'elle veut et qui touche à la fois avec une force toute puissante et avec une ineffable douceur.

J'espère que notre bon Père ne se montrera pas moins favorable pour vous, quoique peut-être il ne vous prépare pas un semblable festin spirituel. Les bonbons sont pour les enfants, qui souvent ne consentiraient pas à prendre les remèdes les plus salutaires, si l'on n'avait soin d'y joindre un peu de sucre pour les adoucir. Vous devez fonder de grandes espérances sur la retraite que vous vous préparez à venir faire parmi nous. Il faut y penser de loin et la regarder comme un refuge salutaire où, pour quelque temps, vous allez oublier tout ce qui nous éblouit et nous distrait au milieu de ce vain monde où nous ne pouvons passer sans laisser de toutes parts, accrochés aux buissons épineux de la route, nos habits et quelquefois notre peau et notre chair. Vous devez regarder cette solitude où Dieu vous appelle et vous attend avec beaucoup d'amour, comme un bain salutaire où vous laverez tout ce qui en vous a encore besoin d'être purifié et où vous revêtirez « l'homme nouveau qui, comme dit l'apôtre, est créé selon Dieu dans la sainteté et la vérité de la justice. » Figurez-vous que vous avez été jusqu'ici comme une chenille qui rampe péniblement sur la terre et se nourrit d'herbes viles et grossières, mais que maintenant vous allez filer un solide cocon d'où vous sortirez papillon. Que dites-vous de ma comparaison ? Camille papillon ! Oui vraiment un beau papillon, tout spirituel, qui ne pensera plus qu'à Dieu, qui ne s'occupera plus que de Dieu, qui ne travaillera plus que pour Dieu, et qui, par les brillantes couleurs de ses ailes, invitera toute créature à bénir celui qui sait ressuciter les morts et donner aux vivants une vie nouvelle et plus parfaite. Dilatez-vous dans ces espérances, car je ne veux point que vous borniez vos désirs. Avez-vous peur d'épuiser les trésors de la miséricorde de

Dieu, ou bien pensez-vous qu'il soit comme les hommes qui ne savent point donner sans s'appauvrir ? Ouvrez votre âme et dilatez votre cœur, afin que Dieu puisse combler tous vos vœux et vous accorder encore plus que vous n'avez désiré. Car à ceux qui espèrent beaucoup, dans son infinie largesse, il se plaît à donner encore davantage, afin de faire éclater sa bonté inépuisable.

O mon Dieu, que les hommes sont insensés de désirer les biens terrestres qui sont si peu de chose et qui passent en un moment ! Et pourquoi n'aspirent-ils pas aux biens éternels qui ne passeront point et qui remplissent ceux qui les possèdent d'une incompréhensible richesse ! Que les hommes sont insensés de lier des amitiés toutes terrestres et d'occuper sans cesse leur esprit et leur cœur de mille vanités et de mille folies !

Pour vous, choisissez Jésus pour ami, et maintenant qu'il est tout ressuscité et tout glorieux, quel ami plus aimable pouvez-vous désirer ? Occupez-vous de lui et pensez à lui ; offrez-vous à lui. Nous sommes si faibles que, s'il nous fallait sans cesse remonter jusqu'à cette majesté infinie de la divinité, jusqu'à cette gloire incompréhensible de Dieu, notre pauvre intelligence s'y noierait, s'y fatiguerait ; nous serions comme des oiseaux de nuit en présence du soleil. C'est pourquoi Dieu, dans sa miséricorde, nous a donné son Fils qui est homme comme nous ; et, quoiqu'il soit infiniment élevé au-dessus de nous par sa sainteté divine, nous ne devons point oublier qu'il est notre frère. Qu'il n'y ait donc ni jour, ni nuit, où son humanité ne rende votre âme toute joyeuse. Voyez ce qui se passe dans le monde quand on aime : on est toujours par la pensée avec ceux que l'on aime ; c'est un souvenir qui poursuit partout, même au milieu de toutes les distractions de la vie. Il y a au fond de notre cœur comme un sanctuaire secret où seul le bien-aimé est admis et où nous aimons à nous retirer à toute heure, afin de lui offrir le doux parfum de notre affection.

Pour vous, que Jésus ressuscité soit votre ami, et vivez toujours auprès de lui et en sa présence. Qui vous empêche de l'introduire dans la chambre où vous reposez et de vous endormir doucement en sa présence, puisque vous ne pouvez toujours veiller pour toujours lui rendre vos hommages ? Qui vous empêche de le faire asseoir à votre table ? Il a bien voulu s'asseoir à celle des disciples d'Emmaüs ; peut-être vous aussi, quelquefois, vous apercevrez-vous qu'il est véritablement auprès de vous, et sentirez-vous votre cœur tout brûlant en vous-même sous l'impression de cette parole intérieure qui parle si doucement et qui dit tant de choses en si peu de mots. Qui vous empêche de le prendre auprès de vous quand vous enseignez vos petits enfants? Jésus aimait les petits enfants, puisqu'il voulait qu'on les laissât venir à lui. Il aimait à enseigner, car il a passé les trois dernières années de sa vie à instruire les ignorants et les pauvres. Il faut penser à quelque chose, n'est-ce pas? Eh bien! quelle chose peut valoir votre Jésus? Pensez donc à lui et vivez toujours en sa présence.

J'attends de jour en jour, avec impatience, l'heureuse nouvelle de votre entière délivrance: n'oubliez pas de me l'écrire aussitôt. Je me propose de dire, ce jour-là, plusieurs *Te Deum* en actions de grâces, et si j'avais encore quelque chose, je voudrais aussi faire chanter une *grand'messe*, mais le bon Dieu sera vraiment bien obligé de se contenter pour cela de ma bonne volonté. Je vous embrasse comme je vous aime.

Le Révérend Père Danzas passe par Lyon dans peu de jours.

Dès le lendemain de l'arrivée de M. M..., Camille Rambaud, charmé de la lettre qu'il venait de recevoir, répondit au Frère Ambroise, et celui-ci riposta immédiatement par les lignes suivantes, en date du 28 avril :

Courage! Camille ; vous n'osez me demander une lettre, parce que je vous ai dit que je n'aimais pas écrire ; mais c'est aujourd'hui dans notre Ordre la fête du Patronage de saint Joseph, et il faut bien que vous sachiez que je vous ai recommandé à lui. C'est un grand protecteur, qui a beaucoup aidé sainte Thérèse en des affaires encore plus difficiles que la vôtre. Dirai-je la vôtre ou la nôtre? Je n'ose dire la nôtre, de peur que vous ne m'accusiez de m'approprier le bien d'autrui. Mais c'est égal, elle est mienne par l'affection, et vous n'avez rien que je ne considère comme mien. Allez voir le Révérend Père Danzas. Nous avons calculé qu'il serait peut-être à Oullins vers le 5. Mais rien de certain là dessus. Conduisez-vous par ses conseils, et si par hasard il vous demandait ce que pense le pauvre frère Potton, dites que je ne doute point que Dieu ne vous veuille hors du commerce, et que les oppositions que vous rencontrez autour de vous ne m'ébranlent pas plus que le vent du midi n'ébranle la colline de Fourvière. Souvenez-vous de ce qu'on a dit de Ferdinand? Et qu'a-t-on dit des entreprises des saints ? Un jour vient, je l'espère, et il est proche, où mon père et le vôtre béniront Dieu à genoux, oui, je dis à genoux, de la très grande grâce qui leur a été faite au moment où vous êtes sorti du commerce malgré eux. Quant aux ménagements à garder, tenez-vous à ce que dira le Révérend Père Danzas qui est bien autrement prudent et éclairé que moi, et à qui vous donnerez de vive voix des détails que je n'ai point. Mais ne mettez pas votre départ plus en doute que s'il s'agissait d'un départ de chemin de fer qui est fixé à une seconde près. Quant à votre messe, voyez le P. Danzas; je n'ai jamais entendu dire qu'on en ait chanté chez nous; mais *parlez-lui en.* Oh! nous la chanterions de bon cœur.

Adieu. Que Jésus règne dans votre âme et dans la mienne, et puisse le tout-puissant saint Joseph nous introduire dans la demeure où Jésus habite. J'ai pensé ce matin, pendant mon oraison, que ni la Sainte Vierge, qui était une toute jeune fille parfaitement soumise à son époux, ni le petit Jésus qui obéissait en toutes choses, ne se permettaient de décider quels étaient ceux dont on devait recevoir la visite et qu'il fallait introduire dans cette maison bénie où habitait Dieu enfant. A qui donc appartenait-il de donner carte d'entrée, sinon au glorieux saint Joseph? Puisse-t-il nous y faire entrer tous deux et bien vite! Je vous dis cela, car si ce qui est à vous est à moi, il faut bien aussi que ce qui est à moi soit à vous. Et comme je n'ai ni or, ni argent, je donne ce que j'ai. Qu'il nous protège donc tous deux.

A peine cette lettre du Frère Ambroise était-elle partie que la poste lui en apporta une autre de son ami. Celui-ci se demandait encore s'il lui était bien licite de rompre plus ou moins de force un contrat librement et régulièrement consenti par M. Potton et, surtout, comment il fallait procéder pour enlever le consentement de ce dernier. Le jour même, 29 avril, le Frère Ambroise lui répondit :

Mon cher Camille,

Considérez que le diable fait tous ses efforts et emploie toutes ses ruses pour vous retenir dans le monde ; mais regardez comme très certain que bientôt vous serez vainqueur.

A votre lettre je répondrai seulement deux mots : soyez sûr que, suivant du moins ma manière de voir, votre contrat ne peut pas tenir contre la vocation qui vous appelle à un bien plus grand. Même le mariage, quand il n'est point consommé, est détruit aux yeux de l'Eglise par la profession religieuse ; vous ne faites point, il est vrai, profession, mais quelle différence entre le sacrement de mariage et un engagement de commerce. Ces sortes de contrats ne peuvent point lier dans des circonstances si pressantes et c'est ainsi que tout le monde les interprète, car une maladie et autres accidents semblables sont des raisons légitimes de les rompre. Croyez-le donc fermement, le moment est venu de briser vos liens.

Reste à savoir comment. Pour cela, voyez le Révérend Père Danzas ; dites-lui tout ; j'ai beaucoup plus de confiance en lui qu'en moi. Il sera ici dans une semaine peut-être, et si tout n'est déjà terminé, je vous donnerai, après l'avoir vu, une réponse définitive. Il faudrait, dans ce cas, que je connaisse deux choses, afin de pouvoir juger de l'indemnité : ce que vous avez, et ce dont Monsieur votre Père a besoin, et encore quelles ressources sont nécessaires pour la fondation de votre établissement nouveau ; pour l'accroissement, Dieu est là. Mais j'espère que vous finirez tout avec le Révérend Père Danzas.

Je vous embrasse en Notre-Seigneur.

C'était l'époque vraiment décisive dans la vie de M. Rambaud ; aussi la correspondance devient-elle plus active que jamais et presque quotidienne entre les deux amis. La lettre suivante est du même temps. Le Frère Ambroise, qui se sent le seul conseiller et soutien de son ami en ces graves circonstances, le harcèle, le pousse en avant sans lui permettre de reculer d'un pas, et à la fin l'exhorte, pour la première fois, semble-t-il, à communier souvent. C'était un sage conseil, au sujet duquel le lecteur nous permettra un souvenir rétrospectif.

Il y a quelques années, un homme d'œuvres très connu s'efforçait, à Vienne, en Dauphiné, d'intéresser quelques patrons à l'organisation d'œuvres ouvrières dans cette ville. Or, il se heurtait à des refus multiples et ne parvenait pas à grouper les bonnes volontés nécessaires.

« Mais, dit-il enfin à l'un des principaux négociants, vous devez avoir ici des chrétiens non seulement convaincus, mais pieux et communiant souvent.

— Nullement, répondit celui-ci, les patrons les

meilleurs, je le crois, communient tout au plus aux grandes fêtes.

— Ah ! je comprends maintenant mon insuccès, ajouta l'étranger. Si je n'allais pas moi-même, chaque jour, puiser la force à la Sainte-Table, depuis longtemps j'aurais laissé des œuvres qui, humainement, ne me rapportent que des embarras et des soucis. »

Le Frère Ambroise comprit que dans la vie toute d'abnégation qui s'ouvrait devant son ami, il avait besoin du Pain des forts.

Il lui conseilla d'en user largement.

Forti animo esto : ayez bon courage, lui disait-il. Que vous a-t-il manqué jusqu'à présent ? Jésus n'a-t-il pas pris soin de tout. Jetons donc sur lui toute notre sollicitude. *Qui incœpit ipse perficiet :* il a commencé, il achèvera. Humiliez-vous continuellement et beaucoup d'être un grand obstacle dans cette œuvre que le monde croit votre ouvrage, tandis que c'est Jésus qui vous force à la faire et qui doit triompher sans cesse de toutes les résistances que vous opposez à sa grâce : car, hélas ! je le vois, vous n'avez pas la force de vous décider à vous abandonner entièrement à son impulsion, mais plutôt vous vous opposez à lui par votre timidité, votre lâcheté, votre paresse, votre manque de confiance et vos péchés quotidiens. Offrez-lui sans cesse le sacrifice d'un cœur contrit et humilié, en reconnaissant que c'est lui qui fait tout ; et priez-le de vous changer en un autre homme, afin que vous puissiez suivre moins mal cette impulsion qu'il vous donne sans cesse, et qui, si vous y étiez fidèle, ferait de vous un saint et créerait autour de vous des merveilles.

Abandonnez-vous à lui, pour agir en toutes choses suivant le mouvement de son Esprit et exterminer enfin les craintes de la nature qui redoute de recevoir, qui redoute de se compromettre, qui redoute de suivre Celui à qui tout appartient et qui nous a montré le chemin véritable par sa vie et par sa mort. Quand saurons-nous l'imiter ? Mais ayez bon courage, ayez patience ; il vous changera je l'espère, plus qu'il n'a fait encore.

J'ignore combien de fois vous communiez ; mais si vous prenez mon avis, il serait nécessaire pour vous de communier souvent, presque tous les jours, afin de changer cet homme lâche et méchant en Jésus qui a soutenu la croix avec joie : *Proposito sibi gaudio, sustinuit crucem, confusione contemptâ* (méprisant la confusion et la honte). Notez cela.

Je vous bénis en Notre Seigneur et me recommande à vos prières.

Ce fut au commencement de mai 1854 que Camille Rambaud obtint de M. Potton, moyennant une forte indemnité, la résiliation de son contrat de société. Aussitôt il annonça la grande nouvelle à son ami dans une lettre joyeuse où il se déclare libre comme l'oiseau qui a pu échapper à la cage ou aux lacets du chasseur, et reconnaît que, s'il a pris sa décision libératrice, il le doit aux conseils du Frère Ambroise. Il lui expose ensuite que les plaintes des paroissiens de Saint-Pothin et la difficulté de procurer la messe du dimanche à ses enfants dans cette église, l'ont décidé à transporter son œuvre des Brotteaux en pleine Guillotière. Avec l'argent qu'il a gagné dans le commerce, il bâtira une maison avec une petite chapelle autour d'une cour spacieuse. Là seront logés les enfants catéchisés par lui, il vivra avec eux, et le bien qu'il pourra leur faire ne sera plus, comme trop souvent par le passé, détruit dans la rue par de mauvaises compagnies. De plus, comme ils seront logés continuellement et gratis pendant les six mois nécessaires à leur enseignement religieux, ils ne feront plus d'esclandres dans le quartier et à l'église, ne lui causeront plus, comme jusque-là, de continuels ennuis, et les récriminations cesseront dans le public. Il faisait à son ami un tableau idéal de son œuvre future. « Les fils des riches, disait-il, prennent leurs ébats dans quelque beau jardin; mes enfants adoptifs auront aussi leur cour de récréation et d'amusement pour eux seuls. » Il se voyait déjà au milieu d'une nombreuse famille, formée par ses soins vigilants, docile, conquise à la piété, et son cœur tressaillait d'aise. Le Frère Ambroise, avisé de l'heureuse tournure que prenaient toutes choses, partageait son bonheur. Le 8 du même mois, malgré ses études qu'il poursuivait activement, il lui écrivit un mot à cet égard, en lui adressant un jeune homme qui, après avoir été postulant à Flavigny, n'avait pu être admis au noviciat et qu'il jugeait capable de lui être utile à Lyon auprès des enfants.

Mon cher Camille, lui disait-il le 8 mai, je suis un peu occupé ; je n'ai que le temps de vous écrire ce petit billet en faveur d'un pauvre retraitant qui a passé chez nous une dizaine de jours.

Il n'a pu rentrer dans notre Ordre et se trouve absolument sans ressources. Je le crois bon, d'après ce que m'a dit celui de nos Pères qui l'a entretenu. Voyez s'il vous est possible de le caser quelque part. Cela, sans vous gêner trop, bien entendu. Je le recommande à votre charité, et, puisque c'est un frère en Jésus Christ, je suis sûr que vous l'accueillerez avec le désir de lui être utile.

J'ai appris avec grand plaisir votre délivrance prochaine. A défaut d'une grand'messe, qui n'était pas possible, j'ai fait dire aussitôt, pour votre compte, cinq messes d'actions de grâces. Quatre ont été dites le premier jour du mois de Marie. Quelle heureuse rencontre ! J'espère vous voir ici bientôt ; nous causerons tout à loisir, si toutefois je ne suis pas en retraite, car j'ai été appelé au sous-diaconat pour une époque encore indécise, quoique prochaine. Félicitez-moi de ce grand bonheur : c'est un acheminement vers le sacerdoce qui doit me configurer à Jésus, le prêtre éternel selon l'ordre de Melchisédech.

Que ce doux Sauveur vive à jamais dans votre âme ! Je vous écrirai une autre fois plus longuement, quand j'aurai reçu encore quelque lettre de vous. Oh ! j'espère que Dieu tirera une grande gloire de ce peu que vous avez fait pour lui dans cette séparation de commerce.

Courage ! c'est pour Dieu que nous combattons.

Sans tarder, M. Rambaud, qui ne s'appela plus désormais que le Frère Camille, loua aux Hospices un vaste emplacement de 13.000 mètres carrés, entre les rues Duguesclin, de Bonnel, Boileau et Rabelais, afin d'y bâtir sa nouvelle école et une petite chapelle. La position était salubre et, à cette époque, en dehors de la ville ; les appartements seraient bien aérés, et les prairies, au coin desquelles l'immeuble serait construit, permettraient aux enfants de prendre librement leurs ébats aux heures de récréation.

En face de la vie toute nouvelle qui s'ouvre devant lui, le Frère Camille demande avec plus d'insistance au Frère Ambroise d'être son directeur et de le conduire dans les voies de la perfection. Celui-ci, une fois encore, se récuse en paroles, mais dans la réalité, comme nous le verrons, il devint de plus en plus le vrai guide et le meilleur soutien de son ami, après l'avoir engagé dans la voie du sacrifice :

Votre lettre, mon cher et très cher Frère Camille, lui écrivit-il le 17 mai, me rend bien heureux. Je crois ce que vous me dites, et vous ne me trompez point en m'assurant que mes lettres vous ont aidé à terminer cette grande affaire et vous ont encouragé dans ce bon combat que vous avez commencé à combattre. Ainsi je me trouve donc avoir déjà contribué pour quelque chose au royaume de DIEU : ce m'est un grand bonheur et je ne suis pas digne d'une aussi grande faveur. Aussi, que me reste-t-il à faire, sinon rendre grâces de tout mon cœur, et à cause du bien qui s'est opéré par vous et parce que j'ai été choisi pour y contribuer en quelque chose.

Ah ! tout n'est pas fini sans doute : cette vie est un long combat, et il faut vous préparer à combattre encore. Mais voyez donc, mon cher frère, voyez donc que de biens assurés, et suffirons-nous à en remercier DIEU ? Vous allez bâtir une maison où Notre-Seigneur demeurera, et où il se donnera à tous ceux qui ne refuseront point de venir à lui ! Quelle gloire ! Que vous devez rendre grâces d'être choisi pour accomplir une si belle œuvre ! Si j'étais à votre place, à mesure que ma maison se construirait, je voudrais bâtir aussi dans mon cœur, une belle maison au DIEU de mon amour. C'est saint Paul qui le dit : *Templum Dei sanctum est quod estis vos* : « Le temple de DIEU est saint, et ce temple c'est vous-mêmes. » Je l'espère, JÉSUS y demeurera toujours comme il demeurera toujours dans le tabernacle de votre nouvelle chapelle. Et puis, qui sait ? J'ai pensé ce matin, en disant mon office, que peut-être un jour je pourrai célébrer la messe dans votre maison : ce me sera une grande joie, si jamais ce beau rêve se réalise. Quelles belles actions de grâces nous rendrons tous deux à DIEU ce jour-là ; il n'y manquerait qu'une chose, que Ferdinand fût assigné au couvent de Lyon et pût y assister.

Et puis. vous allez vous faire bâtir une petite cellule tout près du Très Saint Sacrement. Vous souvenez-vous de ce que nous lisions ensemble. un jour, dans les comptes rendus de cette excellente dame Garnier. Vous aussi, bientôt, vous allez *habiter sous le même toit que votre* Dieu. Comme vous serez bien. le soir, pour faire votre prière dans votre église, lorsque tout le monde sera parti, et qu'au milieu du silence de la nuit. à peine troublé par le murmure lointain de la grande ville, vous vous trouverez seul. tout seul dans cette église bâtie par vous. seul, au milieu de cette œuvre que vous aurez fondée par la bénédiction d'en-haut, seul, en présence de ce Dieu, qui a été le principe et la fin de tout ce que vous avez fait, qui vous a invité. soutenu, encouragé, aidé, et qui, après vous avoir donné dans cette vie l'honneur et la gloire de le servir, quoique vous n'en fussiez pas digne, se réserve encore le droit de vous en récompenser dans le Ciel.

J'ai peur que quelquefois vous n'alliez vous coucher un peu trop tard ces jours-là ; il faudra faire grande attention que la ferveur de l'esprit ne tue pas ce pauvre corps, en ne lui laissant pas le repos nécessaire. Mais le bon Dieu vous enverra quelque directeur expérimenté, si déjà vous n'en avez un, et tout ira à merveille si vous êtes fidèle à correspondre à la grâce de votre vocation, comme je l'espère de tout mon cœur.

Il y a beaucoup de choses à apprendre dans la vie spirituelle,et un bon guide est d'un grand secours.Quand vous viendrez me voir, j'espère que le Révérend Père Pierson qui a dirigé M. M..., sera encore auprès de nous. Vous vous trouverez bien de sa conduite, je pense ; car pour cette grande autorité que vous voulez me donner sur vous, remarquez que j'ai besoin d'être enseigné plutôt que je ne suis capable d'enseigner les autres ; et, eussé-je même toutes les qualités que je n'ai pas, rien ne peut remplacer l'expérience acquise dans la direction des âmes et les lumières reçues par la grâce de l'ordination. Ce n'est pas que je veuille vous refuser ce que je pourrai vous donner ; vous savez trop bien qu'il n'en est pas ainsi. mais je crains que ce ne soit bien peu de chose.

Vous savez déjà que j'ai été appelé au sous-diaconat : l'ordination aura lieu le 2 juillet, jour de la Visitation de la Très Sainte Vierge, et je suis heureux d'être élevé à cette dignité un des jours de fête de notre Mère. J'entrerai en retraite vers le 21 juin, afin de me préparer le moins mal possible à une action aussi importante. Le sous-diaconat est le premier des Ordres Sacrés et, si je n'y étais tenu déjà par ma profession religieuse, il m'engagerait au bréviaire et à la chasteté perpétuelle : une fois sous-diacre. on ne peut plus retourner en arrière. J'aurai le droit de toucher les vases sacrés à l'autel et de chanter l'épître les jours de messe solennelle. Vous le voyez, je monte en grade. DIEU soit loué ! Qu'il m'accorde de croître en même temps en vertu et de faire quelques progrès dans son saint amour. Tout le reste n'est que vanité, et ne mérite pas une seule de nos pensées.

Venez auprès de nous vous retremper un peu dans la retraite, et reprendre des forces pour mieux servir DIEU. Oh ! tout ira bien, mais il faut de la patience : les arbres ne croissent pas en un jour. Votre âme et votre œuvre avanceront, j'espère, d'un pas égal. En attendant, ne vous étonnez pas si vous ne trouvez point en vous-même cette ferveur sensible que vous avez ressentie jadis, avant d'avoir fait à DIEU de si grands sacrifices. La sainteté ne consiste pas dans ces tendresses de cœur éprouvées parfois par des âmes imparfaites, et, quoiqu'il ne faille pas les mépriser toujours, puisqu'elles nous excitent à mieux servir DIEU, il ne faut pas trop s'y reposer non plus, puisqu'elles sont pour plusieurs une occasion de chute et laissent vivre en nous l'amour-propre qui s'y attache et s'en nourrit. Les hommes du monde eux-mêmes consentiraient à pratiquer le renoncement aux biens terrestres, s'ils trouvaient aussitôt, en échange, de grandes douceurs spirituelles ; mais persévérer dans la bonne voie malgré la sécheresse et toutes sortes de croix et de souffrances, voilà ce qui nous rend agréables à DIEU.

J'ai un grand espoir que vous serez toujours généreux avec lui, et que vous vous compterez toujours pour rien, vous et tout ce que vous pouvez espérer pour les intérêts de sa gloire. Quant à M. Rambaud, je ne suis point prophète sans doute, mais il reviendra. Et peut-être sera-ce plus tôt que vous ne pensez. Que ferons-nous ce jour-là ? Et comment faudra-t-il rendre grâces ?

Adieu, à bientôt ! O mon JÉSUS ! protégez mon frère Camille, gardez-le de tout mal et que rien ne puisse jamais le séparer de votre amour. Ainsi soit-il.

CHAPITRE VII

LA DIRECTION SPIRITUELLE

Vie héroïque. — Direction spirituelle. — Humilité. — Vraie pauvreté. — Quête pour la Cité. — Abandon et critiques. — Pénitences. — Habit des pauvres. — Déficit. — Désolation intérieure (1854).

La grande décision était prise, le grand pas était fait. Une amitié franche et forte était venue au secours du magnanime jeune homme aux prises avec les difficultés, et la victoire la plus complète avait été remportée. Il n'est pas rare qu'il en soit ainsi dans l'histoire des grandes œuvres dont s'honore l'humanité.

Un homme de bien, s'il est livré à lui-même, recule souvent devant une entreprise qui lui paraît téméraire ; se sent-il soutenu, appuyé par une influence digne de sa confiance, et surtout réconforté par un cœur ami, il la commence, la poursuit avec ardeur et obtient la récompense du succès.

En se fixant à la Cité de l'Enfant-Jésus (tel était le nom donné à l'école projetée), M. Rambaud résolut de racheter le temps perdu, par l'esprit de sacrifice et la ferveur au service de DIEU. Sa vie passée avait été, selon lui, mondaine, molle, efféminée; sa vie nouvelle sera dure, fatigante, toute faite de peine et de privations. Il a vu le Frère Ambroise coucher sur la dure à Flavigny ; il se fera dresser une planche sur deux tréteaux, et cette couchette remplaçera son lit moelleux. Il a été nourri jusqu'ici de mets succulents, il se contentera désormais de la nourriture de ses petits pauvres. Cet élégant, ce raffiné se fait l'infirmier quotidien de son hôpital; il panse les plaies, rend les services les plus répugnants à ses malades, ensevelit les morts. C'est un Job nouveau, plus admirable que l'ancien, car il s'est mis volontairement sur le fumier des autres. Et en se sacrifiant ainsi, n'a-t-il pas réalisé le génie propre de notre caractère national ? Dès qu'elle entend un cri de souffrance, la France y court. Dévouement, oubli de soi, tel fut le grand mobile de notre pays dans son rôle historique à travers les siècles ; il se risque, s'expose, s'épuise pour les opprimés et les faibles. C'est ce que fit M. Rambaud.

Assurément, et qui pourrait le contester, il y avait de l'héroïsme dans le genre de vie inauguré par le Frère Camille à la Cité de l'Enfant-Jésus. Mais cette flamme du sacrifice absolu de soi qui, soit dit en passant, ne brûle guère les âmes que dans le catholicisme, a besoin d'un aliment; et cet aliment, quel est-il, sinon l'union à la divine victime, à JÉSUS-CHRIST ?

La charité ne prend pas, en effet, naissance d'elle-même dans le cœur humain ; elle ne peut surtout s'y maintenir d'elle-même dans toute son énergie, si elle n'est soutenue par un secours puissant, qui protège l'homme contre son instabilité et remédie aux accablements de la nature. Notre cœur se fatigue des sacrifices plus vite encore que des plaisirs.

Plus d'une fois, en constatant la légèreté et l'ingratitude des enfants, en voyant se dessiner des hostilités contre son œuvre du côté où il devait le moins les attendre, en affrontant les railleries du public, en prenant sa nourriture grossière et en couchant sur la dure, le Frère Camille reportait sa pensée vers la vie si douce et si facile qu'il menait jadis, et en se disant que cette vie de renoncement était pour toujours, — non pas pour un an, dix ans, vingt ans, mais pour toujours, — son courage à certains moments semblait sur le point de faiblir. Qui donc soutiendra son cœur défaillant ? Ce sera la pensée de Jésus. L'Incarnation, l'Eucharistie ne sont-elles pas la réalisation du plus grand dévouement qui se puisse concevoir ? N'y voyons-nous pas un Dieu anéanti et se donnant à nous continuellement et sans réserve ? L'Incarnation et l'Eucharistie, voilà bien la racine et l'aliment tout ensemble de tous les dévouements sublimes et persévérants qui se sont épanouis dans le christianisme depuis vingt siècles. En méditant l'Evangile et en communiant, le chrétien se nourrit en quelque sorte des dévouements de son divin Maître ; il les fait passer dans son esprit, dans sa volonté et jusque dans ses sens.

Le Frère Ambroise savait cette vérité par la théologie et par l'expérience. Aussi sa première lettre à son ami, après que celui-ci eut embrassé sa nouvelle vie, roule presque tout entière sur ce sujet :

Oui, c'est une bonne pensée, mon cher Frère, lui écrit-il le 5 juin, privez votre âme de tout autre aliment que Jésus. Et comme le corps se soutient, se délasse, se ranime et se fortifie par la nourriture corporelle et matérielle, que votre âme trouve aussi toute sa joie, toute sa force, tout son repos et tout son délassement en Jésus, que vous avez choisi, ou plutôt qui vous a choisi et vous a aimé d'un grand amour alors que vous ne pensiez pas à lui.

Songez combien peu de personnes aiment Jésus. Le monde est comme un vaste désert ; et dans ce désert, vous le voyez déjà, peu d'âmes, beaucoup moins peut-être que vous ne le pensez, s'occupent de Jésus et veulent vivre de lui. Savez-vous quelles sont celles que l'on appelle vertueuses et auxquelles tous ceux qui les connaissent prodiguent de grands éloges? Celles que l'on admire et croit parfaites? Hélas! quand une âme a donné à Jésus quelques moments de sa journée, ou dans le courant du jour, ou dans la matinée, ou dans la soirée, quand elle a parlé à Jésus durant quelques instants, une heure peut-être, et au milieu de quelles distractions et avec quelle irrévérence intérieure et extérieure, et avec quelle froideur! elle croit avoir fait beaucoup et s'imagine que si elle n'est point encore parfaite, du moins elle est sur le grand chemin qui mène à la perfection. Est-ce là ce que vous voulez faire? Oh! non. J'en rends grâces à mon Jésus, il vous a éclairé d'une lumière meilleure. Faites jeûner non point votre corps, car je veux que vous le nourrissiez sans scrupule quant à la quantité; mais faites jeûner votre âme, comme vous le dites, et que toutes vos pensées, actions, paroles se rapportent à Jésus. Songez qu'il cherche des âmes qui l'aiment, afin de pouvoir les aimer. Songez qu'au milieu du bruit des créatures toutes les oreilles sont fermées à cette douce voix qui retentit si suavement au fond des cœurs paisibles. Songez que, sans parler des pécheurs qui le crucifient de nouveau autant qu'ils peuvent et qui arrêtent dans leurs âmes toute l'efficacité de la rédemption par le sang de Jésus, presque aucune âme ne s'abandonne à la suavité des mouvements de la grâce.

Lorsque Dieu qui possède toutes choses, qui, de rien, crée toutes choses, demande, presque aucune âme ne consent à ne lui rien refuser: presque tous passent sans même l'entendre et sans savoir ou sans vouloir savoir que Dieu leur demande tel sacrifice ou tel abandon.

En vain nos fêtes religieuses ramènent, chaque année à travers les siècles, des trésors d'éloquence et de poésie, des trésors de grâces pour ceux qui voudraient vivre de son esprit. Aujourd'hui, par exemple, la Pentecôte nous rappelle splendidement la descente du Saint-Esprit sur l'Eglise naissante, si petite alors et par le nombre et par le courage et par les talents, mais prête déjà à envahir l'univers lorsque le Paraclet sera descendu sur elle; qui s'occupe de la venue de l'Esprit de Dieu, de ce mystère sublime accompli par le Fils de Dieu, lorsque, remonté dans le ciel et assis à la droite du Père, il eut acquis, par la gloire incompréhensible de son exaltation, le pouvoir d'enrichir ses disciples des fruits les plus merveilleux de sa grâce? Pour vous, vivez de cette vie nouvelle que respirent toutes les pages du *Nouveau Testament;* que l'on puisse dire de vous comme saint Paul le disait des Ephésiens : « Vous étiez autrefois ténèbres, mais maintenant vous êtes lumière dans le Seigneur : *Eratis aliquando tenebræ, nunc autem lux in Domino.*»

Pendant cette semaine, l'Eglise faisant taire toute autre solennité et ne célébrant aucune fête, s'occupe uniquement de la venue du divin Esprit qui, comme elle le chante, répand partout la joie et fait tressaillir d'allégresse le monde entier et jusqu'aux esprits angéliques qui vivent dans le ciel. Demandez donc à l'Esprit de Dieu les ineffables dons qu'il verse dans les âmes, afin que vous soyez tout plein de l'Esprit de sagesse, de l'Esprit d'intelligence, de l'Esprit de conseil, de l'Esprit de force, de l'Esprit de science, de l'Esprit de piété et de l'Esprit de crainte.

Pensez aussi à ce qui est écrit au commencement de la Genèse : « La terre était vide et sans forme, et l'Esprit de Dieu était porté sur les eaux de l'abîme. » La création du monde matériel est l'image du monde de la grâce, et saint Augustin explique par cette comparaison tous les commencements des opérations merveilleuses de l'Esprit de Dieu dans les âmes. Reconnaissez humblement et sincèrement, et mille fois et de tout votre cœur, que vous n'êtes qu'une terre vide et sans beauté, un abîme de misère, de péché, d'ingratitude et de dissipation ; que vous êtes plongé dans une boue immonde dont vous essayez en vain de sortir un peu ; et que, sans cet Esprit de Dieu dont l'amour veille sur vous et qui repose sur vous comme l'oiseau qui étend ses ailes sur ses petits, vous resteriez éternellement enseveli dans les ténèbres d'une incurable malice. Priez donc Dieu de dire : *Fiat lux* (que la lumière se fasse), afin que désormais, soit que vous mangiez, soit que vous dormiez, soit que vous priiez dans le silence de votre cœur, soit que vous conversiez avec les hommes, vous fassiez toutes choses dans la lumière de Jésus qui s'est appelé « la lumière du monde », dans la lumière de l'Esprit-Saint qui seul peut guérir notre aveuglement.

Quant à votre volonté d'être mon fils, que dois-je répondre ? Je le veux bien. Vous serez mon premier-né. Or, vous le savez, les premiers-nés, dit-on, sont toujours aimés davantage... Mais y avez-vous bien songé ? Je n'ai point l'âge encore d'être père, puisque je n'ai point reçu l'esprit du sacerdoce qui est un esprit de paternité véritable. Et combien de soins ne serez-vous point obligé de prendre vous-même de votre âme, puisqu'un père trop jeune n'engendre ordinairement que des enfants faibles et languissants. Vous devez donc compenser ce qui me manque. Et puis, prenez garde. Selon saint Thomas, les pères aiment plus que les fils et je crois qu'il dit vrai. Ne voulez-vous pas essayer de le faire mentir une fois et de m'aimer plus que je ne vous aime ? Nous connaîtrons tous deux, je l'espère, par une douce expérience, cette tendresse que l'Esprit de Jésus répand dans les cœurs, cette tendresse qui est le propre des enfants de DIEU et que JÉSUS demandait pour nous si ardemment dans la nuit qui précédait sa Passion. C'est un amour qui triomphe de toute affection terrestre et s'empare victorieusement de notre cœur; ne lui résistons pas s'il vient sur nous, car l'amour des pères spirituels envers leurs fils selon l'esprit, doit être aussi supérieur à l'amour des pères charnels envers leurs fils selon la chair, que l'Esprit de DIEU est au-dessus de la boue de notre pauvre humanité!

Adieu. Je veux que ma lettre parte aujourd'hui; il faut donc la finir. Vivez dans la grâce de l'Esprit de DIEU, et que JÉSUS dise dans votre âme cette parole qui retentira partout lorsque l'univers régénéré deviendra le royaume des élus : *Ecce facio omnia nova.* « Voici que je renouvelle toutes choses. » Peut-être vous écrirai-je encore avant mon ordination. Si je ne le fais point, demandez pour moi à JÉSUS la grâce de connaître et de pleurer mes péchés. C'est à quoi j'ai dessein de m'occuper, si je puis, pendant ma retraite. Car il est impossible que l'esprit d'oraison descende dans une âme qui n'a point pleuré ses souillures passées et présentes; et sans l'esprit d'oraison, que sommes-nous? Vivez et souvenez-vous de cette parole admirable de JÉSUS : « Le monde bientôt ne me verra plus, mais pour vous, vous me verrez encore, car je suis vivant et vous vivrez avec moi. » *Ego vivo et vos vivetis. Amen.*

Frère L.-A. Potton, des frères Prêcheurs.

On le voit par cette lettre, le Frère Camille réitère à son ami la demande exprimée déjà précédemment à plusieurs reprises, de vouloir être son directeur. « Quant à votre volonté d'être mon fils, lui écrit le Frère Ambroise, que dois-je répondre?... Je le veux bien. » Cette fois la proposition est acceptée, et ce qu'il a fait jusque-là d'une manière discrète et très réservée, il va le continuer avec une sainte liberté qui, d'ailleurs, trouvera toujours dans celui qu'il dirige une docilité parfaite.

Il faut donc le reconnaître, le Frère Potton fut vraiment pour M. Rambaud l'ange de DIEU. Grâce à lui surtout, de l'indifférence il revint à la pratique religieuse en 1849; en sa compagnie, il eut avec Mme Garnier cette entrevue qui fut le point de départ de ses œuvres de zèle ; réconforté par ses lettres, il se décida, malgré les difficultés qui auraient eu raison de son courage, à laisser le commerce en 1854 pour se donner à Dieu et aux âmes ; enfin, sous sa direction à la fois suave et virile, nous le verrons entrer dans les voies de la spiritualité et y faire des progrès rapides dans toutes les vertus.

Comme un architecte habile, le Frère Ambroise commença par donner à l'œuvre de sanctification de son ami un fondement solide dans sa vertu d'humilité : c'est l'objet presque unique de la première lettre qu'il lui adressa, après avoir pris la direction de son âme.

Je suis très content de votre lettre, mon cher frère, lui écrivait-il de Flavigny le 21 juillet, et je commence à concevoir une espérance plus grande qu'auparavant et de la bonne réussite de votre œuvre matérielle et de la grande œuvre de votre sanctification, qui doivent toutes deux marcher de pair et avancer d'un pas égal ; car, puisque vous êtes le chef de cette maison nouvelle, c'est sur votre fidélité à la grâce que repose tout le succès de tout. Voyez : les œuvres qui se font dans l'Eglise hors de laquelle il se fait si peu de bien, sont ordonnées à la gloire de Jésus qui est à la fois le chef et l'époux de l'Eglise, et c'est pourquoi elles doivent être toutes marquées au caractère de Jésus pour ainsi dire et porter en elles le sceau de la petitesse et de la pauvreté intérieure et extérieure. L'Eglise est la grande œuvre de la création, et c'est pour son établissement que Jésus a donné tout son sang ; mais comme Jésus, avant d'arriver à la gloire de sa résurrection, a passé tant d'années dans la petitesse de l'enfance, dans l'obscurité de Nazareth, au milieu des calomnies des Juifs et enfin parmi les grandes souffrances de sa passion et les humiliations de sa mort, ainsi l'Eglise avant d'arriver à cette gloire et à cette puissance qu'elle a eues dans les siècles du moyen âge et avant d'arriver à la splendeur éblouissante qu'elle aura dans le ciel où elle sera sans tache et sans rides, comme dit saint Paul, a dû passer plusieurs siècles dans la petitesse et dans l'obscurité des catacombes, gênée et tourmentée par les persécutions des juifs et des empereurs romains. Soyez-en assuré, toutes les œuvres de Jésus sont taillées sur le même modèle que l'Eglise qui est son œuvre capitale et qui enferme toutes les autres dans son sein, puisque le bien fait en dehors d'elle et de son influence se réduit presque à rien. Et comme votre sanctification est l'œuvre de

Jésus et une œuvre qui lui est chère, je suis content et bien rassuré d'apprendre qu'elle commence par l'humilité de la sécheresse et de la froideur. Je suis très content aussi de voir que vous n'avez devant vous pour triompher de difficultés très grandes que deux pauvres frères qui sont bons, il est vrai, mais qui ne sont pas de grands génies. Il est bon aussi que vous ressentiez le trouble, que cette entreprise vous paraisse comme au-dessus de vos forces et que vous ne sachiez pour ainsi dire comment mener à bien une œuvre commencée et poursuivie sans savoir en quelque sorte comment elle s'est faite. Jésus a voulu ressentir ce trouble avant sa Passion sur laquelle est fondée toute l'œuvre de l'Eglise, et c'est un gage que vous participerez à sa gloire, vous et votre œuvre, si, longtemps, vous participez à sa faiblesse et à son humiliation. Vous ne voulez poin bâtir en dehors de lui sans doute, puisqu'il est la pierre fondamentale sur laquelle tout repose. Il faut donc bâtir comme lui, si vous voulez que votre œuvre soit solide comme la sienne.

Si vous me disiez que vous abondez en consolation, que votre âme en paix ne ressent aucune inquiétude, que vous avez des ressources assurées, une longue expérience, une science profonde, des compagnons nombreux et intrépides, et tout le reste : ce serait excellent pour une œuvre du monde, mais ce serait un grand sujet non sans doute de désespérer, mais de craindre ; car tout ce qui dure dans l'Eglise, tout ce qui est agréable à Jésus est fondé sur l'humilité et la pauvreté. Il faut des fondements très profonds pour porter les œuvres de Dieu, parce qu'elles sont très puissantes et très élevées ; la faiblesse et la petitesse sont seules capables de leur servir de fondements inébranlables. Plus Dieu veut qu'une œuvre soit belle, plus il creuse profondément les fondations, afin de lui assurer une solidité comme éternelle ; et l'on peut bien dire éternelle, puisque Dieu, qui est éternel, est la fin et la récompense de tout ce que nous faisons. Ayez donc un grand courage dans votre misère ; moins vous vous sentirez fort, plus vous devez avoir confiance, car c'est dans la faiblesse que Jésus manifeste sa force. Tout ce qui ne repose pas sur la faiblesse est comme une maison bâtie sur une terre légère ou sur le sable ; le moindre vent de la prospérité et de l'adversité détruira tout.

Mais soyez aussi très fidèle à l'oraison ; il faut y persévérer. Pénible d'abord, elle sera facile ensuite, et triomphante peut-être, s'il plaît à Jésus qui, quelquefois, ne peut, dans son impatience, attendre si longtemps le moment de couronner ses saints et de fermer les blessures qu'ils reçoivent pour lui. Voyez : je ne me donne pas pour modèle, puisque je ne fais que commencer, et cependant, après plusieurs années pendant lesquelles l'oraison a été pour moi un lourd fardeau, quoique certainement je n'aie pas été fidèle à beaucoup près comme j'aurais dû l'être et que j'aie opposé à la grâce un obstacle presque insurmontable par ma curiosité pour l'étude, sans parler du reste : aujourd'hui, l'oraison est pour moi une douce consolation ; et, bien que souvent je ne sache pas trop ce que j'y ai fait, je crois n'avoir point mal employé mon temps si je suis resté près de Jésus, qui est toute ma joie et qui doit être la vôtre dans l'exil de cette vie.

Adieu ! Réjouissez-vous dans le Seigneur, car vous êtes dans la voie véritable ; persévérez avec un courage invincible, car Jésus aime ceux qui sont courageux comme lui dans le trouble et la souffrance ; et si le diable vous tente, dites que votre Père spirituel, qui a longtemps connu votre tentation, vous ordonne de vous nourrir solidement par obéissance. Vivez en Jésus ! Adieu !

Les enseignements du Frère Ambroise à son disciple sur l'humilité ne restaient point lettre morte. Un fait arrivé vers cette époque, nous montre sur le vif la passion de souffrance et d'humiliation qui dévorait le cœur du Frère Camille.

Un après-midi, avisant un de ses deux compagnons :

« Nous pratiquons, lui dit-il, une pauvreté à l'eau de rose. Une fois, au moins, soyons de vrais pauvres. Le voulez-vous ?

— Que voulez-vous dire ?

— Si vous y consentez, nous prendrons des habits de mendiants, et pendant un jour nous mènerons vraiment leur vie. »

L'offre fut acceptée, et tous deux se réjouirent d'avance de goûter un peu, de la sorte, la saveur du mépris des hommes. Ils endossent les haillons laissés par deux malheureux qu'ils avaient vêtus les jours précédents, et dans cet accoutrement, demandant leur pain sur la route, ils se rendent au mont Cindre, à deux lieues de Lyon, pour y passer la nuit en prières.

Le lendemain matin, tout grelottants de froid, les deux Frères redescendent à Saint-Romain, y entendent la messe et se présentent à la Sainte Table pour communier. Mais ils avaient si bien revêtu les livrées de la pauvreté que le prêtre, après s'être retourné pour réciter les prières habituelles, les prit pour des vagabonds déguenillés et misérables, qui s'étaient rendus coupables de plusieurs méfaits dans le pays. Il se retourna vers l'autel, remit tranquillement le ciboire dans le tabernacle, et leur fit l'affront, de la meilleure foi du monde, de leur refuser publiquement la communion. Couverts de confusion, ils durent, devant toute l'assistance, regagner ainsi leur place.

La messe terminée, M. le Curé les fait mander à la sacristie, et, sur leur affirmation qu'ils sont descendus le matin même du mont Cindre, il est confirmé dans sa première opinion ; cependant les voyant modestes, il leur donna, en les congédiant, deux sous qu'ils acceptèrent avec reconnaissance.

Ils se dirigent alors vers Couzon, ont la bonne fortune d'y pouvoir assister à la dernière messe, moins matinale, et se présentent de nouveau à la Table sainte. Cette fois, le prêtre, bien que fort étonné d'y voir deux mendiants si mal vêtus, ne leur refusa pas la communion. Ils firent une action de grâces fervente, se réjouissant d'avoir pu savourer un peu les amertumes et les humiliations de la pauvreté ; puis, après avoir acheté un morceau de pain avec les dix centimes reçus à Saint-Romain qui composaient tout leur avoir, ils firent un déjeuner sommaire et revinrent à la Cité.

On le voit, le dirigé du Frère Potton tirait les conclusions pratiques des conseils qui lui étaient donnés. Toutefois, Dieu n'allait pas tarder à lui fournir l'occasion de pratiquer plus excellemment encore la vertu d'humilité. Bien qu'il eût apporté à son œuvre toute sa fortune, les fonds étaient loin de suffire à tous les frais de construction et à l'entretien journalier tant des enfants qu'il catéchisait que des petits incurables. Il devint nécessaire de quêter.

Il faut le reconnaître toutefois, en cet art nouveau pour lui et pénible à tant d'égards, le Frère Camille fut bientôt passé maître. Variés étaient ses procédés et ses arguments. Tantôt il mettait en avant ses besoins pressants, tantôt le dénûment de ses enfants qui n'avaient pas l'indispensable pour se loger, se vêtir et se nourrir, tantôt le bien de ceux qu'il quêtait :

« Voulez-vous vous faire du bien à vous-même, disait-il un jour à un ami dont le commerce prospérait, donnez-moi et donnez-moi beaucoup. C'est ainsi que vous mettrez en pratique la recommandation de Jésus-Christ : Faites-vous des amis avec le mammon d'iniquité. »

Quelquefois il racontait des traits de la vie des saints. Un jour il narrait que saint Isidore portant du blé au moulin par un temps de neige, pour le faire moudre, et ayant aperçu un arbre chargé d'oiseaux qui ne trouvaient plus de nourriture, résolut de pourvoir à leurs besoins. Il s'arrête, nettoye un grand espace de terrain, et ouvrant son sac, y plonge la main et en retire plusieurs poignées de grains qu'il jette à terre ; puis il invite les oiseaux affamés à s'en rassasier. Des plaisants s'en divertirent, mais arrivé au moulin, le saint vit son sac aussi plein qu'au départ.

« Eh bien ! ajoutait-il, mon œuvre se présente à vous comme un arbre chargé, non pas d'oiseaux, mais d'enfants abandonnés et souvent orphelins. Pour eux, point de famille, de baisers, de jouissances. Point de printemps, ni d'été, mais un hiver éternel. Et cependant, comme vos enfants, ils sont jeunes, ils sont créés à l'image de Dieu, ils sont rachetés par le sang de Jésus-Christ, ils sont destinés à l'héritage, ils sont hommes et chrétiens comme vous. Refuserez-vous de puiser abondamment dans votre sac, comme saint Isidore ? Oh !

pitié, pitié pour eux ! Ne voudriez-vous pas ouvrir vos bourses, vos armoires ? Soyez-en sûrs, Dieu vous le rendra ; l'aumône n'a jamais appauvri personne. »

Aux dames, il disait qu'elles étaient la personnification de la compassion et du dévouement pour les déshérités, et il leur débitait parfois gentiment des vers comme ceux-ci :

> Ouvrez aux malheureux vos bourses et vos cœurs,
> O femmes !... Votre main n'est pas seulement faite
> Pour nouer des rubans ou des bouquets de fête ;
> Dieu la fit avant tout pour essuyer des pleurs.

Ses efforts ne restaient pas vains. On se demande comment il put mener à bonne fin, avec une fortune somme toute assez modeste, une série d'œuvres aussi coûteuses que les siennes. La réponse est simple : la Providence avait placé autour de lui, comme des fleurs autour d'une ruche, une pléiade d'amis généreux ; il était l'abeille industrieuse et active qui savait en recueillir le miel.

Ses manières simples, polies, franches et cordiales lui ouvraient tous les cœurs ; il plaidait avec tant de chaleur la cause des malheureux qu'il était comme impossible de le laisser partir les mains vides. Un jour, M. Chirat, son ami, était à dîner chez un oncle, et en attendant le moment du repas, conversait avec sa tante. L'oncle arrive.

« Te voilà, dit-il, je t'ai fait attendre ; je sors d'avec ton *sacré* Rambaud qui vient de me prendre trois mille francs. Il est si habile qu'on ne peut rien lui refuser. »

En se présentant chez les fabricants de soieries, il leur disait encore : « Messieurs, quand je me présente chez vous, c'est avec plaisir que vous devez me recevoir, il me semble, car je vous présente en ma personne un concurrent *de moins*. »

Cependant certains se fatiguaient d'être ainsi troublés dans leur quiétude, s'irritaient de ces attaques répétées contre leur bourse et se plaignaient des obsessions de leur ami : « Mais c'est un impôt», lui disaient-il, en semblant ne pas se douter que le rôle d'un quêteur est incomparablement plus pénible que celui de la personne qu'il sollicite. Il fallait, dans ces visites à domicile, répondre aux objections, toujours nombreuses quand on ne veut pas donner, s'exposer à des rebuffades parfois peu polies, supporter tout cela sans mot dire ; assurément c'était une tâche dure pour l'amour-propre et à laquelle le Frère Camille n'était nullement habitué par sa vie antécédente. Il s'en ouvrit au Frère Ambroise, s'étonnant de ces procédés peu chrétiens et avouant qu'à certaines heures il se sentait découragé et bien triste.

Son jeune directeur et ami lui répondit de Flavigny le 5 août :

Mon très cher Frère,

Que Jésus règne éternellement sur votre âme !

J'aime bien que vous m'ouvriez votre cœur et me fassiez connaître tout ce qui s'y passe. Mais, vous ne devez pas l'oublier, je ne dois être pour vous qu'un pis-aller, pour toutes sortes de raisons tellement évidentes qu'il est inutile de les exposer ; souvenez-vous aussi que la correspondance par lettres ne peut tenir lieu des rapports plus faciles qui existent entre deux personnes qui peuvent se voir et se parler, et surtout que rien ne peut remplacer la grâce du sacrement de pénitence et les lumières et bénédictions qui y sont attachées. Le Frère Barthélemy m'a encore parlé avec grands éloges de M. le Curé de Saint-Pierre : voyez donc s'il n'y a rien à faire de ce côté-là.

Je ne suis pas fâché que vous éprouviez quelque peine dans l'exercice de votre nouvelle profession. Mendier est une des choses les plus répugnantes que l'on puisse faire ; et beaucoup aimeraient mieux tout subir et même mourir de faim, comme on l'a vu quelquefois, que de s'abaisser ainsi jusqu'à tendre la main à ceux qui jadis étaient placés au-dessous d'eux. Jésus a mendié cependant, si vivre d'aumônes, c'est mendier, puisqu'il n'avait rien à lui ; et, quoique cela ne soit pas certain, je me souviens d'avoir lu quelque part que la Très Sainte Vierge et son Fils béni tendaient la main pendant leur fuite ou leur séjour en Egypte. Quoi qu'il en soit, Jésus a supporté ce qu'il y a de plus pénible dans la mendicité, je veux dire le mépris insultant de ceux qui l'entouraient, leurs calomnies et leurs accusations. L'Evangile n'en dit rien, mais je le crois extrêmement probable. De même qu'il voulut ressentir d'une manière extrêmement vive la peur qui s'empare de l'homme à la vue de la souffrance, afin de guérir nos maux en les supportant lui-même, ainsi a-t-il voulu éprouver, et d'une manière que nous ne comprenons point, tout ce qu'il y a d'amer et de dur dans le mépris de ceux qui nous entourent.

Oui, le fait est très certain, en présence des tourments de sa Passion, Jésus avait peur : *cœpit pavere*. Et ce n'était point seulement une crainte ordinaire : le mot *pavere* dit plus que cela, il exprime l'effroi et la terreur ; et toutes les circonstances de cette terrible épreuve marquent jusqu'où allait la souffrance, puisque Jésus baigné d'une sueur de sang priait dans une douloureuse agonie, le visage collé contre terre, et laissait entendre ces paroles qui marquent l'extrémité de l'angoisse : « S'il est possible, *si possibile est*, que ce calice s'éloigne de moi ! ». Il aurait pu, sans aucun doute, avoir un courage plus grand et plus héroïque que celui des martyrs qui marchaient au supplice en souriant, il aurait pu être plus intrépide que le bienheureux Tiburce qui, suivant notre bréviaire, marchait sur des charbons ardents en s'écriant : « Il me semble que je marche sur des fleurs de roses au nom de Notre-Seigneur Jésus-Christ. » Mais Jésus ne l'a point voulu, parce qu'il venait souffrir pour nous et porter tout le poids de douleur que le péché a amassé sur nous. De même, il lui était facile de supporter le mépris avec joie et de triompher dans l'humiliation, comme tant de saints qui faisaient de l'abaissement et de l'anéantissement d'eux-mêmes toute leur gloire et leur plus chère consolation ; mais non, il a voulu éprouver en lui-même cette révolte de la nature qui se trouve injustement abaissée.

Et considérez quelle différence existe entre lui et vous : pour vous, tous les affronts qu'on peut vous faire, vous les méritez et au delà, et si par hasard on se trompe en vous reprochant ce dont vous n'êtes point capable, vous pouvez toujours vous rendre ce témoignage qu'il suffirait d'être mieux instruit pour parler aussi fort et avec plus de justice. Mais la grandeur de l'insulte et du mépris se mesure sur son injustice, et vous savez ce qu'était Jésus.

Du reste, réjouissez-vous d'avoir avec lui cette petite ressemblance Voyez : toute l'Eglise, tant celle du ciel que celle de la terre, est ordonnée à Jésus, comme je vous l'ai dit sans doute plusieurs fois. Tous les élus forment sa compagnie, sa gloire et sa couronne ; ils l'entourent éternellement dans le ciel comme les courtisans entourent leur prince, comme les officiers entourent leur général. Or, il doit y avoir une certaine ressemblance entre le chef et les membres, entre la tête et le corps ; lorsqu'un prince choisit à son fils des compagnons, il ne les choisit pas différents, mais autant que possible semblables : jeunes comme lui, riches comme lui, nobles comme lui ; et tel est le motif pour lequel les saints, choisis par le Père céleste pour être les compagnons les plus favorisés de Jésus et régner avec lui et auprès de lui, doivent lui être rendus semblables. Semblables dans la gloire, car la clarté que le Père céleste a donnée à son Fils Jésus rejaillira jusque sur eux ; mais semblables aussi dans les humiliations et les souffrances, car ainsi que vous le dites dans l'oraison de l'*Angelus*, c'est par la Passion et la Croix que nous espérons parvenir à la gloire de la Résurrection.

Réjouissez-vous donc quand les mépris et l'humiliation vous rendent conformes à Jésus. Qu'y a-t-il de plus heureux que de devenir semblable à ceux que nous aimons. N'oubliez point de me dire quand et pourquoi vous ressentirez cette honte secrète et quelles paroles dures en auront été la cause.

J'aurais encore plusieurs choses à vous dire, mais ma lettre se remplit. Vous demandez une pénitence, des pénitences même, il me semble. Je ne vous en ai point donné encore ; et dans ce que vous me dites, je crois remarquer plus d'involontaire que de volontaire. Toutefois nous devons nous humilier de nos défauts, de notre impuissance et de notre tiédeur, même lorsque tout cela nous déplaît ; car nous sommes comme un malade qui s'est rendu malade par sa faute. Il voudrait bien être guéri, et pourtant il est forcé de se dire : « C'est par ma faute que je me suis mis dans cet état. » Cependant puisque vous voulez une pénitence, je vous donne celle-ci : vous direz sur tous les grains d'un chapelet cette courte prière : Jésus, *mon* Dieu, *je vous aime par dessus tout*. Vous gagnerez cinquante jours d'indulgence à chaque invocation (sans qu'il soit besoin de chapelet), et autant chaque fois que vous l'enseignerez aux autres. Oh oui ! aimez Jésus par dessus tout et faites de grands progrès ; ou, si vous ne le pouvez pas, faites quelques petits progrès dans la sainte Oraison ; et si vous ne le pouvez pas non plus, considérez comme un grand progrès de désirer faire des progrès. Dans ce cas, consolez-vous en pensant avec quelle perfection Jésus savait et sait faire

oraison, car le bonheur du ciel est une oraison perpétuelle dans
laquelle l'absence du Bien-Aimé est et sera à jamais inconnue.

Adieu : j'embrasse vos deux frères. Devenez tous de grands saints
en devenant de grands amants de Jésus. Ainsi soit-il.

On le voit, tout en protestant de son insuffisance, le
Frère Potton prenait au sérieux sa tâche de directeur
et la remplissait à merveille. Ses réponses aux comptes
rendus que son fils spirituel lui adressait très exactement sur tout ce qui se passait en son âme, fixaient les
incertitudes et dissipaient les doutes. Maintenant qu'il
le voyait sorti du tracas des affaires et décidé à ne vivre
que pour Dieu, le moment lui sembla venu de lui enseigner à faire oraison.

Le Frère Camille avait une nature extrêmement
ardente et la vie active lui convenait. Mais son sage
directeur, formé lui-même dans l'Ordre religieux où
les deux vies contemplative et active sont le plus har-
monieusement fondues ensemble, ne voulut pas que son
ami usât ses forces dans un travail incessant pour les
autres et sans profit pour lui-même. Pour le préserver
de ce grand malheur, il résolut de lui enseigner les
voies de la vie intérieure. On le remaquera, il ne se
contente pas de traiter ce sujet avec des paroles vagues,
mais, chose étonnante chez un novice, il l'expose avec
une précision dans les termes et une sûreté de coup
d'œil qu'on aurait pu attendre d'un religieux consommé
dans la direction des âmes. Le lecteur comprendra, en
constatant cette netteté des idées, cette aisance du
style, ce naturel, cette profondeur, que l'abbé Noirot,
son ancien professeur de philosophie au lycée de Lyon,
ait convoité un si brillant jeune homme pour l'Université et déclaré qu'il n'avait jamais eu d'élève plus
complet.

. Tout d'abord, il lui apprend à sanctifier les premiers
instants du jour. Le matin est le moment le plus favo-

rable aux pieuses méditations, comme il est le moment le plus suave et le plus tranquille de la journée entière. A cette heure, où un nouveau monde semble éclore en sortant des ténèbres, toute la nature éclate en actions de grâces ; la fleur redresse vers le ciel sa tête penchée et donne son encens ; l'oiseau fait entendre ses joyeuses chansons ; le soleil se lève et réjouit l'immensité de sa vive lumière. C'est aussi l'heure favorable où les âmes vraiment unies et dévouées à Dieu lui offrent leurs premières pensées et lui consacrent leur activité renaissante. Il l'engage à se réserver alors pour lui-même des moments inviolables et lui expose comment ces prémices du jour doivent être utilisées dans sa petite cellule. L'auteur de l'Imitation a écrit ces lignes : « La cellule du religieux bien gardée lui devient douce. » Le Frère Potton conseilla à son ami de mettre en pratique cette maxime. Il lui prescrivit de rester seul chaque matin, pendant son oraison, dans ce sanctuaire intime, plutôt qu'à la chapelle ; et cette oraison, il lui recommande de la faire d'une façon affective, et non d'une manière spéculative qui tournerait à l'étude. Après cette méditation, il devait assister à la messe, selon la règle tracée dès l'année précédente, et y communier à peu près quotidiennement.

Ensuite, l'âme éclairée et réconfortée, il pourra vaquer à ses occupations habituelles, s'adonner au soulagement des misères corporelles et spirituelles de l'humanité, enseigner ses enfants, solliciter les heureux du siècle en faveur des déshérités : Dieu est avec lui.

Mon très cher frère, lui écrivait de Flavigny, le 16 août, le sage directeur, que Jésus vive éternellement dans votre âme.

Il a pour très agréable la peine que vous prenez pour vous occuper de lui dans l'oraison. Soyez-en certain, en effet, l'oraison et la mortification de tout ce qui est inutile, mais l'oraison principalement, — car la mortification est ordonnée à l'oraison et se pratique en grande partie à cause d'elle, — l'oraison, dis-je, et la mortification sont les deux portes par lesquelles vous arriverez à la sainteté, but de vos efforts et objet de votre vie. Il faut que toute votre manière de faire soit renversée pour ainsi dire ; au lieu que maintenant vous êtes comme toujours dehors, ayant grand'peine à habiter quelques courts moments au dedans de vous-même, où cependant Jésus demeure toujours, il faut, au contraire, désormais être toujours désireux de rester seul avec lui et toujours empressé de jouir de la douceur de sa conversation. Que seule la grandeur de votre amour pour l'agrandissement de sa gloire vous oblige à le quitter et à vous mêler aux créatures que vous voulez jeter à ses pieds. D'ailleurs, est-ce bien là le quitter ? Animé de ces dispositions, ne porterez-vous pas plutôt partout son souvenir et la flèche d'amour dont vous serez blessé.

Vous en viendrez là, je l'espère, si vous persévérez avec courage et patience ; car il n'est point probable que Jésus laisse vos efforts inutiles à cause de votre ignorance et de votre erreur, ou à cause de l'ignorance de ceux ou celles que vous consultez. Il vous parlera plutôt intérieurement et vous mènera par les chemins connus de lui seul dans ces heureux pâturages que trouveront, dit l'Evangile, ceux qui entrent par Jésus, qui est la porte. Si cependant il faut vous dire, comme vous le demandez, ce que je pense de votre oraison, je ne la blâme en aucune manière, car les voies sont différentes, elles sont même innombrables. On ne connaît bien que celles qu'on a suivies et j'ai encore à apprendre l'A b c de cette grande science. A mon avis, cependant, vous vous donnez plus de peine qu'il ne faut pour obtenir moins de profit. Les pensées que vous exprimez sont abstraites jusqu'à un certain point, et l'occupation qu'elles vous donnent pourra difficilement fixer votre esprit et votre cœur et les préserver de la distraction. Ce n'est point ainsi que je fais oraison, maintenant : je me représente plutôt l'oraison comme une conversation, une douce conversation avec Jésus-Christ. Figurez-vous qu'il vous attend au lieu où vous priez, et excitez en votre âme le désir d'aller le voir pour lui parler à cœur ouvert. Vous désirez, à ce que vous dites, et je le crois, me voir, moi qui ne suis qu'un homme et un pauvre religieux ; et vous n'aimeriez pas causer avec Jésus et lui ouvrir tout votre cœur ? N'avez-vous donc rien à lui demander ? Rien pour vous ? Rien pour les autres ? Félicitez-le de sa beauté, de sa puissance, de son amour. Plaignez-le de ses douleurs. Ne vous croyez point obligé d'être toujours à genoux : c'est une position trop froidement respectueuse, trop monotone et trop fatigante. Saint Ignace ne dit point cela, lui qui a inventé les Exercices spirituels qui portent son nom, ou plutôt rédigé en méthode ce que les saints faisaient avant lui. Saint Domniique ne faisait point ainsi, et il avait la vraie notion de la prière, puisque, de son propre aveu, *jamais* Dieu ne lui a rien refusé. Couchez-vous plutôt à ses pieds ou plutôt sous ses pieds; représentez-lui la grandeur de votre misère : dites-lui que votre cœur est trop dur, que rien ne peut le toucher, que vous ne l'aimez point, que toute votre âme est pleine de mille défauts et que, puisqu'il vous appelle et vous cherche, et depuis si longtemps et de si loin, et au prix de tant de sang, il faut, oui, il faut qu'il vous donne ce qui vous manque. Ou bien, si le Saint-Esprit vous y pousse, demandez cette grâce de la familiarité divine dont vous n'êtes point digne encore, pour une âme embrasée des douces flammes de l'amour. Prononcez aussi haut que vous le pourrez, sans vous faire entendre, le doux Nom de Jésus qui réjouit les saints et les anges dans le ciel, ce Nom si doux que saint François léchait ses lèvres après l'avoir prononcé. Ou bien, asseyez-vous aux pieds de Jésus : Madeleine y était bien assise, et cependant elle est, selon saint Bonaventure, la figure de la contemplation parfaite, parce qu'elle ne faisait qu'écouter les paroles du Seigneur Jésus et recevait, sans la souffrance du travail, les illuminations de la grâce.

Pénétrez-vous de cette pensée : Jésus est homme et il est à vous; il faut le serrer entre vos bras. Dites comme l'épouse du cantique : *Tenui* (je le tiens), *nec dimittam*. «Je ne le lâcherai point, je ne le laisserai point partir, il est à moi. » Enhardissez-vous, et dites-lui : toi. Pourquoi, je vous le demande, son côté droit a-t-il été percé d'une lance? C'est afin que vous puissiez désaltérer vos lèvres à cette source bénie. Le sang de Jésus fait mourir à toutes les voluptés terrestres et fait jaillir, si nous savons le boire, tout un océan de délices plus pures, que les saints commencent un peu à connaître sur la terre. Vous voyez ce que je veux dire. Ou bien, appuyez votre tête sur son sein, comme saint Jean, et comptez les battements de ce cœur qui vous aime. Ou bien, dix mille autres choses que l'esprit vous apprendra. Il faut ne penser qu'à lui ou comme homme ou comme Dieu.

Si vous aviez les *Lettres spirituelles* du Père Surin, je vous dirais de lire la dixième du tome premier. Tout ceci, bien entendu, sans préjudice des préparations et actes en commençant que le Père Pierson vous a enseignés. Mais ce n'est pas la peine de les acheter pour cela. Du reste, j'ai donné au Frère Doussot qui se rend à Chalais, quelque petite communication orale pour vous. Si vous pouvez le voir *facilement*, faites-le. L'heure et le lieu de son départ de Lyon par la diligence seront indiqués sur le dos de la lettre. S'il n'y a rien, c'est que l'entrevue est impossible. Je vous recommande deux livres : *L'homme intérieur*, par Boudon-Périsse, 1824. Cet homme intérieur est un franciscain qui s'appelle Jean-Chrysostome, comme Ferdinand. L'autre livre est intitulé : *Vie de sainte Angèle de Foligno*, Clermont-Ferrand, Thibaud-Landriot, 1841. Bien des choses vous passeront, mais d'autres vous seront utiles, je pense.

Ne vous affligez point si votre cœur est encore trop dur ; je vous l'affirme, vous êtes dans le vrai chemin. Mais il faut de la patience, et plus de patience que vous ne le savez encore peut-être ou ne le croyez. J'en ai la ferme confiance, avec le temps, ce qui est bien commencé s'achèvera de même.

Envoyez votre petit frère, dites-lui que je vais annoncer son arrivée au Révérend Père Pierson. Et, pour finir par le nom écrit au commencement de cette lettre : soyons tous des saints dans l'amitié de Jésus.

Frère L.-A. Potton, des frères Prêcheurs.

Toutes choses n'allaient point alors au gré de M. Rambaud. Dans son nouvel établissement, il n'avait plus avec lui que deux jeunes associés pour lui prêter secours, et encore, trouvant la vie dure, menaçaient-ils de le quitter. De plus, le monde blâmait toujours sa nouvelle vie et les échos de ces critiques venaient souvent jusqu'à lui.

L'esprit de la doctrine catholique est tellement supérieur aux lumières de la raison, la sagesse divine tellement au-dessus de la sagesse humaine, que celui qui obéit à ses inspirations est assuré d'être en désaccord avec les hommes « raisonnables » et d'être censuré. La conduite de saint Alexis ne fut point comprise par sa femme, son père, sa mère et ses sœurs, lorsqu'ils le reconnurent, après sa mort, dans ce pauvre logé si longtemps à l'endroit le plus infect de leur habitation et méprisé quotidiennement par leurs valets ; la conduite de M. Rambaud ne pouvait échapper à la désapprobation de ses amis et connaissances.

Les menaces de désertion de ses deux compagnons et ces jugements sévères du monde, tout en ne l'abattant pas, l'attristaient. Il se voyait déjà seul et comme impuissant au milieu des constructions où s'engloutissait sa fortune ; peut-être deviendrait-il la risée de tous. Son âme était dans l'ennui et son oraison s'en ressentait. Le 29 août, le Frère Ambroise, toujours à Flavigny, vint, par une bonne et longue lettre, le consoler dans sa tristesse et compléter son instruction précédente sur l'oraison.

J'ai reçu, mon cher Camille, votre lettre de la semaine dernière, et j'ai vu avec peine que l'un de vos associés, et peut-être tous deux, menaçaient de vous manquer. Mais il ne faut point vous en effrayer, ni vous en décourager.

En considérant ce qui se passe autour de nous, vous découvrirez que la plupart des œuvres de cette nature ne réussissent qu'après beaucoup de peines et après avoir souvent semblé près de périr par la retraite de ceux sur lesquels il semblait qu'on pût compter le plus. N'est-ce pas en particulier l'histoire du rétablissement de notre Ordre en France ? Et il faut qu'il en soit ainsi. Comme je vous l'ai déjà dit plus d'une fois et ne cesserai jamais de le répéter à tous ceux qui se trouveront dans les mêmes circonstances et me demanderont conseil, c'est là le mystère du crucifiement de Notre-Seigneur. Vous n'êtes point encore aussi abandonné ni aussi dépouillé que lui, il s'en faut ; il était nu, et vous recevez beaucoup de secours de la charité des fidèles ; il était crucifié et mourant, et vous vous portez bien ; il était blasphémé et méconnu, et vous êtes entouré de bienveillance ; enfin, quoique vous ne receviez pas de grandes consolations de la part de Dieu, du moins ne connaissez-vous point encore cet abandon terrible qui faisait prononcer à Jésus mourant ces paroles si pleines d'angoisse : « Mon Dieu, mon Dieu, pourquoi m'avez-vous abandonné ? » Et cependant, c'est dans ce moment-là que Jésus fondait son Eglise, cette Eglise qui devait couvrir la terre et durer jusqu'à la consommation des temps, voire même pendant toute l'éternité.

Il n'y a donc pas lieu de vous décourager. Du reste, je ne vois point de découragement dans votre lettre ; s'il y a un peu de tristesse peut-être, elle n'est point mauvaise et n'a rien, je pense, qui déplaise à Notre-Seigneur, car il est bon que vous appreniez toujours mieux à sentir le mal et à porter la croix. Il faut persévérer, et espérer en Dieu qui vivifie, qui donne la mort et appelle les choses qui ne sont point comme celles qui sont.

Quant à la question relative à la préparation de votre oraison, mais que voulez-vous donc faire ? Prenez par exemple les trois lignes que vous m'écrivez pour me rendre compte de l'oraison que vous avez faite sur Notre-Seigneur portant sa croix, couvert de sang et de blessures, et sur les sentiments d'amour, de compassion, de repentir que vous vouliez exciter dans votre cœur en baisant les traces de ses pas. C'est là, je pense, une excellente préparation ; vous n'avez qu'à réfléchir à ces pensées le soir pendant cinq minutes, pour avoir fait tout ce que vous devez faire : car, tenez-le pour certain, quelque préparation que vous fassiez, il faut suivre la voie commune et commencer par la sécheresse et l'ennui pour arriver ensuite en des régions plus heureuses. En attendant, votre oraison ne laisse pas d'être très méritoire et très agréable à Notre-Seigneur. Soyez-y seulement fidèle ; il ne demande que cela, croyez-le bien, et non point la vigueur et l'amour qu'il vous donnera plus tard avec abondance si vous persévérez toujours.

Et puis n'y a-t-il pas un peu d'amour-propre de votre part et ne vous affligez-vous pas un peu trop de votre imperfection ? Sans doute, il faut travailler avec courage pour se délivrer, mais il faut prendre patience avec nous-mêmes ; comme personne ne peut devenir grand tout d'un coup, ainsi ne devez-vous point vous troubler si vous constatez dans votre oraison les défauts de ceux qui ne sont point encore très avancés dans ce saint exercice. Hélas ! ceux qui font parfaitement oraison sont, sans aucun doute, très rares, très clairsemés dans le jardin de l'Eglise.

Je vous conseillerais de prendre pour vos méditations le livre intitulé *Manrèse ;* c'est un développement des Exercices de saint Ignace. Lisez chaque jour, à la suite, une des méditations qui sont marquées (excepté celles qui ont rapport aux grandes fêtes de l'Eglise), sans cependant vous astreindre au sujet préparé, lorsque en commençant ou en continuant vous vous trouverez attiré à quelques autres bonnes pensées et résolutions. Tâchez aussi de faire agir le cœur plus que l'esprit : toutes les considérations sont épuisées bien vite et, en les multipliant sans fin, vous arriveriez facilement à transformer votre oraison en étude. Les affections, au contraire, vous occuperont d'une manière plus durable et moins fatigante, et rien ne vous empêchera de persévérer longtemps dans un même sentiment d'humilité ou d'amour, ou de contrition, avec une toute petite pensée très simple. D'ailleurs, le mérite de l'oraison et la force qu'elle nous donne viennent surtout des actes de la volonté.

Le Père Pierson m'a encore chargé de vous recommander la persévérance dans l'oraison ; c'est la seule voie qui nous unit à Dieu et nous rend saints, comme vous l'avez compris, je n'en doute pas, depuis longtemps.

Le Révérend Père Gérardot est mort samedi, avant neuf heures du matin. Voyez combien sont différents les sentiments de l'homme du monde et les sentiments du chrétien. L'un s'enfuit de peur de prendre le choléra, parce qu'il tient à sa vie par dessus tout ; l'autre veut donner sa vie pour des hommes qu'il n'a jamais vus et court au milieu de dangers. J'ai assisté de très près aux progrès de la maladie et presque à la mort de notre frère. Je suis resté seul à son chevet pendant plus d'une demi-heure peut-être, le soir qui a précédé son décès ; il donnait encore des signes de connaissance, quoiqu'on ne pût guère le comprendre. J'étais très heureux de me trouver si près d'un homme qui semblait près de mourir et prêt à mourir ; dans toute sa maladie, il n'a pas manifesté le désir de revenir à la santé, laissant tout à la sainte volonté de DIEU. Le lendemain, une demi-heure avant son dernier soupir, je le soutenais encore pendant que nous récitions autour de lui les prières de la recommandation de l'âme et chantions le *Salve Regina*. Cette antienne, en présence d'un homme qui était presque un cadavre, semblait comme un écho du chant des Anges dans le Ciel. Après sa mort, j'ai aidé à le revêtir de tous les habits de l'Ordre, ce qui est très difficile sur un cadavre. Tout cela n'a fait chez moi d'autre impression que d'exciter en mon cœur le désir d'aimer Jésus mieux et davantage ; car si l'on n'avait que DIEU seul pour appui dans ce moment terrible, la grandeur de la Majesté divine et le souvenir de nos péchés rempliraient l'âme d'épouvante. Jésus seul peut combler cette distance infinie qui sépare le pécheur de la sainteté de DIEU qu'il a offensé. Puisqu'il est mort, il a acquis le pouvoir de vaincre la mort et d'en triompher en nous qui sommes ses membres et son corps mystique. C'est le sang de Jésus qui est notre espérance et tout notre appui : bienheureux sur le lit de mort ceux qui, pendant leur vie, auront voulu vivre avec Jésus et vivre de Jésus.

Il se peut que vous soyez souvent triste, sans courage et prêt à désespérer. Contre ces maux je ne vous offre point mon amitié, quoiqu'elle soit sincère ; car qu'est-ce que l'amitié d'un homme ? Mais je vous offre l'amitié de Jésus qui ne vous soumet à aucune épreuve qu'il n'ait subie lui-même et qui ne demande rien de vous qu'il n'ait voulu auparavant éprouver en lui-même et d'une manière incomparablement plus rude.

Le Frère Camille était avide, on le comprend, de lettres si affectueuses, en même temps que si lumineuses et si fortifiantes ; aussi ne laissait-il pas chômer la correspondance. Le jour même où il reçut la précédente, il en écrivait une autre à son ami, toute remplie de questions variées.

Mon très cher Frère, lui répondit le Frère Ambroise, à la date du 31 août, vous me demandez de vous dire mon avis, en détail, sur beaucoup de points : je le fais.

J'approuve que vous couchiez sur la planche (nue), pourvu que vous ne souffriez pas du froid et que vous restiez couché toujours au moins sept heures bien pleines J'approuve votre croix pourvu qu'elle ne vous fasse pas grand mal. J'approuve que vous mangiez mauvais, pourvu que la nourriture soit saine et substantielle et que vous n'ayez pas de scrupule si vous y trouvez du plaisir ; ce n'est point un péché de manger avec plaisir ou d'éprouver du plaisir en mangeant, quoiqu'il soit meilleur de manger avec indifférence ou avec ennui. Ce qui serait un péché, ce serait de manger uniquement pour le plaisir, et vous en êtes bien éloigné. Du reste, essayez de sanctifier ce plaisir et figurez-vous, si vous avez de l'attrait pour cette petite pensée, figurez-vous que vous nourrissez votre âme du corps et du sang de Jésus, lorsque vous mangez et buvez, car il est très vrai que la nourriture matérielle représente la nourriture invisible de la grâce, et c'est même pour ce motif que la sainte Eucharistie a été instituée sous la figure d'un repas.

Je ne veux point que vous preniez la discipline plus de quatre fois par semaine, pendant le temps nécessaire pour dire un ou deux *miserere* et de façon à ne pas endommager votre précieuse santé. Sans parler d'un mal évident et palpable, vous reconnaîtrez que vous allez plus loin que je ne veux si la discipline vous laisse ensuite fatigué et abattu. De plus, je vous défends absolument de vous occuper avant ou après de la manière dont vous l'avez prise ou dont vous devez la prendre ; chassez bien loin cette inquiétude lorsqu'il vous viendra en pensée que vous auriez dû faire autrement ou comment vous devez faire à l'avenir. C'est assez d'y penser au moment.

Vous ferez bien de vous accuser en confession des choses que vous me dites : une curiosité, même légère, est, sinon un péché, du moins une imperfection. Quant à vos distractions, quoiqu'elles ne soient pas sans doute entièrement et clairement volontaires, cependant qui peut assurer, en parlant de soi, qu'il n'y a pas mis de la négligence, de la paresse, de la lâcheté, sans parler des causes que nous posons avant la prière et qui produisent ensuite leur effet naturel. Je pense donc qu'il est bon de vous accuser des distractions notables, comme vous vous savez coupable, sans scrupule ; et de même de tous les mouvements de passions un peu plus accentués, comme l'impatience, comme la honte à mendier, comme le découragement et le reste, même lorsqu'il vous sera impossible de savoir au juste ce qu'il y aura eu de volontaire. C'est le moyen d'arriver à la pureté de conscience ; et de quoi s'accuseraient les personnes qui se confessent un peu souvent, toutes les semaines par exemple, si elles ne s'accusaient de tout cela ? Je vous le répète toutefois, que ce soit sans scrupule, puisque vous n'êtes pas réellement tenu à dévoiler ainsi le fond de votre cœur ; mais n'y eût-il que la honte de se faire connaître, ce serait déjà un précieux avantage. Pour ce dernier motif, ne craignez pas de descendre quelquefois dans les détails, lorsqu'il n'y a point d'inconvénients ; ne vous contentez pas de dire, par exemple : « J'ai eu une pensée de vanité », dites plutôt : « En me regardant au miroir, je me suis trouvé beau ».

En votre examen particulier, si vous n'apercevez point en vous de vice principal à combattre, c'est un signe évident qu'il n'y rien à faire de ce côté-là ; car il vous sauterait aux yeux au premier instant. Ce n'est pas que vous soyez exempt de défauts, mais quand Dieu ne nous les montre pas clairement, nous sommes dispensés du travail dont vous me parlez. Attachez-vous, dans cet exercice, si vous ne trouvez rien de mieux, à la mortification de la curiosité, du désir d'apprendre et du besoin de voir des choses inutiles ; mettez ensuite cette résolution en pratique pendant le jour, sans vous fatiguer cependant, — ce qui, je crois, n'est pas très à craindre avec ce que vous faites, — et le soir, en faisant votre examen de conscience, voyez si vous avez été fidèle sur ce point spécial. Je ne vous conseille pas d'autre examen particulier maintenant, mais le matin, à la fin de votre oraison, après les résolutions ou affections générales dont vous parlez, prenez la résolution de mieux pratiquer la mortification des sens en retranchant les choses inutiles. Elle ressort naturellement des autres désirs ressentis dans votre méditation ; car vous ne voulez mortifier la voix des créatures que pour pouvoir mieux entendre et mieux aimer Dieu qui parle au fond de votre âme. Si vous étiez plus mort ou moins distrait, vous constateriez qu'une très petite pensée ou un très petit désir suffirait à vous occuper doucement pendant longtemps.

En votre état actuel, pour vous tenir tout à fait tranquille dans l'oraison, il faudrait des grâces plus puissantes que vous n'avez point. Sans doute, dans la suite, la voix de Dieu se fait entendre quelquefois avec tant de force que le corps ne peut en supporter la violence, ainsi qu'il est arrivé à certains saints ; mais en général, dans le commencement, c'est une voix si faible que toutes les distractions l'étouffent. Il faut donc faire un grand calme au moyen de la mortification des désirs et des connaissances inutiles, afin que ce soit en vous comme pendant la nuit où l'on entend de bien loin le chant d'un petit oiseau à cause du silence universel, tandis que pendant le jour ce chant se perd dans le fracas et le tapage des occupations humaines.

Je suis content de ce que vous me dites au sujet de cet enfant de 14 ans. Je me réjouis aussi que vous ayez lavé la vaisselle. L'humilité extérieure n'est rien par elle-même, mais elle est le vrai chemin et le vrai soutien de l'humilité intérieure qui est le fondement de toutes les vertus.

Quant à vos travaux, il faut continuer, je pense, ce qui est commencé, sans bâtir pourtant, ce qu'il sera temps de faire lorsque vous en aurez besoin, ou pour vos frères futurs ou pour vos enfants. Il faut surtout ne point vous décourager. Vous pouvez, je pense, quêter aussi un peu, exposant votre œuvre dans l'état où elle est ; pour quêter davantage, attendez une réalisation plus avancée et l'époque où vous porterez l'habit nouveau. Le Frère Barthélemy ne montre pas les plus légers signes de départ. Je ne dirige point sa conscience, comme vous pensez, mais je crois qu'il est encore dans le temps du festin où le père de famille tue le veau gras. Cela durera-t-il toujours ? C'est peu probable ; il viendra sans doute un temps où il faudra payer de sa personne. Pour le moment, il paraît bien profiter de ces jours où tout est plus facile, afin de faire de bonnes provisions. C'est un très bon novice, et jusqu'à présent il n'y a pas d'apparence d'inconstance ni de découragement.

Je crois avoir répondu à toutes vos questions. Ne craignez jamais de m'importuner. Je suis le serviteur très humble, et très indigne, et très inépuisable de la plus petite et de la plus pauvre de toutes les âmes que le sang de JÉSUS a rachetées. Une direction orale auprès d'un directeur vaudrait mieux ; mais puisque vous n'en avez point, il faut faire ce que nous pouvons sans nous inquiéter de ce que nous ne pouvons pas. Peut-être y aurait il quelque lieu de croire que c'est bien DIEU qui vous a adressé à moi, malgré mon incapacité.

S'il vous vient en pensée : que pensera mon confesseur, si je m'accuse comme on vient de me le dire, répondez : il pensera ce qu'il voudra. Soyez toujours envers lui respectueux et docile, autant que vous le pourrez ; inutile, n'est-ce pas, d'insister sur ce point.

A lieu. Faites toujours votre oraison auprès de Jésus et avec Jésus : c'est la voie véritable.

Frère L. A. Potton, des Frères Prêcheurs.

N.-B. — *Pour ma mère : point de cholériques à Flavigny.*

Cette direction orale dont le Frère Ambroise parlait à la fin de sa lettre, il put la donner à son ami peu de jours après, car, rentrant de Flavigny à Chalais, il traversa Lyon au commencement de septembre. Le Père Lacordaire lui fit passer ce mois sur les montages, avant son départ pour Rome, afin de fortifier encore davantage sa santé déjà notablement meilleure. Il s'arrêta quelques jours dans sa ville natale et put converser tout à loisir avec le Frère Camille. Ils visitèrent ensemble, dans tous leurs détails, les constructions qui commençaient à prendre forme à la Cité de l'Enfant-Jésus, et rendirent des actions de grâces à Dieu pour tout ce qui était arrivé jusque-là.

Ensemble ils repassèrent toutes les péripéties providentielles qui les avaient amenés au point où ils en étaient tous les deux, et, sans s'enorgueillir de rien, s'accusant, au contraire, d'avoir sans cesse opposé des résistances à l'action divine, ils remercièrent le Seigneur d'avoir montré à leur esprit la vanité des biens de la terre et de les avoir pris totalement l'un et l'autre, quoique de manière différente, à son service.

Le Frère Camille mit sont directeur au courant de tout ce qui concernait son œuvre et son âme. Il lui soumit en détail tous les points de son règlement de vie quodtien, de sorte que le Frère Ambroise doit être vraiment considéré comme ayant donné sa forme et son cachet à la vie si édifiante et si féconde que le Frère Camille mena ensuite à la Cité jusqu'à sa mort.

Pendant ces quelques jours d'intimité, ils s'entretinrent aussi, et longuement, d'un nouveau sacrifice à offrir à Dieu, qu'avait suggéré le directeur et que le disciple accueillit avec une généreuse ardeur. Jusque-là, le Frère Camille avait déclaré à son corps une guerre implacable ; une nourriture plus que sobre remplaçait les mets raffinés, et au lit moëlleux de sa jeunesse, avait succédé la planche. A ses membres, qui avaient péché, il faisait le plus de mal possible, pour expier le passé et se mettre en garde contre l'avenir. Mais il restait à tuer l'orgueil, vice plus subtil et plus dangereux encore que la sensualité ; il le savait et son ami le lui redisait, bien que toutes les vertus doivent être associées dans notre vie, l'humilité est plus nécessaire encore que la mortification.

Le Frère Camille avait toujours eu pour la correction du vêtement un véritable culte. Avant qu'il fût revenu sincèrement à Dieu, il lui arriva plus d'une fois de froisser impitoyablement, avant de s'en servir et au désespoir de sa pauvre mère, les chemises que la repasseuse n'avait pas à son gré assez bien empesées et plissées. Il était vaniteux. Son ami lui demanda s'il était bien convenable qu'au milieu d'enfants pauvrement vêtus et dont il prétendait être le serviteur, il vécût avec des habits fourrés et toujours coupés à la dernière mode. Le Frère Camille comprit la portée de cette remarque et ne regimba pas. Son âme généreuse volait au devant de toute immolation, surtout lorsqu'elle lui était indiquée par son cher guide. Il s'était fait petit avec les petits, pauvre avec les pauvres, compatissant avec les malades ; il allait habiter la même maison que ses enfants, partager leur nourriture : il était prêt à revêtir leur vêtement.

Cet abaissement volontaire et général, c'est, dans sa plus touchante sublimité, la charité évangélique ; ce fut celle de M. Rambaud.

Montalembert disait : « La passion des choses élevées, voilà ce qui manque et semble devoir de plus en plus manquer à la société contemporaine, exclusivement absorbée par la poursuite et la conservation de la richesse ; et voilà pourquoi tout effort fait pour relever l'énergie de l'esprit est un service et un bienfait public. » M. Rambaud rendit à la société ce service éminent de lui montrer, en sa personne, une telle passion des choses élevées que rien ne fut capable de l'arrêter tant qu'il vit quelque chose de plus parfait à accomplir. Il fut décidé en principe, dès cette époque, que M. Rambaud changerait un peu plus tard le vêtement des riches, qu'il avait porté jusque-là, contre la blouse, le ceinturon et la casquette de l'ouvrier.

Lorsque le Frère Ambroise reprit le chemin du Chalais, il connaissait à fond l'Œuvre de la Cité et était plus à même que jamais de donner au fondateur les conseils dont il aurait besoin. L'occasion ne se fit pas attendre longtemps. Vers le 10 septembre, celui-ci lui écrivait que, contre ses prévisions, les dépenses de ses constructions étaient supérieures de huit mille francs à son avoir et qu'il allait être obligé d'emprunter cette somme. Il lui annonçait en même temps que le Frère Joseph venait de partir et qu'il allait se trouver seul avec le Frère Pierre pour commencer l'Œuvre de la Cité. C'étaient deux tribulations à la fois, une double pénurie simultanée d'hommes et d'argent.

Ses plans grandioses étaient donc entravés, du moins pour le moment ; il en était troublé, et jusque dans sa prière il en ressentait le contre-coup pénible. C'était une impasse vraiment dure, et où le Frère Ambroise lui-même l'avait jeté en le pressant, quatre mois auparavant, de briser son avenir commercial. Le sage directeur lui écrivit, le 17 septembre, une belle lettre où il touche tous ces points avec une sagesse et une force qu'on ne saurait assez admirer dans un jeune religieux qui n'est pas même encore prêtre. Il engage son ami à ne plus bâtir jusqu'à ce qu'un besoin immédiat s'en fasse sentir ;

à ne prendre qu'un nombre d'enfants restreint, afin que
ses forces ne soient pas épuisées par le travail et que la
surveillance soit facile ; et à rester fidèle, malgré la
sécheresse, à l'oraison et à ses pratiques diverses de
piété. Enfin, revenant sur un sujet dont il l'avait entretenu à son passage à Lyon, il lui conseille de quitter
l'habit des riches et de prendre celui des pauvres, afin
de devenir vraiment le frère de ces derniers, en se rap-
prochant d'eux davantage.

Mon très cher Frère, lui disait-il, ne vous étonnez pas si plusieurs
de vos lettres m'arrivent en retard, elles restent quelquefois assez
longtemps au bureau de Voreppe, avant qu'on les monte au couvent,
lorsque le temps est trop mauvais ou pour d'autres raisons.

La combinaison financière que vous proposez est ce qu'il y a de
mieux à faire, ce me semble, dans les circonstances actuelles. Vous
trouverez sans doute à emprunter cette somme, sans intérêt, parmi
les personnes qui vous connaissent, et de cette manière vous pourrez
achever ce qui paraît indispensable, en attendant, pour continuer,
des circonstances plus heureuses et l'extension que Jésus donnera
à votre œuvre, si telle est sa sainte volonté.

Du reste, rien ne paraît désespéré ; assurément la retraite de
M. Joseph vous prive d'un très puissant secours, mais puisque Jésus
le veut ainsi, il faut vous résigner à faire moins de bien que vous
ne le désireriez. Il ne faut point, je pense, vous surcharger d'un trop
grand nombre d'enfants ; commencez tout doucement, afin de voir ce
que vous pouvez faire sans vous fatiguer par un travail au-dessus
de vos forces. Considérez, surtout, que vous êtes obligé d'abandonner
quelquefois la maison et de laisser seuls des enfants sur lesquels
vous ne pouvez pas compter.

Si vous n'allez plus au magasin, pourquoi ne pas porter encore
votre nouvel habit ? Il faut brûler vos vaisseaux. Quelle circonstance
attendez-vous pour l'inaugurer ? Vous devriez être consumé d'une
sainte impatience de vous revêtir de l'habit des pauvres et de porter
la livrée de Jésus. On ne se moquera point de vous, bien sûr, autant
qu'on s'est moqué de lui. Je dis, remarquez bien, s'il n'y a point
d'inconvénient à faire cela.

Du reste, soyez scrupuleusement fidèle à vos exercices spitituels,
et que l'état de tentation où vous êtes ne vous en fasse négliger
aucune minute. Si vous ne pouvez méditer comme vous le voudriez

ne vous en troublez pas ; vous le savez aussi bien que moi, ce que Jésus demande alors de vous, ce ne sont point des considérations sublimes, ni de grands sentiments de tendresse, mais au contraire la persévérance au milieu de la sécheresse et la fidélité à rester auprès de lui, lors même que vous croyez ne faire absolument rien et qu'il vous est impossible d'avoir une seule bonne pensée et une pauvre petite affection.

Je suis bien méchant, n'est-ce pas. de me montrer si sévère, lorsque vous m'exposez tout le trouble de votre âme, au moment où vous me laissez voir cette angoisse qui pénètre jusqu'au fond de votre cœur et vous force à crier vers moi comme si j'étais celui qui peut vous sauver. Je ne suis qu'un homme, et qui vaut moins que beaucoup d'autres, et qui ne fait pas même le peu qu'il pourrait faire, s'il le voulait. Je suis bien méchant aussi de vous avoir fait sortir, presque par force, de cet heureux état où vous faisiez toutes sortes de bien autour de vous, en éprouvant de la joie et un agréable contentement intérieur. Et cela pour quoi faire de vous ? Pour vous mettre dans une impasse où vous usez vos forces, et où vous vous débattez en vain contre des ennemis qui changent sans cesse et vous attaquent sans que vous sachiez comment vous défendre. Encore si vous aviez Jésus à côté de vous, vous pourriez dire comme Job : *Pone me. Domine, juxta te, et cujusvis manus pugnet contra me.* « Placez-moi près de vous, ô Seigneur, et tous pourront s'armer contre moi. » Mais vous êtes seul, tout seul, et il n'y a point de secours. Et cependant, mon bien-aimé frère, je ne me repens point encore de ce que j'ai fait ; car vous avez aujourd'hui entre les mains un moyen tout puissant pour la sanctification de votre âme qui m'est très chère en Notre-Seigneur Jésus-Christ. Ce n'est point dans la paix et dans le repos, ce n'est point dans la tranquillité et dans la joie que l'âme se développe et se fortifie ; c'est dans la peine et le combat. Il faut souffrir et lutter, et ceux-là sont les bien-aimés de Jésus qui ont part à ses souffrances et à l'angoisse de sa Passion. A cette école, l'âme se forme et grandit peu à peu jusqu'à l'âge parfait ; ceux qui n'ont point souffert suivent la voie commune, savent peu de chose, peuvent peu de chose et sont peu de chose. Vous vous purifiez peu à peu ; et ce que jamais peut-être n'aurait pu accomplir la piété tranquille d'une vie consacrée au bien, mais toute mélangée encore des vanités du siècle, se trouvera, je l'espère, plus rapidement et plus heureusement achevé par les humiliations d'une vie de pauvreté et de peines continuelles.

Il faut donc prendre courage et persévérer encore. Si vous pouvez faire peu, faites peu. Jésus ne demande que ce que vous pouvez faire, mais persévérez. Je connais votre faiblesse et la grandeur des tentations, mais il faut persévérer, je le répète, et demander à descendre plus bas encore. « Vous n'avez point encore résisté jusqu'au sang », écrivait saint Paul aux premiers chrétiens. Il faut combattre, il faut souffrir, il faut mourir mille fois et croire que tout espoir est perdu. C'est lorsque tout nous manque, et alors seulement, que nous jetons en Dieu toute notre confiance : il faut enfoncer comme saint Pierre sous les eaux pour apprendre à crier : *Domine, salva nos, perimus,* « Seigneur, sauvez-nous, nous périssons. »

Du reste, j'ai bonne espérance et ne regrette point le conseil que je vous ai donné de tout quitter pour Jésus. Nous avons cru l'un et l'autre que cette pensée venait de Dieu, et si jusqu'à présent les résultats extérieurs ne sont pas très brillants, du moins vous n'avez qu'à regarder votre âme pour voir que quelques mois vous ont plus éclairé que n'auraient pu le faire vingt années de méditation dans une chambre bien tapissée et pourvue de tout le confortable humain. Vous commencez à comprendre que vous n'êtes rien, que vous ne pouvez rien, que vous ne valez rien. Peut-être n'êtes-vous point encore assez parfait dans cette science très difficile à apprendre ; soyez-en de plus en plus convaincu, tant qu'un homme pense être quelque chose, Jésus ne peut rien faire de lui : c'est un instrument vicieux qui gâte tout l'ouvrage du maître.

Je le prie de vous soutenir et de vous fortifier autant qu'il est expédient pour sa gloire. Puissions-nous toujours, vous et moi, désirer d'être anéantis pour elle, moqués, bafoués, persécutés, ainsi qu'il a bien voulu l'être pour nous.

Adieu, courage ; j'ai très bonne espérance de vous ; écrivez-moi toutes les fois que vous en aurez besoin.

Frère L.-A. Potton, des frères Prêcheurs.

Tout encourageante qu'elle fût, cette lettre ne rendit pas la joie du cœur au Frère Camille. Néophyte encore, il n'avait pas fait mourir complètement l'amour-propre. Il avait dû emprunter ; et lui, jadis si fier d'avoir 200.000 francs, trouvait pénible qu'on sût sa fortune déjà épuisée. Il avait compté sur une légion d'enfants venant à lui, dès l'ouverture de la Cité ; à peine en trouva-t-il une vingtaine. Il allait habiter une grande chambre où il grelotterait pendant l'hiver. De plus, il

ressentait vivement la honte de quêter, surtout sous le
nouvel habit qu'il venait d'endosser vers le 20 septembre
et dont ses amis ne se faisaient pas faute de se moquer.
Telles furent les plaintes qu'il fit entendre à son
directeur immédiatement après l'arrivée de sa lettre.
Il en reçut la réponse suivante :

Notre-Dame-de-Chalais. 29 septembre 1854.

Je ne devrais peut-être pas vous écrire tout de suite, cher Camille.
pour vous laisser un peu porter votre croix et éprouver à loisir ce que
c'est que d'être abandonné de Dieu et des hommes. Mais vous êtes un
enfant et je me hâte de venir vous dire une parole de consolation.

Qu'est-ce qui vous effraie ? Vous avez besoin de 8.000 francs. vous
les trouvez à emprunter du premier coup. tandis que vous auriez pu
les demander en vain et vous voir *rire au nez* quand vous les auriez
humblement sollicités, comme cela est arrivé mille fois à beaucoup
de personnes qui valaient sans doute mieux que vous. Votre maison
ne peut être entièrement payée de vos propres deniers ; mais quoi
de plus ordinaire dans ces sortes d'œuvres ? Et combien de fois même
n'est-on pas obligé de les suspendre tout à fait ?

Vous avez peur qu'on se moque de vous : la belle affaire ! En
vaudrez-vous plus ou moins ? Et, après tout, ne devriez-vous pas en
être bien aise, puisqu'il n'y a point en cela de péché de votre part.

Et puis encore, vous aurez un peu froid cet hiver, parce que vous
habiterez une chambre trop grande. Oh ! c'est vraiment un grand
malheur, surtout pour quelqu'un qui peut s'habiller chaudement et
s'approcher du feu quand il lui plait. Le reste de vos inquiétudes
n'est pas beaucoup plus sérieux.

Seulement, au lieu de faire quelque chose de grand et de splendide.
il se trouve que tout est très petit, et qu'au lieu d'une grande œuvre
dont on aurait beaucoup parlé, on ne trouve qu'une grande maison
sans habitants, dont on parle beaucoup aussi, mais dans un autre
sens. Je serais fâché vraiment que votre entreprise eût mieux réussi,
car il est cent fois meilleur pour vous et pour votre progrès que vous
éprouviez ce que vous êtes.

Mon cher et très cher frère, ne craignez point, quoique, comme
vous le dites vous-même, vous ayez non seulement été tenté, mais
que déjà vous ayez cédé à la tentation en plusieurs choses: ne craignez
point et combattez avec courage, en attendant bientôt l'heure de la
délivrance. Jésus sait ce qui vous est utile. Comme dit sainte Cathe-

rine de Sienne, il faut deux connaissances pour faire un homme parfait et inébranlable dans toutes les positions où il plait à Dieu de le placer pour sa gloire : la connaissance que Dieu est tout et que la créature que Dieu soutient peut tout, et la connaissance que la créature n'est rien et qu'elle ne peut rien sitôt que Dieu cesse de la soutenir. En vain croiriez-vous savoir cette science spéculativement et en théorie, et être bien instruit à cette école : il reste à l'apprendre pratiquement, et l'humiliation de la faiblesse peut seule guérir cet orgueil secret par lequel l'homme se croit quelque chose.

Oui, tant qu'il n'a pas été humilié, l'homme, surtout celui qui, comme vous, a toujours réussi, surtout celui qui, comme vous, a tout quitté pour Dieu, surtout celui qui, comme vous, a éprouvé des désirs d'être humilié et méprisé et compté pour rien, — désirs qui ennoblissent l'âme et la rendent semblable à Jésus, — tant qu'il n'a pas été humilié, l'homme ne peut se guérir de cette folle présomption qu'il peut quelque chose, qu'il doit, jusqu'à un certain point, compter sur lui et faire fonds sur les qualités que Dieu lui a données. Et Jésus ne peut rien faire de cet homme ; car s'il l'emploie, s'il lui donne le goût de l'oraison, le zèle du salut des âmes, le succès dans les entreprises de Dieu, aussitôt un orgueil secret corrompt toutes ses œuvres, et cet homme, instrument imparfait, nuit aux autres et se nuit à lui-même. Voilà pourquoi Jésus fait passer les âmes par tant d'épreuves avant de les affermir dans le bien, si elles doivent y être affermies dès cette vie. Voilà pourquoi les saints sont, tantôt élevés jusqu'au ciel et tantôt comme engloutis dans l'abîme, sentant, après vingt ou trente années, se réveiller en eux des passions qu'ils ont vaincues et contre lesquelles ils se trouvent maintenant sans force et comme près d'être dévorés. Il leur faut le courage et toutes les vertus, afin d'apprendre ce que Jésus peut donner à l'âme, lorsqu'il lui plaît ; mais il leur faut aussi la faiblesse et la langueur et l'accablement et le désespoir, afin d'apprendre ce qu'ils deviennent, lorsque Jésus se retire un tant soit peu. C'est le seul moyen de guérir et leur incurable découragement et leur incurable présomption. Mais d'habitude, l'épreuve précède la force, comme les ténèbres précèdent la lumière, comme la mort de Jésus précède sa résurrection. J'espère que bientôt vous ressusciterez, non pour toujours, car vous n'êtes point parfait encore, mais pour quelque temps : et plus vous descendrez bas, pourvu que vous fassiez toujours tous vos efforts pour résister au péché et à la lâcheté, — car, prenez bien garde de vous laisser encore blesser dans ce combat, — plus vous descendrez bas, et plus vous monterez haut, comme la source qui jaillit plus haut, si le conduit s'est enfoncé plus avant dans la terre.

Dites souvent ceci : *Secundum multitudinem dolorum meorum, consolationes tuæ lætificaverunt animam meam.* Ne pensez plus au passé, Jésus l'a oublié ; combattez courageusement, et plus les tentations qui vous affligent sont vaines, futiles, petites, mesquines, plus l'épreuve est utile ; car d'être effrayé d'un grand mal, c'est tout simple ; mais trembler devant une piqûre d'épingle, voilà qui nous montre ce que nous sommes. Il vous faut apprendre qu'une petite paille est pour nous un fardeau insupportable, lorsque Jésus s'éloigne un tant soit peu, — ce sera pour vous un avertissement de ne juger personne, — et plus tard, peut-être, apprendrez-vous qu'une poutre très pesante ne pèse plus sur vos épaules, lorsque Jésus est avec nous. Tant que le soleil est proche, il fait jour ; mais s'il se cache, que devient la lumière ?

Du reste, j'ai beaucoup prié pour vous tous ces jours, et je ne me plains pas que mes prières n'aient point été exaucées. Je vous aime comme mon fils.

Il paraît probable que je serai diacre à Noël, et prêtre cet été.

Persévérez, combattez, luttez et ne vous laissez pas vaincre. Ne craignez point de m'exposer toute votre faiblesse comme elle est connue de Dieu, cela vous est utile. Les pensées que vous avez sont excellentes. Offrez-vous sans cesse à Jésus pour demeurer dans cet état aussi longtemps qu'il voudra ; pour descendre plus bas encore ; pour être ruiné, moqué, emprisonné, malade, trahi, abandonné !... Qu'est-ce que cela, puisqu'il l'a souffert pour vous ? Et si le courage vous manque, n'oubliez point, pour vous consoler un peu, que comme vous il a tremblé devant la peine et désiré que le calice d'amertumes passât loin de lui.

Adieu, Jésus soit votre amour !

Telle fut, à cette époque décisive, la direction spirituelle du Frère Camille par le Frère Ambroise Potton. Personne ne peut contester que, de la part d'un novice, elle n'ait des qualités vraiment étonnantes. Elle est précise, surnaturelle, énergique ; elle témoigne d'une clarté de vue peu commune dans le domaine de la vie intérieure et d'un esprit de suite qui ne se dément jamais. Avec son ami, fraîchement revenu à la pratique de la religion, ardent et entreprenant, il procède par degrés, et l'amène, à travers les mille défaillances inséparables de l'ascension de l'âme vers les hauteurs, jusqu'au détachement complet de lui-même qui constitue, avec le pur amour de DIEU dont il est le gage, le sommet de la perfection morale.

Une lettre postérieure de six ans à celles qui précèdent, écrite du couvent des Dominicains à Lyon, et datée de la fête de saint Mathieu 1860, constate les bons résultats réalisés dans l'âme du Frère Camille. Elle servira de conclusion à ce chapitre.

Je suis heureux de voir les bonnes dispositions que votre lettre me manifeste très clairement. Oui, on peut l'affirmer sans crainte, il me semble, c'est maintenant que vous posez le solide fondement de tout ce que vous avez eu dessein d'entreprendre pour la gloire de Notre-Seigneur.

Vous connaissiez la parole de l'apôtre : « *Fundamentum aliud nemo potest ponere præter id quod positum est, quod est Christus Jesus* (1). » Mais les paroles inspirées ont une profondeur qui ne se dévoile que peu à peu et par degrés, à celui qui veut s'avancer dans la lumière en s'avançant dans les vertus. Vous comprenez maintenant beaucoup mieux qu'autrefois la nécessité que Notre-Seigneur soit l'unique fondement, non seulement de vos entreprises, mais encore de vos actions et opérations intérieures ; et par conséquent la nécessité que la *nature*, l'empressement humain, l'activité naturelle, les ressources individuelles, l'indépendance personnelle, la liberté humaine, l'orgueil de la chair et cent autres maux pareils, qui forment en nous le premier étage du royaume du diable, diminuent et s'anéantissent dans le rien pour laisser la place à la grâce et à l'esprit de DIEU, esprit de bassesse, d'obscurité, d'obéissance et d'abjection. C'est la doctrine de Notre-Seigneur et de tous ses saints. Puissiez-vous y faire de grands progrès. Ce me sera toujours une très grande consolation de les apprendre et je dirai toujours que vous commencerez à vivre, pour vous et pour les autres, de la véritable vie, lorsque vous serez bien petit, bien abaissé, bien désespérant de vous-même, sous tous les rapports, mais bien affermi sur la pierre qui est le CHRIST. Obtenez-moi aussi par vos bonnes prières, un peu de cette céleste doctrine, que mon orgueil ne peut se résoudre à accepter. Aujourd'hui, fête de saint Mathieu (qui est un peu notre Patron à nous deux), je vais

____

(1) « Personne ne peut poser un autre fondement que celui qui est déjà posé, savoir : JÉSUS-CRIST. » I Cor. III, 11.

prier pour vous au saint Sacrifice. Courage donc : *Si* DEUS *pro nobis, quis contra nos ? Si* MARIA *pro nobis, quis contra nos ?* C'est dans le cœur tout aimable de notre Reine Immaculée que je vous embrasse tendrement en Notre-Seigneur.

Votre indigne serviteur,

Frère AMBROISE.

CHAPITRE VIII

LA CITÉ DE L'ENFANT JÉSUS

Organisation de la Cité. — Austérités. — Conseils de direction.— M. du Bourg. — La petite Chapelle. — Diaconat et prêtrise. — Les habitants de la Cité à Chalais. — La haine de soi.

Au commencement d'octobre 1854, le frère Ambroise partit de Chalais pour Rome, afin d'y suivre pendant une année entière les cours de théologie et d'y prendre ses grades.

Passant par Lyon, il s'y arrêta plusieurs jours et y fut témoin des humbles débuts de la Cité de l'Enfant-Jésus. Le Frère Camille venait d'y revêtir son nouveau costume : la blouse, le ceinturon et la casquette de l'ouvrier. Paré de ces livrées de la pauvreté, il y vivait au milieu d'une vingtaine d'enfants; à l'intérieur d'une clôture formée par des pieux et des planches.

En se revoyant dans des conditions si différentes de celles où ils avaient passé tous deux leur brillante jeunesse, ils se tinrent longuement embrassés et tombèrent à genoux pour rendre grâces à DIEU. Et, en effet, le spectacle n'était-il pas émouvant et sublime ? Le Frère Potton ne pouvait se lasser de considérer son ami métamorphosé de la sorte. Ce jeune homme si fier, si arrogant, qui prenait si volontiers partout le haut du pavé, comme on disait autour de lui, est maintenant abaissé au niveau des plus humbles d'ici-bas, et volontairement. On le montre du doigt, on le plaisante ; un de ses amis qui le rencontre au milieu de la rue, poussant une carriole dans laquelle il apporte du marché le dîner de ses enfants, lui lance cette apostrophe mordante : « Tu fais de la pose, Camille ! » Et lui, devenu maître de ses passions, parmi ces jugements divers du monde, commande à son sang de se calmer, à son indignation de s'apaiser. Les uns soutiennent, qu'il a voulu se singulariser, d'autres déclarent sa conduite ridicule ; d'autres le taxent de folie et prétendent bien haut qu'il s'est engagé à la légère dans une vie où il ne tiendra pas six mois. Dans le quartier, on fit même courir le bruit stupide, mais qui obtint une certaine créance auprès du peuple, qu'il avait muré une femme dans les caves de ses constructions (1).

Heureusement il laissa dire, sachant bien que tout acte tant soit peu extraordinaire commence par sembler digne de blâme à ceux dont il surprend les regards, et que « la folie de la Croix » que lui a prêchée le Frère Ambroise, ne manque jamais d'effaroucher la sagesse humaine. Peu à peu, les langues se turent, et l'on comprit que l'œuvre serait plus sérieuse et plus durable qu'on ne l'avait pensé d'abord. Le Frère Camille aurait pu écrire ces lignes d'une lettre du Père Lacordaire en 1839, au moment du rétablisse-

---

(1) Un jour, de sa fenêtre ouverte, il entendit deux ouvriers qui causaient dans la rue : « Vois-tu, disait l'un, c'est là qu'il a enterré la femme qu'il a tuée. » Il se contenta de dire dans son cœur, avec le Maître : *Misereor super turbam*, « J'ai compassion de cette foule. »

ment de l'Ordre de Saint-Dominique : « Je suis calme, laborieux, rarement troublé par la pensée de mes adversaires ; je vois mieux le néant et l'orgueil de ma vie passée ; je crois être plus humble. Il me semble que je touche à la maturité et que je ferai moins de fautes que par le passé. Les ennemis que nous trouverons nous seront fort utiles pour achever d'épurer notre cœur ; c'est là la vraie pénitence. Quelques coups de verge sont bien vite effacés du corps, quoiqu'il y ait mérite à les recevoir et à les sentir, quand on en est digne ; mais la persécution incessante de gens qui ne comprennent rien ou qui sont envieux, est le crucifiement réel du chrétien. » Proportion gardée, le Frère Camille pouvait en dire autant. Comme le grand restaurateur de l'Ordre des Frères Prêcheurs en France, les injures des hommes, en général, ne le troublaient pas. Dans un cas plus grave, le courage va-t-il l'abandonner ? Il relit les lettres fortifiantes du Frère Potton, qu'il a conservées précieusement, et la force morale renaît dans son cœur. Il finit par aboutir à cette disposition, la plus noble de l'âme humaine, qui consiste à ne plus s'inquiéter des vaines opinions des hommes, et à ne tenir compte, en toutes choses, que de Dieu et de sa conscience.

Ce fut de concert avec le Frère Ambroise qu'il donna en ces jours à la Cité de l'Enfant-Jésus, son organisation première.

L'œuvre capitale serait celle des catéchismes. On recevrait des enfants n'ayant pas fait leur première communion dans leur paroisse par suite de circonstances fâcheuses et on les instruirait pendant six mois. Il y aurait ainsi deux cérémonies de première communion par an. La grave question du nombre des enfants fut débattue. Ils étaient peu nombreux pour le moment, mais ils pourraient se multiplier plus tard. Il fut décidé que chaque catéchiste ne serait chargé que de huit enfants et qu'ainsi leur nombre total serait proportionné à celui des aides que la divine Providence enverrait au Frère Camille. Comme il n'avait alors avec lui que le Frère Pierre (1), on ne reçut que seize enfants.

Chaque maître prenait place dans sa chambre de catéchisme au bout d'une table longue en bois blanc, et de chaque côté quatre enfants étaient assis devant lui et sous ses yeux. Ces dispositions étaient favorables au maintien de la discipline; de plus, elles limitaient le nombre des enfants qu'il fallait nourrir en comptant uniquement sur la charité publique, puisque, nous l'avons vu, la construction de la Cité avait épuisé entièrement les ressources du Frère Camille. Tous les six mois, une cérémonie de première communion, couronnement de tous les catéchismes donnés et entendus pendant la demi-année précédente, se ferait à la Cité.

Ensuite, au bout de quinze jours, les premiers communiants devaient retourner chez leurs parents ou être placés en apprentissage, et un nombre égal de nouveaux pensionnaires venaient les remplacer.

Un petit hôpital, comme derrière l'église Saint-Pothin, avait été annexé à l'école. Matin et soir, le Frère Camille continuait à soigner et panser les quelques malades qui y étaient recueillis. Ce fut là que mourut le lépreux, reçu dès 1852 dans la précédente installation.

Le jeune directeur de la Cité menait là une vie fort austère. Pour lit, il n'avait qu'une planche de deux mètres de long sur soixante centimètres de large, identique à celle du Frère Potton dans son couvent. Des couvertures de laine la recouvraient. Les chambres n'étaient jamais chauffées pendant l'hiver. Les chaises étaient en paille

---

(1) Ce Frère Pierre dans le monde M. Louat qui, suivit en 1860, M. Chevrier au Prado et laissa seuls, à la Cité, le Frère Camille et M. du Bourg, devenu le Frère Paul, dont nous reparlerons plus tard.

grossièrement tressée. La table du réfectoire formée d'une planche non rabotée, reposait sur quatre piquets de bois blanc. Quant au menu des repas, il était le même pour le directeur et pour les enfants ; les pommes de terre et la salade en formaient le fond presque continuel ; on les assaisonnait des souvenirs des saints et des éloges de la pénitence. C'était la pauvreté dans toute sa rigueur, mais on la recherchait pour elle-même et, d'ailleurs, on pouvait ainsi avoir plus de malades et entretenir un plus grand nombre d'enfants. En carème, le jeûne était rigoureux et quelquefois alors, le vendredi, on jeûnait au pain et à l'eau. En ce dernier point encore, on avait pris modèle sur la Règle dominicaine suivie par le Frère Ambroise, et par laquelle ce jeûne sévère est prescrit le Vendredi Saint.

Le plus souvent, les enfants eux-mêmes préparaient le repas pendant que le Frère Camille quêtait pour leur entretien. Le plus âgé surveillait les autres. Mais souvent aussi tous jouaient en l'absence des maîtres dans la vaste prairie où a été depuis construite la grande chapelle, et les pommes de terre brûlaient. Ce qui n'empêchait pas M. Rambaud de trouver, comme il s'en accusait dans une lettre à son ami, trop de plaisir à déguster les mets dont il se nourrissait.

Jusqu'à sa mort il continua de traiter son corps avec une rigueur inflexible. Un jour qu'il était malade, son ami, M. Charles Laboré, vint le voir ; il le trouva grelottant de froid, dévoré par une fièvre ardente, et couché, comme d'habitude, sur la dure, sur sa planche sans paillasse ni matelas. Il lui enjoignit de se soigner et, séance tenante, fit apporter un matelas que le malade n'accepta qu'en soupirant.

Tel fut l'admirable exemple donné au monde par le Frère Camille Rambaud. Ce jeune homme qui exigeait le drap noir le plus fin, des escarpins vernis, des eaux

de senteur ou de la poudre dans ses boucles parfois fri-
sées ; qui froissait et rejetait, au désespoir de sa mère,
les chemises qu'il ne trouvait pas assez soigneusement
repassées, foule maintenant aux pieds toutes les com-
modités de la vie et la bure fait ses délices.

Un écrivain de cette époque disait : « Au milieu de
cette cohue sans cesse en émoi qui compose la population de nos villes, parmi ces groupes se croisant, se
recroisant dans nos rues, poussés par tant de préoccu-
pations diverses, on est frappé tout d'abord du nivel-
lement monotone et mesquin que le culte de l'argent
impose à tous les caractères, à toutes les intelligences.
Lisez sur les physionomies : elles expriment toutes la
même pensée sous une forme ou sous une autre, la pensée
d'un gain à réaliser ou d'une perte à combler. Doit et
Avoir, tel est le grand livre de la vie ; malheur à ceux
qui ne savent pas y lire couramment ! Toutefois, pour
la consolation des sages et pour l'enseignement de tous,
il arrive encore par moments de rencontrer sur cette
route aride, sous ce ciel étouffant, des hommes-types
résumant en leur personne l'idéal des vertus civiles, et
conservant, au milieu des agitations fiévreuses de leur
entourage, cette sérénité de vie qu'entretiennent et
développent une religion sincère, une charité sans
limite. » Du nombre de ces sages fut assurément celui
dont nous esquissons la physionomie morale.

Avant de quitter ce sujet, nous demandons au lecteur
d'admirer avec nous l'audace héroïque de cette
charité chrétienne qui, arrêtant un jeune homme de
trente ans au seuil de la fortune et des plaisirs du
siècle. le prend par la main, le détourne des frivo-
lités, le conduit tout brillant de jeunesse, de grâce,
d'éclat, dans les mansardes où gît quelque ouvrier
malade, lui fait donner des poignées de main au miséreux qui gît sur un grabat, lui fait réunir les enfants

les plus grossiers qu'on puisse trouver, et préférer leur société constante à la fréquentation du monde sélect et des soirées joyeuses. Voilà qui a valu l'admiration des anges et mérite l'admiration des hommes.

Lorsque le Frère Ambroise quitta Lyon pour Marseille et Rome, il était lui-même ému du spectacle que lui donnait son ami, et de toute son âme il pria Dieu de lui donner force et courage pour mener à bonne fin ce qu'il avait heureusement commencé.

Avant même son arrivée dans la Ville éternelle, pendant une courte halte qu'il fit à Marseille, le Frère Camille lui écrivit une lettre affectueuse où il lui disait que, depuis son passage, il se sentait plus vaillant et priait mieux. Au lieu de lui parler avec éloge des résultats obtenus, l'ardent directeur s'efforce de le pousser plus avant encore dans la voie de l'union à Dieu. Il l'entretient aussi de petits détails concernant sa santé, comme cela se fait entre amis intimes et de sa joie d'aller passer à Rome la dernière année de ses études théologiques.

Comme je suis encore à Marseille, mon cher Frère, lui écrit-il le 12 octobre, je profite de mes loisirs pour vous écrire un peu et vous répondre. Je me réjouis de voir que vous allez un peu mieux spirituellement : la seule lecture de votre lettre me montre que cette épreuve n'est pas perdue pour vous, que vous y apprenez beaucoup de choses et que vous avancez peu à peu sur la route qui mène à l'union avec Dieu et à la sainteté. Ce n'est pas une petite affaire, mais au contraire une affaire très longue ; et comme elle est la plus importante de toutes, elle demande une patiente persévérance et nous devons nous estimer heureux si les combats livrés quotidiennement nous laissent après eux l'espoir d'avoir fait quelques petits progrès. Il faut recommencer chaque jour comme si nous n'avions rien fait ; et certes, en considérant ce que nous sommes, il y a bien mille fois plus sujet de marcher en avant que de nous reposer dans la contemplation du bien où nous sommes arrivés par la grâce de Dieu. Vous voyez déjà clairement combien vous êtes pauvre, et, soyez-en sûr, cela seul est une très grande grâce que Jésus vous accorde comme récompense de ce que vous avez souffert et abandonné pour lui. Car comment désirer d'avancer si l'on se regarde comme déjà près d'être parfait? Et cependant, la plupart des hommes se regardent, sinon comme accomplis, du moins comme arrivés à un état très satisfaisant et qui n'a guère besoin de devenir meilleur. Avancez donc toujours et tendez à vivre dans une continuelle union avec Jésus, puisque telle est la sainteté véritable et la porte du ciel.

Je suis ici à Marseille dans une petite chambre, un peu plus petite que la cellule d'un capucin, très tranquille, sauf quelques visites et quelques courses périodiques au port pour y apprendre que le vent nous empêche encore de partir. J'aurais bien aimé loger chez les capucins et manger avec eux ; mais M. Pinetel m'a accaparé avec une bonté dont je ne saurais assez le remercier. Je reste quelquefois toute la matinée ou toute la soirée sans être dérangé, et je suis d'autant moins tenté de courir à travers Marseille que mon mal de pied qui était revenu à Chalais m'empêche de marcher. Cette fois, on m'a opéré. Un bon médecin a bien voulu le faire gratis. Il m'a *chloroformisé*. Je croyais m'endormir tout simplement ; mais pas du tout. Au bout de trois aspirations, je me suis mis à me débattre et à crier comme un possédé. J'ai senti l'opération, mais peu ou point de douleur, quoique d'habitude ce soit extrêmement douloureux ; ensuite, je suis resté ivre et riant comme un insensé pendant quelque temps. Dans deux jours la petite plaie sera cicatrisée, j'espère, et je serai guéri si, comme on me l'a assuré, cela ne revient pas. Mais j'offre bien à Notre-Seigneur ce doigt-là et tous les autres aussi s'il le veut, quoique je sois loin d'avoir un grand courage, puisque j'ai recours aux moyens qui enlèvent la douleur.

Je suis du reste assez content de m'expatrier ; j'espère, en effet, me trouver plus libre d'esprit et de cœur au milieu de choses et de personnes qui me seront étrangères, et je compte voir aussi peu toutes les belles choses de mon voyage que je pourrai le faire sans paraître extraordinaire et ridicule. Il est bon sans doute de savoir tout cela ; mais il est meilleur de s'en priver pour ne connaître que Jésus. Saint Paul disait qu'il n'avait pensé, chez les Corinthiens, savoir qu'une chose : Jésus et Jésus crucifié. Il avait raison, je suppose. J'espère qu'en voyant tout changer autour de moi, climats, mœurs, hommes, langage et tout le reste, et en voyant seulement et le même crucifix et le même bréviaire et les mêmes fêtes ecclésiastiques et le même Tabernacle et le même Jésus qui y réside, je m'attacherai à lui plus étroitement et regarderai tout le reste comme un brouillard fantastique qui prend toutes sortes de formes le long du voyage de la vie, mais qui est dissipé par le moindre coup de vent, faute de consistance.

Adieu. J'approuve ce que vous me dites de votre oraison. Ne vous croyez pas obligé de trop vous attacher à Manrèse. Mais je n'approuve pas que vous fassiez connaître tous vos péchés ou quelques-uns d'entre eux à vos enfants. Soyez toujours extrêmement circonspect et réservé là-dessus.

Dites à ma mère qu'elle ne s'effraie pas de ce vent ; tant qu'il soufflera, nous ne sortirons pas, parce qu'il est impossible de quitter le port et de gagner la haute mer ; il est donc très inutile qu'elle se tourmente.

Je vous embrasse en Notre-Seigneur Jésus que vous devez aimer beaucoup, parce que déjà il commence à vous aimer lui-même beaucoup.

Frère L. A. POTTON, des Frères Prêcheurs.

Je ne vous ai rien dit du Bref du saint Père. C'est plus d'honneur et de bonheur que vous ne méritez. Rattachez-vous le plus possible aux Capucins. Le Père Archange dit qu'à Marseille vous réussiriez mieux à attirer autour de vous des tertiaires franciscains. Mais vous ne pouvez quitter votre maison sur une espérance si incertaine et après si peu de temps d'épreuve à Lyon. C'est, du moins, ce qu'il me semble.

Cependant la Providence allait amener au directeur de la Cité un nouvel auxiliaire aussi précieux qu'inespéré. L'exemple de la folie de la Croix avait sa contagion. Lui-même nous a raconté leur première entrevue.

Un jour que, au mois d'août 1854, le Frère Camille allant au marché traversait la place Bellecour un panier au bras, il vit venir à sa rencontre, à cheval, un jeune homme de ses connaissances, fort riche et noble, nommé M. du Bourg, qui, l'apercevant, dirigea vers lui sa monture :

« Où allez-vous ainsi, lui dit-il ?

— Chercher à manger pour mes enfants... Venez donc avec moi.

— Ah ! par exemple, avec vous, jamais ! Si vous saviez quel joli garçon vous êtes avec votre casquette plate, votre blouse et votre ceinture de cuir !

14

— Vous dites : jamais !... Eh bien ! je vous préviens
d'une chose : vous viendrez me rejoindre.

— Moi ! par exemple ! jamais !

PAUL DU BOURG (jeune homme)

— Je vous le prédis, dit le Frère Camille en terminant la conversation ; avant peu, vous serez sous ce
vêtement à la Cité de l'Enfant-Jésus. »

M. Paul du Bourg appartenait à l'une des familles les plus connues de Lyon et des premières par la situation, les traditions et la richesse. Dès sa jeunesse, il s'était distingué par la bonté, se faisant parmi les siens le serviteur de tous dans les jeux et les parties de plaisir, et préludant ainsi par l'oubli constant de lui-même à l'abnégation de sa vie d'apostolat. Dans le monde, sa charité ne le quittait pas : il prenait, à tâche, disait-on de servir de cavalier aux jeunes filles qui ne trouvaient pas de danseurs.

A partir du jour où il rencontra le Frère Camille sur la place Bellecour, il prit fantaisie, dans ses courses à travers la Guillotière, alors presque inhabitée, de s'arrêter parfois à la *Cité* pour y distribuer des dragées aux enfants. En quelques mois il fut vaincu, lui aussi, par la grâce, et le 8 décembre 1854, le jour même où était défini le dogme de l'Immaculée-Conception, il revêtait la grande blouse bleue, la ceinture noire et la casquette plate du Frère Camille, dont il s'était agréablement moqué et devenait son compagnon sous le nom de Frère Paul. Ce fut lui qui désormais prit le panier et vint chaque matin acheter les provisions sur le quai Saint-Antoine.

Une autre grande joie était accordée en même temps aux habitants de la *Cité* : la petite chapelle était terminée et l'inauguration allait se faire le jour de Noël. Deux bonheurs inestimables à la fois : la venue de Notre-Seigneur dans la maison, et l'arrivée d'un nouveau frère aussi riche de vertus que de ressources temporelles. Le Frère Camille retrouva pleine confiance dans l'avenir et s'empressa de communiquer toutes ces heureuses nouvelles au Frère Potton.

Ce dernier venait lui-même de recevoir une grande grâce : après une fervente retraite à Sainte-Sabine, il avait été ordonné diacre à Saint-Jean-de-Latran, le

23 décembre, par le Vicaire du Souverain Pontife. Le lendemain, il adressait de Rome à son ami la lettre suivante :

Eh ! bien, Camille, ne faut-il pas que je vous souhaite une bonne année, car lorsque vous recevrez ma lettre la nouvelle année sera peut-être bien commencée. Oui, je vous souhaite une bonne année, non pas riche de biens temporels mais de biens spirituels, non pas toujours abondante en consolations, mais aussi en souffrances que vous commencez à savoir supporter avec profit.

Vous aurez eu, j'espère, une belle fête pour Noël, et ce jour-là, comme vous me l'annonciez, vous aurez ouvert votre chapelle ; il faudrait presque dire votre église, puisque de toute la paroisse, c'est le seul endroit où l'on puisse dire la sainte Messe. La cérémonie a-t-elle été belle ? Y avait-il beaucoup de pauvres ? Y avait-il beaucoup d'enfants ? Y avait-il beaucoup de dévotion ? Ah ! c'est une chose rare que la dévotion par le temps où nous sommes, et cela fait mal de voir combien les saints sont peu nombreux, combien les hommes d'oraison sont rares, combien chacun laisse dévorer sa vie par la vanité et par des œuvres pleines de vanité, et combien le sel de la terre s'est affadi. Il faut, pour cette année nouvelle, placer haut vos espérances et, sans vous arrêter à une perfection vulgaire, oser aspirer à devenir, par la miséricorde de Dieu et sous le souffle de sa grâce et dans le temps qu'il a marqué, un instrument tout à fait docile de ses bienfaits sur les hommes ; oui, il faut que vous deveniez assez saint pour pouvoir vivre impunément au milieu des hommes et pour traverser le monde, l'échauffant de votre chaleur et le vivifiant de votre vie, sans vous laisser atteindre par le froid mortel qui y règne. Il faut allumer dans votre âme un grand incendie, et pour cela ne pas ragarder comme perdues les heures que vous donnez au recueillement et à la prière et ne pas croire manquer aux devoirs de votre vocation en vous retirant un peu pour être seul avec Jésus.

Au contraire, sans cela que feriez-vous ? Si peu de bien qu'on le verrait à peine, et vous ressembleriez à un homme qui, pour avancer plus vite et pour faire plus de chemin, ne voudrait jamais s'arrêter ni pour manger ni pour dormir, ni pour réparer ses chaussures, ni pour s'informer de sa route. Je le sais bien, telle n'est pas votre erreur ; mais je vous écris ce que je pense et que puis-je vous écrire que déjà vous ne sachiez ? Mais, je me suis plus persuadé que jamais de cette vérité, pendant la retraite que j'ai faite à Sainte-Sabine pour me préparer à mon ordination.

Si vous saviez combien j'étais content les deux premiers jours de me trouver seul et tranquille, loin du fracas des soldats de la Minerve et du bruit des études, dans un couvent tout sanctifié par la présence de saint Dominique. Figurez-vous une église un peu moins grande, peut-être, que celle de Saint-Genis (1), mais beaucoup plus élégante et plus dévote, avec des petites chapelles qui donnent envie de prier et un grand maître-autel, au milieu, que je ne pouvais regarder sans émotion, en songeant que bientôt j'aliais y chanter ma première messe. J'y étais souvent tout seul, ou bien, si pendant les heures de la soirée quelqu'un venait y prier, il était rare qu'il vînt jusqu'à l'endroit obscur où j'étais caché et à peu près invisible.

Il y a aussi une petite chapelle où saint Dominique, saint François et un autre personnage ont passé une nuit sans dormir à parler des choses de DIEU. On voit encore la chambre de saint Pie V convertie en chapelle, et la pierre que le diable jetait à saint Dominique pendant qu'il était en prières. Dans le jardin est l'oranger planté par le saint Patriarche, et si quelques branches sont mortes de vieillesse, il y a des rejetons et même de grosses branches qui sont encore pleines de vie. C'était un bien bel endroit pour faire oraison ; il ne me manquait que d'être plus avancé dans ce saint exercice. J'ai lu aussi une partie de la vie de sainte Thérèse dans la nouvelle traduction de Bouix, et en lisant cet ouvrage dépouillé des imperfections de la traduction ancienne, j'ai été stupéfait de voir que des pages pareilles, tout embrasées des flammes divines, avaient pu sortir d'une âme humaine et être écrites par la main d'une pauvre religieuse. On n'ose plus rien dire après avoir lu cela : que JÉSUS nous accorde donc la grâce de brûler du même amour et de vivre de cette vie nouvelle auprès de laquelle l'autre n'est qu'une mort ignominieuse. J'espère qu'il vous aura dit de douces choses pendant la nuit qui commence ce soir, et qu'il vous aura remercié tendrement de ce que vous lui avez bâti une église ; car c'est un bon ami, et il fait entendre la parole de sa reconnaissance à ceux qui souffrent pour son nom, quoique, à vrai dire, nous souffrions peu de chose, et bien mal, et bien infidèlement. Mais il est si bon qu'il accepte tout ; c'est pourquoi j'espère que sans savoir par où il sera né dans votre âme, vous l'y aurez trouvé logé au plus profond pendant les splendeurs de cette nuit bienheureuse qui va commencer ce soir et pendant laquelle le pauvre Frère Potton, tout joyeux d'exercer l'ordre nouveau qu'il a

---

(1) Paroisse du diocèse de Lyon, dans laquelle se trouvent les Barolles.

reçu, va faire Diacre à la Messe solennelle tout à côté du prêtre, comme s'il y avait quelque chance qu'il pût jamais parvenir à cette dignité incompréhensible du sacerdoce. Je penserai à vous cette nuit, bien sûr, et me représenterai la joie que vous devez éprouver en voyant s'ouvrir votre chapelle en un si beau jour. Ou peut-être, je le sais par expérience et je l'ai souvent éprouvé dans les circonstances les plus douces et les plus solennelles et récemment encore, peut-être ne ressentirez-vous que trouble, ennui et distraction : mais vive Jésus ! Ce n'est pas pour avoir toujours des douceurs que nous le servons, et nous ne voulons brûler de son amour si doux que pour sa gloire, quand il le veut, et afin de pouvoir répandre autour de nous ce parfum qui donne la vie. J'espère aussi que vous avez un compagnon maintenant (1). Oh ! vous n'êtes pas digne d'une aussi grande âme : mais peut-être l'aurez-vous tout de même.

Et maintenant, je vais retourner à Sainte-Sabine jusqu'au 2 janvier, car nous avons vacance pour le nouvel an, et j'essaierai de reprendre mes petites méditations au point où je les ai laissées.

Je vous embrasse en demandant pour vous à Jésus la grâce d'oraison qui est souvent la source de toutes les autres. Mon amitié à votre nouveau frère. Comment s'appelle-t-il ?

Les lettres du Frère Camille à son ami étaient habituellement si fréquentes que celui-ci s'étonnait à la fin de janvier 1855 de n'en avoir reçu aucune depuis Noël. Craignant que quelque récente épreuve soit venue traverser encore une fois ses desseins, il lui demande avec instance de ses nouvelles. Il revient encore sur la question de la nourriture ; il a appris que M. Rambaud a beaucoup maigri en peu de mois ; il le met en garde contre des privations exagérées qui ruineraient toute son œuvre, en lui enlevant les forces nécessaires pour la continuer et l'achever. En cela encore il se montrait habile directeur, car le Frère Camille, avec son ardeur et sa générosité, aurait pu outrepasser facilement les bornes de la discrétion et anéantir définitivement une santé qui commençait à devenir chancelante.

____

(1) M. du Bourg, devenu le Frère Paul.

Mon cher Camille, lui écrit-il le 29 janvier, il y a bien longtemps que je n'ai reçu de vos nouvelles : il ne faut pas cependant cesser de m'écrire, car si je suis si loin de vous par la distance, je suis toujours près par le cœur et l'affection.

J'aurais eu bien du plaisir à savoir comment s'est passée la belle cérémonie de Noël, et comment s'est effectuée votre prise de possession de cette nouvelle maison. Votre chapelle est-elle entièrement terminée ? Ce doit être pour vous une bonne consolation de voir venir à votre messe de braves gens qui sans cela ne se dérangeraient pas pour aller à la Guillotière ou aux Brotteaux. Je pense qu'au moins de ce côté-là votre petit amour propre d'architecte a lieu d'être satisfait. Vos deux frères ont-ils pris l'habit l'un et l'autre, comme vous me le faisiez espérer ?

J'aime à croire qu'ils ne sont que les premières pierres d'un bel édifice et que le Tiers-Ordre de Saint François va refleurir sur la terre de France, et vous aurez du moins la consolation d'avoir été choisi, quoique indigne, pour être l'instrument de cette résurrection. Peut-être tout n'est point fini encore ; et peut-être avez-vous et aurez-vous encore bien du mal avant de réussir. Persévérer est une grande chose ; pour persévérer, il faut beaucoup de courage, beaucoup de patience, beaucoup d'abnégation, beaucoup de vertus de toute nature qui sont très difficiles à acquérir et que peut-être vous ne possédez pas encore autant que vous le désirez et que je le désire pour vous. Mais ne vous plaignez pas trop ; vous le savez, j'ai toujours eu de vous bon espoir : il faut seulement prendre patience et ne pas vouloir cueillir des fleurs sur un arbre que le grand jardinier vient seulement de planter en bonne terre pour lui faire prendre solidement racine. Chaque chose vient en son temps, comme je le lisais encore il y a peu de jours dans saint Bonaventure citant saint Bernard. Il faut d'abord s'exercer dans toutes sortes de troubles, de peines et de tentations, afin que l'âme se purifie un peu et efface toutes les impuretés qui souillent sa beauté, afin que le roi céleste commence à pouvoir s'approcher d'elle. C'est la partie la plus pénible de la vie spirituelle, car il y a moins de secours et plus de travail, et si plus tard on rencontre quelquefois de beaucoup plus grandes peines, l'onction intérieure de la grâce en rend ordinairement le support plus facile. Ces commencements sont les plus rudes et très peu de personnes veulent se résigner à cette purification de l'âme ; le plus grand nombre jettent tout à la première difficulté, et bien petit est le nombre de celles qui arrivent à la vie spirituelle qui est la vie véritable. Qu'est-ce, en effet, que vivre selon le corps ? C'est vivre comme un animal. Qu'est-ce que vivre selon l'intelligence et rien de plus ? C'est vivre comme un homme ordinaire. Mais vivre de la vie spirituelle suivant les désirs, les affections et la pureté de l'Esprit-Saint qui nous est donné et qui habite en nous, c'est vivre comme un chrétien et comme un des membres de Jésus qui envoie son Esprit dans le cœur de tous ceux qui l'aiment et lui obéissent. Puis, quand l'âme a beaucoup souffert pendant quelque temps, il arrive ordinairement, si elle a bien combattu, qu'elle s'affectionne à la prière, à la méditation, au silence et à la solitude : qu'elle prend plaisir à converser avec Jésus et à vivre auprès de lui. Peut-être est-ce déjà ce que vous commencez à éprouver, car vous m'écriviez récemment que vous vous trouviez bien dans les églises et qu'il y faisait bon pour vous. Et puis, quand l'âme s'est longtemps exercée dans la méditation et qu'il fait plus tranquille chez elle, l'Esprit-Saint commence à s'y manifester si doucement que c'est comme le printemps après l'hiver ou comme l'aurore après la nuit, ainsi qu'on peut le comprendre par ce qu'en disent les auteurs mystiques. De tout cela, je l'espère, vous aurez un jour l'expérience, ainsi je m'arrête.

On me dit que vous êtes si maigre ! il faut vous bien nourrir. Avec une nourriture très peu substantielle et point de vin, mangez beaucoup afin de soutenir vos forces, et faites manger vos frères ; autrement vous ne résist_rez pas au travail et au changement de vie.

Et prenez bien des précautions avec une maison si nouvellement bâtie. Je suis sûr que vous êtes extrêmement bon avec vos frères et qu'ils vous aiment beaucoup. Mais j'aimerais bien avoir autre chose que des conjectures. Ecrivez-moi donc par ma mère ou directement, si elle ne m'écrit pas. Le R^me Père général paiera le port ; ce n'est pas à vous à affranchir, puisque vous êtes religieux comme nous. Vous savez sans doute que je serai ordonné Prêtre le Samedi-Saint, 7 avril. Mais je vous écrirai encore d'ici-là. Adieu, je vous embrasse comme je vous aime, c'est-à-dire de tout mon cœur.

Frère L.-A. Potron, des frères Prêcheurs.

Envoyez-moi la nouvelle adresse et le nouveau nom. Jeudi je ferai Diacre et chanterai l'Evangile dans l'église de Saint-Clément, une des premières basiliques ouvertes aux chrétiens après la persécution des Empereurs. Il n'y a presque rien de changé depuis dix-neuf siècles : mêmes murs, mêmes colonnes, mêmes mosaïques.

.Les deux amis s'avançaient d'un pas heureux et sûr dans les deux voies, fort diverses, où la divine Providence les avait engagés. Pendant que le Frère Camille

organisait la *Cité* avec ses deux frères Paul et Joseph, le
Frère Ambroise touchait au port heureux du sacerdoce :
il fut ordonné prêtre à Rome le 7 avril 1855. Dès le lendemain, il disait à son ami les douces joies de sa première
messe, et l'engageait à chanter avec lui un *Te Deum*
d'actions de grâces pour les bienfaits dont Dieu les avait
comblés tous deux. Cette lettre fut malheureusement
égarée par la poste. Le 22 juin, le nouveau prêtre ayant
appris cet accident, écrivit une seconde lettre, toute
pleine d'affection pour son ami et de dévouement pour
son œuvre. Il finit, après une série de conseils ravissants
de simplicité en même temps que de sagesse, par lui
annoncer que, vers le milieu du mois suivant, il viendra
célébrer le Saint-Sacrifice dans la nouvelle chapelle de
la Cité.

Mon cher Frère, je vous avais écrit de Sainte-Sabine le lendemain
de ma première messe. Ma lettre, confiée à un jeune ecclésiastique
qui passait par Lyon, s'est perdue à ce qu'il paraît. J'en suis bien
fâché, non à cause de ce qu'elle contenait, mais parce que si vous ne
l'avez pas reçue, vous avez dû croire, en effet, que je vous laissais
bien longtemps sans paraître m'inquiéter de vous. Ce qui serait à
coup sûr une vraie ingratitude de ma part envers un fils aussi...
(laissons l'épithète en blanc pour ne pas vous donner une petite tentation de vanité).

Cependant, vous pouvez découvrir dans cet accident une miséricorde de Notre Seigneur : il vous montre qu'il ne faut compter que
sur lui. Et sur quoi compterez-vous, si vous comptez sur moi ? Le
service des postes est plus facile entre lui et vous, et vous pouvez en
être certain, vos lettres ne se perdront jamais. Les siennes s'égarent
peut-être quelquefois un peu et n'arrivent pas complétement à leur
adresse ; mais alors c'est votre faute : vous restez trop longtemps
avant d'ouvrir la porte et il faut attendre une autre distribution.
Ne vous scandalisez pas de cette petite comparaison : je ne pense
pas qu'il y ait de mal à dire cela. Du reste, soyez-en bien assuré, je
pense souvent à vous et je regrette plus pour vous et pour les
autres que pour moi-même, de n'être pas un digne ministre de
Notre-Seigneur, capable de soutenir, de fortifier, de faire avancer et
d'embraser d'amour les âmes qu'il m'adressera peut-être. J'ai offert

pour vous, comme vous l'aviez demandé, le saint Sacrifice le jour de sainte Catherine de Sienne, dans l'église de la Sainte où se trouve un couvent de nos sœurs du grand Ordre. Vous en aurez, j'espère, ressenti les fruits. invisiblement peut-être ; mais souvent nous avançons lorsque nous croyons reculer. Et vous le dirai-je ? A en juger par vos lettres, je ne suis pas mécontent de vous, et j'espère dire mieux encore, lorsque je vous aurai revu. J'ai passé mon examen de confession il y a un peu plus d'un mois ; ainsi plus rien ne me manque pour remplir les différentes fonctions du prêtre. J'ai déjà confessé quelque peu (très peu) dans l'Ordre, et bien des fois j'ai donné la Sainte-Communion, soit aux novices ou aux convers de Sainte-Sabine, soit aux laïques dans les différentes églises où j'ai célébré. Il est rare, je pense, que je dise la Sainte Messe sans faire quelque mémoire de vous, plus ou moins, selon que je m'y sens disposé, car vous n'êtes pas seul dans l'Eglise à avoir des besoins et des nécessités ; et j'offrirais plus souvent pour vous le Saint Sacrifice, et pour votre œuvre, si l'état de pauvreté où nous sommes ne nous obligeait à recevoir les intentions que l'on veut bien nous donner. C'est du reste un **pain** précieux et très digne que celui que l'homme gagne en accomplissant la plus noble fonction qu'il soit possible d'imaginer.

A mon passage à Marseille, j'irai voir le Père Archange s'il se trouve dans cette ville, afin de lui demander s'il ne découvrirait point autour de lui quelques vocations pour les futurs Tertiaires Capucins de Lyon. Il s'intéressera, j'en suis sûr, aux petits progrès de votre œuvre, et à l'occasion, peut-être pourra t-il vous préparer quelque bon frère, — point trop savant, puisque la science n'est point le plus indispensable pour entrer dans la maison du Saint-Enfant-Jésus — mais très bon, très dévoué et plein d'un grand amour de Notre-Seigneur et d'un grand désir de le faire aimer par toutes ces petites âmes qui ne le connaissent point encore et qui ne l'ont jamais reçu.

J'ai plaisir à savoir que le Frère Paul va faire une retraite à Chalais: votre vie serait toujours lourde à porter et votre ministère changerait le caractère saint qui doit le distinguer en un caractère vulgaire, semblable à celui d'une école primaire, si, appelés à donner le pain spirituel à vos chers petits élèves, vous n'alliez pas chercher dans la pratique de l'oraison, la retraite et la séparation totale de tous les désirs du monde, les forces nécessaires pour remplir un rôle si noble et si difficile. Vous êtes leurs mères ; il faut que vous fassiez une ample provision d'un lait dont la douceur les attire, et qui les nourrisse sans qu'ils aient à y prendre presque aucune peine, comme les petits enfants qui ne sont pas encore assez forts pour mâcher la nourriture qui leur est nécessaire. C'est à vous d'avoir des dents pour eux, car vous êtes leurs nourrices.

Adieu. Vous avez, j'espère, reçu la lettre où je vous annonçais mon arrivée à Lyon pour le 14 juillet environ. J'irai d'abord aux Barolles où je ne passerai que le temps nécessaire pour nourrir de Jésus toute ma famille. J'aimerais bien aussi à donner la communion le dimanche à tout le peuple dévot de Saint-Genis. Qui sait si M. le Curé le permettra? Et je crains un peu de faire quelque grande sottise sans le vouloir, parce je ne suis pas encore bien exercé. Ensuite je passerai à Lyon un jour, que je commencerai en célébrant chez vous le Saint-Sacrifice. Quelle belle messe! Quelle belle chapelle! Quel beau servant de messe! Il n'y aura que le célébrant de défectueux. Je vous embrasse, ainsi que Frère Paul.

Le Frère Camille reçut son ami avec une affection plus tendre que jamais, et tous deux rendirent grâces à Dieu de ses bienfaits avec une véritable allégresse dans cette chapelle, à la construction de laquelle tous deux avaient eu leur part : l'un en la payant de ses deniers, l'autre en aidant par ses conseils à la réalisation de l'œuvre dont elle était le centre. Le Frère Ambroise visita non seulement toutes les chambres de l'établissement, il vit aussi les enfants et leur adressa quelques paroles dans une allocution dont on parla longtemps à la Cité.

Ce ne fut pas tout. Au cours du même été, le frère Camille conduisit à Chalais tous les pensionnaires de son ami, et ces enfants, de retour à Lyon, adressèrent au Révérend Père Prieur, aux novices qui les avaient menés en promenade et au Père Ambroise Potton de gentilles lettres, non moins émaillées de bons sentiments que de fautes d'orthographe.

Au sujet de tout cela et aussi en réponse à plusieurs lettres du Frère Camille qui se plaignait toujours de ses tiédeurs dans la prière, le directeur écrivait de Chalais, le 21 septembre, cette longue lettre :

« Mon très cher fils (1), lui disait-il, je suis pleinement satisfait des différents détails que vous me donnez sur votre nourriture, et, désormais convaincu de votre prudence, j'abandonne tout cela à votre appréciation pour ce qui concerne les autres.

Pour vous, je vous permets, en considération de votre obéissance, de manger, si vous le voulez, un peu moins que maintenant, principalement le matin où il ne paraît pas nécessaire d'avoir une soupe aussi copieuse pour attendre jusqu'à midi. Je croyais les choses un peu différentes de ce qu'elles sont. Dernièrement un frère des Ecoles nous a dit, à ma grande inquiétude, que la moitié des jeunes frères n'arrivent pas à 25 ans, et que 10 sur 500 seulement arrivent à 60 ans (2). Cette mortalité doit être un effet du mauvais air et de la fatigue des classes où l'on rassemble 80, 100 et 150 enfants toute la journée. Je suis heureux de voir que votre santé à tous est très bonne.

Remerciez, pour moi et pour nos frères, vos petits enfants de leurs belles lettres. Les fautes d'orthographe n'empêchent pas leurs bons sentiments de paraître. Que Notre-Dame qu'ils ont visitée à Chalais les protège. Remerciez aussi Frère Louis de sa lettre : elle est un peu bizarre comme vous dites : mais je lui suis reconnaissant de la peine qu'il s'est donnée. C'est à vous de le former à la simplicité ; nous ne devenons pas parfaits en un jour, comme vous savez, mais en beaucoup d'années.

Nous avons ici un convers de 25 à 30 ans, plus instruit que ne le sont généralement les convers, sans l'être cependant beaucoup. Il parait un peu inconstant, trouve que Chalais n'est pas assez recueilli, voudrait des conférences spirituelles, etc. Il dit vouloir entrer à la Cité de l'Enfant-Jésus, pour que la nécessité d'instruire les autres soit un stimulant à sa bonne volonté. Il ne veut nous quitter qu'après avoir été admis chez vous : mais peut-être le Révérend Père Prieur le priera-t-il de nous laisser, même sans cela. En tout cas, s'il part, nous lui dirons de passer chez vous. Mais nous serions bien aise de savoir si, sans vous engager, vous pensez l'admettre. Il ne parait pas entièrement vous convenir, sans cependant que l'on ose prononcer absolument. Si vous ne répondez rien, ce sera un signe que, tout en lui permettant de passer chez vous, à Lyon, lorsqu'il nous quittera,

---

(1) C'est la première fois que le Père Ambroise donne ce titre de « fils » au Frère Camille ; maintenant qu'il est prêtre, il le lui donnera le plus souvent, tout en revenant volontiers encore de temps en temps à celui de « frère ».

(2) C'est une exagération manifeste et contraire aux faits.

vous ne voulez pas lui donner l'espérance de le garder. Ou bien écrivez-nous ou écrivez-lui ; faites ce qui vous paraitra bon.

Quant à vos défaillances et à vos souffrances, hélas ! suis-je Notre-Seigneur pour les guérir ? Pour vous consoler un peu, j'aurais presque envie de vous envoyer quelques-unes des lettres que j'ai reçues de vous-même dernièrement. Seulement, et je le sais, quand vient le temps où il fait froid, il ne semble pas qu'on ait jamais senti un rayon de chaleur ; et pourtant l'hiver et l'été se succèdent selon qu'il plaît à Dieu qui gouverne toutes choses pour sa gloire et pour le bien de ses élus. Souvenez-vous donc qu'il vient une heure où Jésus appelle des larmes au sourire de sa présence. *Felix hora*, dit l'Imitation. Heure bienheureuse, en effet, et plus heureuse encore lorsque la tristesse et la peine l'ont fait désirer. Du reste, pour vous encourager, je puis vous faire voir combien cet abandon vous est utile. Vous le portez avec tant de peine, n'est-il pas vrai ? Et pourquoi ? C'est que vous n'êtes pas encore vide de vous, c'est que vous vous aimez encore ; sans cela que vous importerait de vous voir en haut ou en bas, dans la force ou dans la faiblesse ? Mais nous nous aimons, et égoïstement, et c'est cet amour que Jésus poursuit et veut exterminer en nous, afin d'y avoir quelque place ou plutôt une grande place pour son amour à lui, qui est saint et parfait. Il faut ne plus s'aimer, il faut haïr son âme, si l'on veut être disciple de Jésus : *non potest meus esse discipulus*. Et pour arriver à cette haine, il faut s'habituer à se voir souffrir sans se plaindre, à se voir délaissé sans se plaindre, à se voir nul, anéanti et abandonné, sans se plaindre. Plaindriez-vous celui que vous n'aimeriez pas ? Non, sans doute, on ne s'afflige que pour ceux qu'on aime. Priez donc Jésus d'arracher de vous les derniers restes de ce vilain amour. Comme il s'est oublié pour vous, oubliez-vous pour lui, et laissez-le achever cette opération si douloureuse mais si nécessaire puisqu'elle vous coûte tant.

Que suis-je pour m'inquiéter de moi davantage ? Oh ! Jésus, que l'amour de votre cœur me rende indifférent pour moi-même, et que l'abandon m'habitue à me compter pour rien, et qu'ainsi vous prépariez en moi, à votre gloire, une âme pure qui n'aime plus sa force et sa joie à cause d'elle-même, mais à cause de vous. *Oportet me minui, te autem crescere*, « il que je sois diminué et que vous croissiez », s'il est permis d'employer les paroles de saint Jean-Baptiste. *Minui* signifie être diminué ; ce n'est pas assez, il faut être anéanti et mourir avant de revivre.

C'est pour vos frères que j'ai recommandé un livre. Pour vous, habitué depuis plus longtemps à cet exercice, ne vous en servez que dans la mesure où il vous serait utile. Ce que vous m'avez écrit sur la méditation en commun est juste ; peu d'oraison publique, plus d'oraison particulière ; mais toujours un grand esprit d'oraison et de recueillement.

La haine de soi-même et le règne total de Dieu sur nous, au point que nous soyons indifférents, non seulement au succès extérieur ou à l'humiliation, à la santé ou à la maladie, mais encore aux consolations de la vie intérieure, c'est là le gage et le fondement le plus solide de la perfection. Telle est la cime élevée sur laquelle le saint directeur veut voir habiter son disciple. Une grande partie des lignes précédentes traitent ce sujet difficile et relevé ; il y revient encore dans une lettre datée du 6 octobre de la même année, et non moins belle au point de vue spirituel et religieux.

Vous avez grandement raison de le dire, mon très cher fils : dans la vie spirituelle, quand on n'avance pas on recule. Cela est très vrai ; tâchez donc d'avancer. Il faut pour avancer des efforts continuels et une lutte incessante contre tout le mal qui est en nous. Dieu ne voit pas plus tôt une âme décidée à se vaincre elle-même, qu'aussitôt il lui envoie la matière de combats toujours nouveaux, et la vie se passe dans une bataille auprès de laquelle les batailles des empires, si l'on en retranche ce qu'il peut s'y mêler de combats intérieurs, auprès de laquelle les batailles des empires ne sont qu'une insignifiante niaiserie et un jeu d'enfants. Plus vous grandirez, plus vous sentirez cette lutte, et à mesure que vous grandirez, elle deviendra plus ample, plus sérieuse et plus intérieure. Mais vous ne sentirez pas toujours de votre côté la faiblesse et le délaissement, car Jésus ne se cache point toujours. Quelquefois vous sentirez au contraire la force et la victoire. Quand une armée a vaillamment combattu et que ses ennemis sont sous ses pieds, il arrive que son général la laisse reposer dans le triomphe avant de lui offrir de nouveaux combats : ainsi en est-il de nos âmes. Quelquefois il leur est donné de s'ouvrir à un soleil qui, s'il n'est pas le soleil de la patrie, emprunte cependant quelques-unes de ses lointaines splendeurs. Voilà toute la vie de l'homme sur la terre, lorsque Dieu dans sa miséricorde lui fait la grâce de l'appeler à la sainteté et qu'il est fidèle. Auprès de cette vie latente, auprès de ces combats de l'amour dans une âme qui s'extermine et se détruit elle-même afin d'être à Dieu sans partage, qu'est-ce que tout le reste de l'univers avec sa civilisation, ses chemins de fer et ses soldats? Tout cela vaut il la peine qu'on le regarde et qu'on s'en occupe, si ce n'est en tant que Dieu s'en sert pour opérer les épreuves et les sanctifications des âmes qu'il a choisies ?

On dit que les monastères de religieuses contemplatives ne servent à rien : ne faudrait-il pas dire plutôt : à quoi sert de parler, de voyager, d'instruire, d'enseigner, et tout le reste? Qu'est-ce que tout cela, si l'on en retire précisément ce que l'on trouve inutile, cette vie cachée qui se développe et triomphe loin du bruit dans la cellule d'un pauvre frère ou d'une pauvre religieuse? Combattez donc courageusement. En ma qualité d'agriculteur, il me semble que je pourrais dire que le printemps n'est plus aussi éloigné qu'autrefois. Ne faut-il pas que la neige fonde avant de voir pousser les fleurs ? Et quand avez-vous vu disparaître en un jour la glace qui avait mis trois mois à se former ? Grandissez donc, non point dans la paix, ce n'est point là que se forment les grands capitaines, grandissez dans les combats. Lorsque vous aurez triomphé de vous, de votre paresse, de votre lâcheté, de votre découragement si facile, vous aurez remporté une grande victoire ; et le reste, ce n'est point à vous à le faire, c'est à Dieu. Mais tant qu'il reste une mauvaise herbe, votre travail est imparfait. Dieu commanda aux Hébreux d'exterminer tous les habitants criminels de la Terre Promise, afin que le peuple choisi pût y vivre en paix ; pas un seul ne devait être épargné. Ainsi, pour vivre dans cette vie spirituelle et divinisée qui est déjà plus près du ciel que de la terre, il faut exterminer jusqu'au dernier et jusqu'au moindre tous nos péchés et tous nos ennemis. J'espère que vous le ferez, et, pour ce motif, lorsqu'à l'avenir vous vous sentirez plus découragé, j'aimerais bien vous voir prendre quelque petite discipline pendant le temps d'un *Te Deum*, en sus de celles de votre règle, pourvu que ce ne soit point plus d'une fois par semaine.

Du reste, faites attention que je vous ai dit de manger un peu moins que vous ne le faisiez, ce qui ne veut pas dire infiniment moins et rien du tout. Et quant aux pénitences que font vos frères avant la fête de saint François, prenez garde de les leur imposer. S'ils les aiment, bien : mais ne leur faites pas faire, en dehors de la règle et du chapitre, ce qui ne leur plairait pas intérieurement. Ce n'est pas en cela qu'il faut exercer leur obéissance.

J'ai fini, et je demande pour vous à Marie, Reine du Saint-Rosaire, une grande et tendre et filiale et amoureuse dévotion. Vous devriez tant l'aimer que ce fût une grande joie pour vous d'entendre son nom, de baiser ses pieds, de l'appeler, de la nommer et de la voir. Qui a donné Notre-Seigneur au monde ? C'est elle, et c'est elle aussi qui le donne aux âmes ; et auxquelles l'accorde-t-elle ? A celles qui l'aiment et la louent elle-même et se font les esclaves de sa douceur et de son amour. Soyez donc son esclave. J'espère que le Révérend Père Pierson vous aura dit quelques bonnes paroles. Essayez de vous allumer auprès de lui. Adieu, je vous bénis.

Frère L.-A. Potton, des Frères Prêcheurs.

Je n'ai pas assez exprimé mon affection pour la lettre de frère Louis et des enfants ; faites-le à ma place.

Tels furent les rapports spirituels qui unirent jusqu'en 1855 les deux jeunes gens dont nous essayons de décrire l'admirable amitié. Nous croyons que l'histoire des siècles présente peu d'exemples plus édifiants que celui de ces deux âmes entièrement ouvertes l'une à l'autre, transparentes en quelque sorte et d'une générosité qui dut ravir le regard de Dieu et des anges.

D'un côté, le jeune religieux, absolument fidèle aux grâces de son nouvel état, a des lumières étonnantes à un tel âge pour guider son ami, et le jeune mondain converti montre une docilité et une générosité plus admirables encore. Le premier dirige les efforts héroïques du second, encourage ses hésitations, modère ses excès, le pousse avec autant de prudence que de force vers la sainteté ; le second subit cet ascendant, recherche cette direction, obéit ponctuellement à ces avis. Tous deux sont pour nous la preuve évidente des grandes choses que Dieu sait faire dans les âmes chrétiennes, lorsqu'elles sont fidèles à la grâce et dociles à recevoir ses impulsions.

Le Frère Ambroise forma vraiment le Frère Camille à la vie intérieure ; il fut vraiment son guide et son ange à travers ses diverses fondations. Maintenant que la Cité de l'Enfant-Jésus est bâtie et bien assise, il se retire un peu. Regardant son œuvre comme achevée, il confie l'âme de son disciple à un autre directeur qui vivait près de lui, à Lyon, et pouvait être quotidienne ment consulté. Des rapports de tendre amitié continuèrent de les unir étroitement leur vie entière, mais le Père Potton, tiré désormais en d'autres directions, absorbé par de nouveaux et graves devoirs, n'écrivit au fondateur de la CITÉ que beaucoup plus rarement.

Son influence sur son disciple ne cessa pas toutefois de se faire sentir. Toute sa vie, celui-ci resta fidèle à la ligne de conduite sévère et sainte qui lui avait été tracée pendant ses premières années de formation spirituelle. Il garda précieusement toutes les lettres du Père Potton, et il les relut si souvent, il les médita avec tant de bonheur et de profit jusqu'en ses dernières années, qu'il les savait à peu près par cœur. C'est à cette estime particulière de M. Rambaud pour la correspondance de son ami qu'est due la conservation intégrale de ces précieux manuscrits jusqu'à ce jour.

Citons, en terminant ce chapitre, une dernière lettre de cette même époque. Elle est courte, mais respire le même parfum d'amitié que toutes celles qui précèdent :

Notre-Dame-de-Chalais, 15 décembre.

Très cher Frère, je reçois avec beaucoup de plaisir les bonnes nouvelles que vous me donnez de votre Cité et de son église. Pourquoi la *Cité* intérieure de votre âme n'est-elle pas aussi brillante ? C'est qu'il est plus difficile de trouver des vertus que des billets de mille francs, quoique la seconde chose ne soit pas non plus très facile. Et puis, il ne faut pas l'oublier, nous vivons dans un monde où chacun est misérable et où les moins misérables sont encore ceux qui reçoivent de Notre-Seigneur la grâce de reconnaître et de confesser humblement leur grande et immense misère.

J'attends avec joie votre visite que vous m'annoncez comme probable : ici, vous serez tranquille comme un Chartreux, et je vous enverrai en classe de morale où vous écouterez des cas de conscience, etc., sous la direction du Révérend Père Pardieu. De plus, j'aurai soin de vous faire servir *au moins* trois repas par jour ; car il m'est avis, autant que je puis conjecturer par votre dernière lettre, qu'au lieu de

15

bien vous nourrir, comme vous devriez le faire, vous continuez à vous laisser mourir de faim, au grand détriment de la paix de votre âme. Mais ce sont là choses qui concernent votre directeur et non pas moi. Tenez donc pour non avenu tout ce que je viens de dire ; et, en attendant que j'aie le plaisir de vous revoir et de vous embrasser, présentez mes amitiés à tous vos frères et priez un peu pour moi qui en ai grand besoin.

P. S. — Voici bientôt la fête de l'Enfant-Jésus : la *Cité* va prendre feu ce jour-là !

CHAPITRE IX

LE COUVENT DES DOMINICAINS A LYON

Inondation de 1856. — La Cité du Rhône. — Première idée d'un couvent dominicain à Lyon. — Pourparlers et constructions. — Tableau pris sur le vif. — Les ménages d'adultes à la Cité de l'Enfant-Jésus. — Ordination sacerdotale du Frère Camille et du Frère Paul (1856-1861).

En 1855, l'amitié qui unissait le Frère Ambroise et le Frère Camille avait produit déjà des fruits excellents. Après un retour à Dieu sincère et définitif, celui-ci avait commencé ses réunions d'enfants dans les chambres louées de la rue Molière. Puis le souffle de la persécution avait enflé ses voiles : obligé par des locataires peu patients de quitter la place, il avait bâti derrière l'église Saint-Pothin, avec ses deniers gagnés dans le commerce, un modeste abri pour ses élèves. Enfin, en butte à de nouvelles difficultés, il s'était transporté en pleine Guillotière, et dans ce quartier alors presque désert, sur un vaste terrain, il avait construit sa Cité. Là, il s'était mis à vivre en vrai religieux, sans toutefois en porter le froc que remplaçait l'habit ordinaire des pauvres, et à s'y dévouer corps et âme à ses enfants.

Le moment approchait où une autre œuvre, de nature différente, allait être engendrée par la même amitié, et où le Frère Camille payerait généreusement la dette contractée par lui envers l'Ordre de Saint-Dominique, pour l'aide efficace qu'il en avait reçue au point de vue spirituel.

Afin de mieux suivre le fil des événements, il est nécessaire d'expliquer brièvement les soudaines transformations opérées au printemps de 1856, dans la Cité de l'Enfant-Jésus. Depuis un an et demi, le Frère Camille et le Frère Paul y faisaient la cuisine de leurs petits pensionnaires, les servaient à table, pansaient leurs plaies, poussaient au besoin les carrioles dans les rues, étaient en un mot les serviteurs volontaires de ces pauvres abandonnés, lorsque leur zèle, toujours en éveil, leur montra un nouveau bien à faire. De leur maison, ils apercevaient, à une distance de cinq ou six cents mètres, au delà d'un terrain vague et inhabité, ce qu'on nommait alors la *Cité du Rhône*, comprenant les hautes et grandes maisons construites depuis longtemps déjà entre le cours Vitton, le boulevard des Brotteaux, la rue Tête-d'Or et la rue Moncey. Or, cette agglomération déjà importante et séparée de Saint-Pothin par d'assez vastes espaces nommés « Prés de la Vogue », était sans église. Le Frère Camille résolut de bâtir dans ce quartier, à l'intersection des rues Bugeaud et Tête-d'Or, une chapelle de secours.

Déjà les matériaux de construction étaient transportés sur place et les ouvriers allaient se mettre à l'œuvre, lorsque tout à coup, le 6 mai 1856, une terrible inondation du Rhône vint bouleverser tous ses plans.

Le fleuve avait envahi une grande partie des Brotteaux et de la Guillotière et accumulé partout de lamentables ruines, parmi lesquelles il convient de signaler en passant, la maison en pisé, construite jadis par M. Rambaud, derrière Saint-Pothin. Un nombre considérable de familles étaient sans abri. Les horreurs du fléau ont été fidèlement dépeintes dans une poésie composée par M. Hébrard, à la même époque :

En ces vallons riants où la Saône indolente.
Pour réfléchir ses bords rend sa course plus lente,
Et si légèrement dans son cours s'amollit,
Qu'elle effleure le sol, sans y creuser son lit,
Là, dans cette oasis, vrai jardin de la France,
Où la moisson jamais ne trompe une espérance,
Tout est pauvre aujourd'hui ; ces sites enchantés
N'arrachent que des pleurs aux yeux épouvantés.
Le Rhône avec démence inondant la campagne
Vient ajouter ses flots à ceux de sa compagne.
Et ce fils des glaciers, plein d'un limon impur,
Du beau lac dont il sort ne garde plus l'azur.
Ces fleuves qui semblaient ennemis des ravages,
Ainsi que des captifs au bout de leurs revers,
Se vengent en un jour de plusieurs ans de fers.
L'Allier dans ses rochers, la Loire en ses prairies,
Les plus minces ruisseaux, les sources appauvries,
Tous ces courants naguère aisance du pays,
Se font un jeu cruel de nos espoirs trahis.
Sur le flanc des côteaux, dans les plaines fécondes,
On ne voit que torrents dont bouillonnent les ondes.
En vain l'homme résiste, un fléau n'attend pas,
Chaque obstacle broyé se disperse en éclats ;
C'est un pont qui s'écroule, une maison qui tombe,
Une digue qui s'ouvre, un être qui succombe.
Le tocsin se répond de la ville aux hameaux,
Mille objets confondus se pressent sur les eaux ;
Des bateaux égarés, des troupeaux domestiques,
Des meubles de grand prix, des mobiliers rustiques,
Tout se heurte, se rompt, tournoie et disparaît ;
De sable et de débris le gouffre se repaît.
Le vide à chaque instant se fait dans les familles,
Comme dans les sillons sous le fer des faucilles.

De ménages errants les chemins sont peuplés,
Beaucoup ne viennent point quand ils sont appelés.
Surpris dans leurs foyers, suivis à chaque étage,
En vitesse sur eux les flots ont l'avantage ;
A leurs toits suspendus ils cherchent du secours,
Et les flots sans pitié, montent, montent toujours !

Cette terrible inondation suscita des prodiges de charité en mille localités diverses, mais parmi les bienfaiteurs secourables des pauvres sinistrés, une place d'honneur appartient sans conteste au Frère Camille. En face des malheureux dont les maisons sont renversées ou envahies par les eaux et le mobilier perdu, son cœur s'émeut. Il a un vaste terrain à sa disposition : sans hésiter, il se décide à bâtir pour leur fournir un asile. Laissant donc provisoirement son premier dessein relatif à la *Cité du Rhône*, il construisit, à côté de sa chapelle de la rue Rabelais, la première partie des bâtiments qui composent actuellement la *Cité de l'Enfant-Jésus* et, pendant que le bon Frère Paul avait soin des enfants recueillis avec la plus grande charité par les dames Lacour dans leur château de Chasselay, il pouvait y donner l'hospitalité à une centaine d'inondés qui se trouvaient sans logement.

Or, le 3 août 1856, un dimanche, le Frère Camille assistait à la messe, dite ce jour-là dans sa petite chapelle par un Père capucin, le Père Symphorien devenu depuis évêque aux Indes ; et, comme cela arrive souvent, il pensait à tout autre chose qu'à la prière ; sa distraction était sainte toutefois, puisqu'il songeait à la construction de la chapelle qu'avant l'inondation il avait projeté avec M. du Bourg d'élever au coin de la rue Tête-d'Or et de la rue Bugeaud, pour faciliter aux nombreux habitants de la « Cité du Rhône » l'accomplissement de leurs devoirs religieux.

Or, sans qu'il pût se dire comment, il lui passa tout à

coup par la tête (ce sont ses propres expressions) qu'au lieu de faire une simple chapelle imparfaitement desservie, il ferait bien mieux d'offrir aux Pères dominicains, ses amis, de leur bâtir là un pied-à-terre provisoire qu'ils pourraient plus tard transformer en un véritable couvent, ce qui, à ses yeux, serait en même temps un très grand bien pour toute la ville de Lyon.

Le Frère Camille avait appris par une lettre que son ami, le Père Potton, devait prêcher le lendemain pour la fête de saint Dominique aux élèves de l'Ecole d'Oullins (1). Rien de plus naturel que d'aller aussitôt lui faire part de son projet; sans perdre de temps, il consacre tout son dimanche et une partie de la nuit à tracer un plan de couvent et de chapelle cadrant avec le petit terrain qu'il avait déjà loué rue Tête-d'Or, et, le lendemain matin, il s'achemine de bonne heure vers Oullins, arrive tout ému à l'Ecole, fait demander le Père Potton, et déployant son plan, lui dit :

« Si vous le voulez, nous vous bâtissons ce petit couvent dans les prés voisins de la *Cité du Rhône* que vous connaissez.

---

(1) Le Collège d'Oullins, fondé en 1833 par une société d'ecclésiastiques séculiers, avait été placé, dès l'origine, sous le vocable de saint Thomas d'Aquin, et sa devise était : *Deus scientiarum Dominus.*

Après une période de quinze années, cette institution qui tenait un rang très honorable entre les maisons d'enseignement secondaire libre, connut l'épreuve de toutes les œuvres privées : plusieurs dévouements s'épuisèrent et l'on commença anxieusement à se demander quel serait l'avenir et qui recevrait l'héritage. Quelques professeurs eurent la pensée de s'appuyer sur un Ordre religieux et de s'adresser au Père Lacordaire. La proposition fut faite en 1851 et la transmission du Collège à l'Ordre conclue, par un traité en règle, le 25 juillet 1855.

Le 1er octobre de la même année, le Père Lacordaire emmenait à Flavigny, pour y faire leur noviciat, quatre professeurs d'Oullins, qui allaient devenir les quatre pierres angulaires de la Congrégation des Dominicains enseignants : les RR. PP. Captier, Cédoz, Mermet et Mouton.

En 1903, lorsque l'enseignement congréganiste fut supprimé en France par une loi scélérate, la Société civile qui était propriétaire de ce collège en passa la direction au diocèse de Lyon.

— Quelle idée ! s'écrie le Père Potton. Où l'avez-vous prise ?

— Devant Dieu, je le pense, répond le Frère Camille.

— Eh ! bien, reprend le Père Potton, vous avez peut-être rêvé une plus grande chose que vous ne croyez. Ecoutez : je n'ai pas encore dit ma messe ; je vais la dire tout seul, dans une petite chapelle ; vous me la servirez, vous y communierez et n'oubliez pas que je boirai pour vous la goutte du précieux Sang qui se ramasse dans le fond du calice, après que le prêtre l'a reposé sur l'autel... »

Ainsi fut fait, et, après une longue conversation sur les moyens à employer pour arriver à la réalisation de ce grand dessein, le Frère Camille, plein de joie, retourna à ses chers inondés et entama avec le Père Potton et quelques autres Pères une correspondance dont on pourrait encore retrouver des traces.

Ce récit sur les premières origines du couvent des Dominicains à Lyon est confirmé par la note suivante, communiquée le 14 octobre 1878 au R. P. Fontalirant par M. Paul du Bourg, associé du Frère Camille dans son œuvre de dévouement :

« ...Nous étions alors, dit-il, de simples laïques. Le Frère Camille était souvent préoccupé des moyens de salut à procurer à nos habitants. Il invoquait Dieu pour avoir une idée salutaire. Enfin, le 3 août 1856, pendant la messe, il eut la pensée très vive et très distincte de faire venir à Lyon les Pères Dominicains. La coïncidence de la fête de saint Dominique qui tombait le lendemain le frappa, et il se hâta de préparer un plan de couvent pour le porter sans retard au Père Marie-Ambroise Potton qui devait prêcher au collège d'Oullins le panégyrique du Saint.

« Il nous écrivit lui-même, le 4 août pour nous rendre compte de sa visite à son ami : « Ce matin, nous disait-

« il, je servais la messe au Père Potton, seul dans une
« petite chapelle avec lui, et Jésus était là... C'est
« aujourd'hui la fête de saint Dominique. Je viens
« d'écrire au Provincial des Dominicains, le Père Dan-
« zas, que, s'il le veut, nous... Ah ! mon Dieu, faut-il
« aller jusqu'au bout ?... Eh ! bien, oui, vive Jésus, nous
« lui bâtirons une église, et un petit couvent à côté.
« Rien de plus facile. L'idée m'en est venue hier matin,
« à la messe, si vivement, si clairement, que le cœur
« me battait bien fort. Oh! mes Frères, quelle grande
« œuvre ! — Mais, allez-vous me dire peut-être, où
« nous embarquez-vous ? Nous ne pourrons plus faire
« notre œuvre. — Au contraire, tout cela est un moyen
« pour assurer le bien que nous faisons. Que faire avec
« une population si mauvaise ? Nous ne faisons
« qu'effleurer le mal, tandis qu'en le prenant de tous
« les côtés à la fois, nous finirons par purifier la place
« jusqu'au bout. »

Le Père Ambroise informa aussitôt de la proposition
du Frère Camille le Père Danzas, Provincial, et celui-
ci, auquel le Frère Camille avait écrit de son côté dès
le 4 août, en référa au R^{me} Père Jandel, maître général
de l'Ordre.

Depuis un certain temps, le Père Danzas, d'accord
en cela avec le Père Jandel, cherchait à établir un couvent qui fût le point de départ d'une nouvelle Province
en France. Il hésitait entre Toulouse et Bordeaux,
lorsque se passèrent les faits qui viennent d'être racon-
tés. Les lignes suivantes, écrites au Père Pierson par
le Père Provincial, permettent de bien suivre en toute
cette affaire le mobile des actions et le fil des événements :

« La proposition du Frère Rambaud, dit-il, se présenta
sur ces entrefaites comme un trait de lumière. Tout, dans
les circonstances qui accompagnent cette proposition,

annonce qu'elle vient de DIEU. M. Rambaud réussira comme il a toujours réussi... Nous avons à Lyon des amis, soit parmi les étrangers à l'Ordre, soit parmi les parents des treize religieux de ce diocèse. La fondation de Lyon offre l'avantage d'être immédiate. M. Rambaud pourra nous trouver soit chez lui dans sa maison actuelle, soit ailleurs, un asile provisoire. »

Le R^{me} Père général, voulant examiner lui-même toutes choses. passait à Lyon peu de semaines après. Il accepta volontiers la bienveillante hospitalité qui lui fut offerte dans la maison de la rue Rabelais, et après dîner, conduit par M. Rambaud, il alla voir le terrain proposé. Mais le projet se grandissant tout seul sous l'inspiration de DIEU, l'espace fut trouvé trop petit, et le Père Jandel, ainsi que le Frère Camille, avisèrent de l'autre côté de la rue le vaste terrain maintenant occupé par le couvent. C'était une prairie appelé communément « Pré aux Marguerites blanches », et il ne s'y trouvait qu'une très pauvre maisonnette. Il fut décidé que M. Rambaud achèterait la maison, louerait le terrain (environ 7.500 mètres carrés) et bâtirait, dans le sens de la rue Bugeaud, une chapelle assez grande pour contenir 4 ou 500 personnes, formant angle droit avec la maisonnette et réunie à elle par une petite construction qui servirait de sacristie. Remarquons ici que, par une circonstance vraiment providentielle, la chapelle fut bâtie assez loin de la rue Bugeaud, de sorte que l'on put construire plus tard la grande église actuelle sans interrompre le culte et les offices.

Les pourparlers allèrent vite. Au commencement d'octobre, le Père Marie-Ambroise, chargé de ce soin par le Père Danzas, vint de Chalais demander au cardinal de Bonald, archevêque de Lyon, son consentement. Son Eminence accueillit avec un véritable transport de joie la proposition de cette fondation domicaine et dit au Père Potton que « toute la ville de Lyon était à lui », et qu'il n'avait qu'à choisir un emplacement. Lorsqu'il sut que le couvent devait être près de la « Cité du Rhône », il battit des mains et s'écria : « Enfin les Brotteaux, jusqu'ici déshérités, vont avoir des Religieux. » La nouvelle en arriva au Père Danzas à Flavigny, le 10 octobre, fête de saint Louis Bertrand.

Les ouvriers de M. Rambaud se mirent à l'œuvre vers le commencement d'octobre. Les premières cellules improvisées ne préparaient à leurs futurs habitants qu'un abri très précaire. Cuisine, réfectoire et autres officines se trouvaient dans des conditions analogues, et le Père Lacordaire, un an après l'installation des Pères, pouvait écrire en toute vérité : « La maison de Lyon n'est qu'une masure en planches ». Aussi la construction et l'aménagement de ces habitations provisoires pour les religieux furent-ils vite terminés.

Beaucoup plus longue, plus dispendieuse, mais aussi plus intéressante pour le Frère Camille était la construction de la chapelle.

Bâtir une église était pour sa foi un bonheur sans pareil : « Une église pour lui, c'est la maison de Dieu parmi les hommes, c'est l'asile paisible et silencieux de l'âme qui, dégagée pour un moment des embarras du siècle, vient confier au Seigneur, dans l'intimité de la prière, ses faiblesses, ses désirs, ses joies et surtout ses peines : car, hélas ! elles se multiplient à mesure que l'on avance dans les sentiers de la vie. Une église, c'est un palais qui réunit dans sa majestueuse simplicité tout ce que la création peut avoir de plus grand et de plus pur ; c'est là que l'architecte étale, dans leurs plus vastes proportions et dans leurs plus gracieux contours, toutes les merveilles de son art : c'est là que le peintre retrace le long des parois et sur d'éblouissantes verrières, l'histoire du monde, les vérités de la doctrine chrétienne et les touchantes légendes de nos saints ; c'est là que la musique, ramenée à sa véritable destination, fait entendre ses chants harmonieux et pénétrants qui remuent doucement les cœurs, tantôt par les accents de la joie qui éclate dans les cantiques du saint roi David, tantôt par les ineffables soupirs de la douleur qui se prolongent sous les voûtes de la basilique. N'est-ce pas dans l'enceinte de l'église que retentissent les paroles de la véritable éloquence, persuadant à l'homme les vérités les plus relevées, les devoirs les plus impérieux, les vertus les plus sublimes, les sacrifices les plus généreux ? Que si l'âme et les yeux ont besoin de spectacles, où en trouver de plus nobles, de plus grands, de plus imposants que ceux que déroulent sans cesse les diverses cérémonies du culte catholique ? Oui, c'est une des plus belles œuvres auxquelles l'homme puisse concourir que la construction d'une église, de ce magnifique palais qui appartient également au pauvre comme au riche, puisque c'est la maison de Dieu au milieu des hommes.»

Ces pensées étaient celles du Frère Camille, et s'il n'éleva pas un temple magnifique dont il n'eût pu couvrir toutes les dépenses, il bâtit du moins une chapelle fort convenable, en attendant qu'elle fût remplacée par une église splendide qui répondît pleinement à la description précédente ; une chapelle où les prières seraient très ferventes, les prédications vraiment apostoliques et toutes les âmes vraiment à Dieu.

A peine le Père Ambroise eut-il regagné Chalais, le 5 août, que le Frère Camille lui adressait une lettre enflammée : « Nous allons, lui écrivait-il, commencer un grand combat contre le diable et contre le monde qu'il tient entre ses griffes... »

« — C'est bien dit, lui répond le 7 août le Père Ambroise : oui, il faut commencer un grand combat contre le diable et le monde qu'il tient entre ses griffes. L'Enfant Jésus est plus fort que lui : *Confidite, ego vici mundum.* Jésus, je l'espère, nous fera la grâce de bien combattre et de lui gagner beaucoup d'âmes. Vous nous aiderez, nous vous aiderons, et Jésus, peut-être, montrera bientôt qu'il n'a point en vain enrichi nos mains de l'onction du sacerdoce... Je ne désespère pas de vous voir : en attendant, je vous embrasse et Jésus vous bénit. Il faudrait commencer à la fois par tous les bouts ce grand travail, afin d'avancer davantage. Où sont les véritables ouvriers du Seigneur! Je dirai pour tout cela la sainte Messe un de ces jours, quand je me sentirai fervent dans la prière. Ayez très grand espoir. »

Une lettre, écrite le 12 août par le Père Potton au Frère Camille, montre quelle ardeur animait alors les deux amis pour l'Œuvre qu'ils avaient entreprise de concert.

Bien aimé frère, lui dit-il, je vous ai écrit quelques mots; j'espère qu'ils vous seront parvenus : c'était principalement pour vous dire d'adresser à Périgueux, vos lettres aux T. R. P. Provincial jusqu'au 8 inclusivement, et à dater du 9 à Paris, rue Vaugirard, 7, sauf contre ordre.

Vous connaissez H. Ruby, frère de notre frère Ruby et fabricant de foulards. Il paraît tout à fait trop bon pour vendre des foulards à perpétuité, sans aucune espèce de raison si ce n'est la raison banale de faire un inventaire au bout de l'année. Examinez un peu si on ne pourrait pas (avec le temps) lui mettre sur les épaules la blouse bleue de la Cité de l'Enfant-Jésus. Il paraît tout à fait propre à votre affaire de toutes manières, pourvu que l'on puisse allumer chez lui le feu du sacrifice. Il faut prendre la chose de loin : vous saurez faire ce beau coup, s'il plaît à Jésus de vous le donner. Il faut lui trouver des serviteurs ou plutôt des amants, soit par ruse, soit par adresse, soit par violence. Tout nous est bon pourvu qu'ils soient pris.

Je commence bien à goûter le petit couvent de Lyon : un couvent dans la pauvreté et le zèle des âmes, dans le recueillement et la prière! Mais il faut nous hâter. Courage et ayez soin d'être bien obéissant, mieux que par le passé, ou bien rien ne marchera. Peut-être le T. R. P. Provincial va sauter de joie en apprenant vos propositions. Ecrivez-moi le résultat de ce beau projet.

Allons, bien aimé frère, courage. Bâtissons vite ce couvent qui sera, j'en suis sûr, une Jérusalem véritable. Vous voyez avec quel empressement le T. R. P. Provincial a accueilli cette proposition. J'ai été tout enivré de joie en apprenant sa réponse : Vous saurez plus tard ce que vous avez fait. *Mirabilis Jesus in operibus suis.* Ecrivez-moi quelques détails quand vous en aurez le temps. J'ai offert pour vous Jésus à son Père, aujourd'hui jour de sainte Claire. Voici le moment de travailler à le bien servir.

Les travaux allèrent vite. « Votre installation s'avance, écrivait le Frère Paul au Rᵐᵉ Père Jandel le 22 novembre ; tout sera couvert et clos pour le 6 décembre, mais cependant il sera impossible, ou du moins ce serait très dangereux, de s'y établir avant Noël ; car vous pouvez juger de l'humidité de la chapelle bâtie en plein hiver. »

Ce fut seulement le mercredi 24 décembre, en la vigile de Noël, que le R. P. Antonin Danzas bénit le nouveau sanctuaire et y célébra la première messe, inaugurant ainsi le couvent de Lyon sous les auspices de l'humble Enfant de Bethléem. Autour de l'autel se pressaient, fervents et pleins d'espérances, les neuf religieux destinés à la nouvelle fondation et dont il convient de citer ici les noms ; c'étaient les Révérends Pères Louis-Marie Pierson, Pie Bernard, Augustin Paris, Matthieu Lecomte, Antonin Doussot, André Meynard, M.-Augustin Chardon, et les deux Frères convers Louis Guillat et Jacques Falquet. Vers quatre heures du soir, la naissante Communauté se réunit au Chapitre ; le couvent fut déclaré fondé et canoniquement érigé et les divers officiers de la maison, y compris le Prieur nommé par le Rᵐᵉ Père Jandel, furent investis de leurs charges. Les religieux se rendirent ensuite au chœur, et, l'âme remplie de joie, chantèrent les premières Vêpres de Noël. La messe de minuit fut célébrée par un nouveau prêtre, le Père M.-Augustin Chardon, qui, ses études terminées à Chalais, avait été ordonné à Grenoble le samedi précédent, et était venu de là directement à Lyon.

Le lendemain, les fidèles remplissaient l'église, et Mgr de Bonald, auquel les Pères Danzas et Pierson s'empressèrent d'aller faire visite, ne trouva dans son cœur que des paroles de paternelle bienveillance (1).

Un encouragement non moins précieux arrivait en même temps de Rome. Le R^me Père Jandel répondait au Père Pierson :

« Votre bonne lettre et les dispositions qu'elle exprime sont pour moi une douce consolation. Je me

---

(1) Sur ces premières origines, on lit au procès-verbal de la prise de possession du couvent de Lyon, les lignes suivantes où mention expresse est faite du don de la chapelle par M. Rambaud à l'Ordre de Saint-Dominique :

Anno Domini 1856, die 24 mensis decembris, horâ octavâ cum dimidio. Nos Fr. Ferdinandus Antoninus Danzas, Provinciæ Franciæ S. Ord. Prædicatorum Prior Provincialis, auctoritate nobis concessâ ab Emo Cardinale Mauritio de Bonald, archiepiscopo Lugdunensi, sacellum noviter constructum operâ Fr. Camilli Rambaud in urbe Lugduno viâ dictâ *Capitis aurei*, et ab eodem fratre Camillo Rambaud Ordini Prædicatorum dono datum .., benediximus, illudque et ejusdem altare majus sub invocatione SS. Nominis Jesus. Altaria verò minora, unum a dextris sub titulo B. M. Virginis SS. Rosarii Reginæ, alterum autem a sinistris sub invocatione B. Dominici Patris nostri dedicavimus; quibus peractis, sacrosanctum Missæ, in altari majori, de Vigiliâ Nativitatis Domini celebravimus...

...Ut autem provideamus de Fratribus ibidem moraturis, auctoritate officii nostri, Fratres infra nominatos, scilicet Fr. Lud. M. Pierson, Fr. Pium Bernard, Fr. Augustinum Paris, Fr. Matthæum Lecomte, F. Antoninum Doussot, Fr. Andream Meynard, Fr. M.-Augustinum Chardon, et FF. Conversos Tertiarios Ludovicum Guillat et Jacobum Falquet, in dictâ nostrâ domo assignavimus...

Deinde, Fratribus in chorum ingressis, Natalem Diem Salvatoris et Domini Jesu Christi celebrantes, et simul initia nostræ observantiæ sub tantis auspiciis instituta inchoantes, gratias summas Omnipotenti Deo, misericordiarum Patri, bonorumque omnium largitori, toto cordis affectu et vocis jubilatione, cum majori quâ potuimus solemnitate, necnon cum magno pro tempore et loco populi concursu, pro tantis beneficiis persolvimus.

In quorum fidem, etc.

sens heureux d'être appelé à soutenir l'œuvre qui commence, et de concourir à son développement. Car je la crois destinée à donner beaucoup de gloire à Notre-Seigneur et à la sainte Eglise.

« C'est une grande miséricorde du divin Maître à mon égard de se servir de mon autorité, comme de l'instrument providentiel pour l'accomplissement de son dessein. Ma part sans doute est bien facile, puisque je n'ai ni les labeurs, ni les fatigues, ni les privations ; je n'ai pas conçu le projet (1), je n'ai à sa réalisation d'autre part que mon approbation et l'autorité qui m'est conférée pour vous appuyer, vous seconder et vous bénir. Mais, du moins, j'espère ne pas faillir à cette mission consolante qui m'a été confiée. »

Sur ces origines de ce couvent des Dominicains bâti grâce à la générosité du Frère Camille et aux encouragements du Frère Potton, un témoin oculaire écrivait au commencement de 1857 les pages suivantes qu'il nous est doux de préserver de l'oubli :

Au milieu d'une saison rigoureuse, et en présence de la misère qui sévit dans la classe ouvrière, augmentée par le ralentissement des affaires de la fabrique et la cherté des subsistances, il n'est pas indifférent de montrer ce que peuvent donner de courage et de résignation les sentiments religieux et les grands exemples d'abnégation.

Au sein d'un quartier pauvre et désolé il y a quelques mois par le terrible fléau de l'inondation, s'élève sur le terrain des hospices, vers le lac des Brotteaux (1), à Lyon, une modeste chapelle dont les murs

---

(1) Le R^{me} Père Jandel n'avait pas eu, en effet, la première idée d'une fondation à Lyon même. Mais, depuis quelque temps déjà, il désirait une nouvelle Province dans le midi de la France :

« Mon fils en Notre-Seigneur, écrivait-il au Père Pierson le 1er décembre 1855, le T. R. P. Provincial m'écrit au sujet d'un projet de fondation d'une nouvelle Province, dont il me dit vous avoir fait confidence. Ce même projet, le Père Besson et moi, nous l'avions ici conçu ensemble depuis l'époque de la fondation du couvent de Toulouse, et c'était sur cette maison que nous reposions nos espérances d'avenir. »

(1) Ce lac peu profond et de peu d'étendue, était nommé communément « le lac Paphos » ; il était situé au nord-ouest du couvent.

en briques rouges sont à peine recouverts d'un enduit protecteur. Tout à côté on remarque deux maisonnettes ou baraques, l'une, vieille et enfumée, l'autre, construite récemment, comme le sanctuaire auquel elle s'appuie, à l'aide des matériaux qui servent d'ordinaire à former l'abri du pauvre. Un enclos qui consiste en une sorte de palissade en planches, laissant d'ailleurs le regard plonger librement à l'intérieur, entoure ces constructions d'un aspect si primitif. Là sont venus s'établir, depuis la veille de Noël, onze religieux de l'ordre des Frères Prêcheurs de Saint-Dominique. Dans le silence de cet humble asile, ils se préparent par la méditation et l'étude à l'exercice de leur apostolat.

Mais avant de prêcher le courage et la résignation dans les souffrances, avant de stigmatiser le luxe et la soif des jouissances matérielles, ils ont voulu, comme leur Maître crucifié, s'imposer toutes les privations du corps et ne rester étrangers à aucune des misères endurées par le pauvre.

Leur existence est un prodige de foi et de confiance en Dieu. Nous ne pourrions le croire si nous ne l'avions vu de nos yeux. Nous nous étions rendu, il y a deux jours, à ce pauvre couvent, pour y retrouver un ancien ami et camarade d'études, que les circonstances avaient séparé de nous et dont un bruit lointain nous avait appris la vocation religieuse et l'entrée chez les Pères Dominicains. Nous songions avec plaisir à le revoir sous le froc, se préparant à un apostolat que ses qualités d'esprit et de cœur doivent lui rendre facile, entouré d'ailleurs de tous les soins matériels que semble exiger une vie de labeurs intellectuels et d'études approfondies. Mais nous ne pensions pas qu'il se fût volontairement astreint, non plus que les autres Pères, à une règle dont l'austérité laisse presque en arrière la vie des anachorètes et des solitaires du désert. Telle est cependant l'épreuve à laquelle se soumettent résolument ces religieux, avant d'embrasser la prédication qui est le but de leurs travaux. A peine un repas par jour, composé de quelques légumes, vient-il soutenir leurs forces ; et cependant rien sur leur front intelligent ni dans leurs regards inspirés ne révèle la souffrance du corps, la diminution des forces et conséquemment le moindre affaissement de l'esprit. Il semble, au contraire, que leur vie morale et intellectuelle se fortifie et s'enrichisse de tout ce qu'ils enlèvent aux satisfactions du corps. Les veilles pendant la nuit, quatre heures seulement de sommeil avant matines sur de simples planches inclinées, le jeûne dans toute sa rigueur, l'abstinence de tout aliment plus substantiel que les fruits ou légumes, rien ne paraît abattre ni leur santé, ni moins encore leur courage. « Ne faut-il pas, me disait le Père qui recevait ma visite, que nous ayons souffert autant et plus que le pauvre pour pouvoir lui parler de ses misères et lui dire avec certitude qu'elles sont toujours supportables pour un cœur qui a placé sa confiance en Dieu? » Et, de fait, cet exemple doit dès à présent toucher ceux qui le connaissent, comme il nous a ému nous-même. Il est certain pour nous qu'il n'y a ni souffrances du froid, ni souffrances de la faim, ni aucune sorte de privations qui ne soient subies par ces admirables religieux, dont la foi, le calme et la force sont une prédication aussi énergique que pourrait l'être le plus éloquent de leurs discours. C'est donc pour y puiser l'humilité, la charité, toutes les vertus du cœur, toutes les forces et les nobles aspirations de la pensée, que ces religieux pratiquent la pauvreté dans sa rigueur la plus absolue. Ils n'ont rien voulu distraire des ressources déjà si restreintes de leur Ordre, et c'est dans le plus grand dénuement qu'ils ont tenu à fonder leur premier couvent à Lyon, afin de rendre plus éclatante la secourable assistance de la Providence, qui ne fait jamais défaut à ceux qu'anime une foi invincible.

Nous aimerions à rendre hommage au bienfaiteur qui leur a tout d'abord assuré un gîte, en louant à ses frais un emplacement sur le terrain des hospices et en y faisant construire la modeste chapelle et les bâtiments qui l'entourent ; mais la vraie charité veut demeurer ignorée. C'est d'elle seule, du reste, que les Pères Dominicains récemment établis dans nos murs attendent les secours nécessaires à leur existence et jusqu'à leur pain quotidien. Leur indifférence sur les moyens de satisfaire aux nécessités les plus impérieuses de la vie a quelque chose de sublime et reste incompréhensible pour ceux qui ne se rendent pas compte de leur confiance sans limites dans la Providence, et jusqu'ici elle ne leur a pas fait défaut. Plus leur dénuement a été complet, plus ils ont été contraints de subir même la faim, et plus éclatante a paru à leurs yeux la protection mystérieuse qui les assiste et leur a fait arriver quelques secours de la manière la plus inattendue.

Nous avons donc pensé qu'il était opportun de signaler un si grand exemple d'abnégation et de foi, à une époque où le culte du bien-être et le besoin du luxe nous envahissent chaque jour davantage. Il y a là un double modèle à suivre : pour les riches, modèle de dévouement et de charité ; pour les pauvres, de résignation et de confiance. Tant que nous verrons de tels sacrifices inspirés par la foi religieuse, nous n'aurons jamais à désespérer de l'avenir moral de la société et nous nous réjouirons de voir une prédication aussi sincère et non moins éloquente dans ses actes que dans ses paroles aspirer à nous diriger dans les voies de la vérité. Nous saluons donc avec respect le récent établissement dans notre cité de ces hôtes dont les vertus et les travaux sont appelés à répandre sur elle les bénédictions, les lumières et la foi.

R. Dumas.

La population lyonnaise avait promptement entouré d'une particulière vénération les nouveaux religieux.

La petite chapelle, bien que située alors en dehors de la ville et d'un difficile accès, était souvent trop étroite.

Le Père Marie-Augustin, de pieuse mémoire, ne tarda pas à y relever l'antique et bienfaisante Association du Rosaire perpétuel.

« Depuis deux ans, écrivait-il en 1860, les religieux Dominicains avaient pris possession de leur couvent de Lyon ; depuis deux ans, le saint Rosaire se récitait régulièrement tous les jours en public dans leur église avec grands fruits pour les âmes, lorsqu'il leur vint en pensée de faire quelque chose de plus à la gloire de MARIE, de ressusciter l'ancienne dévotion du Rosaire perpétuel, pour former, autour de la sainte Mère de DIEU que les hérétiques attaquaient, comme une garde royale qui prendrait sa défense et la vengerait de ses ennemis. Cette pensée, longuement méditée dans le calme et le silence de la prière, fut mise à exécution, et, dès le commencement, couronnée d'un plein succès. A peine quelques mots avaient-ils été prononcés en chaire sur le sujet de cette œuvre, qu'on se présentait en foule pour l'inscription. Deux mois après, l'Œuvre était complètement organisée, toutes les heures du jour et de la nuit étaient prises et la récitation du saint Rosaire se perpétuait sans interruption, comme aux plus beaux jours des siècles passés (1). »

_____

(1) Le Père Marie-Augustin cache ici, sous une forme anonyme, la part prépondérante qu'il eut dans la fondation de cette Œuvre. L'organisation, telle qu'elle était en vigueur pendant les dix-septième et dix-

L'Association se répandit immédiatement en dehors de Lyon, et prit un tel essor qu'au bout de trois ans elle ne comptait pas moins de soixante mille associés. Ce fut proprement la modeste et petite chapelle, bâtie par le Frère Camille et le Père Ambroise, qui devint le berceau de l'Œuvre ; une fois de plus, le grain de sénevé avait produit un grand arbre. L'inauguration solennelle du Rosaire perpétuel eut lieu dans l'humble sanctuaire, le soir du premier dimanche de juillet 1858, en la fête de la Visitation de la très Sainte Vierge. Plusieurs heures avant la cérémonie l'église s'était remplie, et, après une prédication sur la beauté et l'actualité de l'Œuvre, les premiers associés avaient été armés Chevaliers de MARIE. Depuis cette date surtout, un courant grandissant toujours s'était établi vers le couvent des Brotteaux.

Cependant les dimensions de l'édifice devenaient de plus en plus insuffisantes, principalement pour les réunions du Rosaire, le premier dimanche du mois. Le Père Danzas, heureux témoin de cet empressement, résolut de remplacer la chapelle en briques rouges par un monument plus digne du culte divin. Lui qui n'avait voulu, avec ses premiers compagnons, qu'un couvent pauvre et de petites cellules, ne trouva rien de trop beau pour la maison de DIEU, d'accord en cela avec toute la tradition dominicaine. Sans retard, il jeta, dans l'espace resté libre entre la petite chapelle provisoire et la rue Bugeaud, les fondements d'une église vaste et définitive dont il traça lui-même le plan général. Les travaux

huitième siècles, était moins parfaite. L'heure de Garde était annuelle, et aucun lien n'unissait extérieurement les associés. Ce fut pendant la procession du Très Saint-Sacrement, le jour de la Fête-Dieu 1858, dans la petite chapelle du couvent, que le pieux apôtre du Rosaire remplissant l'Office de diacre, fut éclairé tout à coup d'une lumière vive et pénétrante : le mode d'organisation actuelle lui était apparu dans toute sa force et sa beauté.

furent poussés activement : on la vit bientôt s'élever dans les airs, svelte et splendide, contrastant avec les humbles constructions qui l'entouraient alors. De grandes proportions et à trois nefs, elle était de style gothique, pur treizième siècle, et allait devenir l'un des

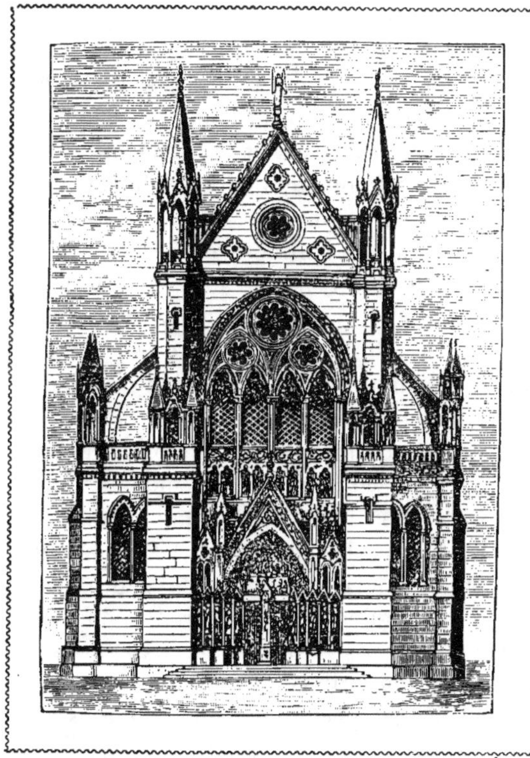

EGLISE DES DOMINICAINS, A LYON

monuments les plus artistiques de la ville. On l'appelait souvent « l'église du Rosaire perpétuel », et à bon droit, car ce furent, en partie, les dons généreux et persévé-

rants de l'Association naissante qui permirent de la
construire si vaste, si belle et en si peu de temps. Le
désir du Père Potton et du Frère Camille, les plans
dressés par eux au collège d'Oullins, dans leur touchante
entrevue du 4 août 1856, se réalisaient d'une manière
plus heureuse, plus grandiose et plus prompte qu'ils
n'auraient osé l'espérer. Ce n'était plus seulement une
modeste chapelle de secours, offerte aux habitants de
la *Cité du Rhône*; c'était un temple magnifique, ne
laissant rien à désirer, tant au point de vue du style que
de la proportion des parties et de l'ensemble. Le Père
Danzas, secondé par plusieurs frères du couvent, com-
posa les années suivantes les vitraux qui en achèvent
la beauté. Ce bijou d'architecture renferme tant d'enseignements religieux, tant de souvenirs précieux pour
la famille dominicaine, tant de richesses et d'harmonies
de toutes sortes, qu'il mériterait une étude à part ; il
fournirait à un amateur du beau et du vrai un thème
aussi varié qu'abondant

A l'occasion de cette œuvre, l'historien ne peut s'empêcher de saluer avec respect et amour cet âge, qu'on
pourrait appeler héroïque, où des âmes jeunes, ardentes
et pleines de saints désirs, ont pu viser plus haut peut-
être que notre moderne faiblesse ne saurait atteindre,
mais où tant de belles choses furent courageusement
entreprises et menées à bonne fin avec persévérance.
Le Père Marie-Augustin Chardon, nous l'avons dit déjà,
fondait le Rosaire perpétuel, qui depuis s'est étendu
jusqu'aux extrémités du monde ; le Père Matthieu
Lecomte jetait partout l'éclat de la plus entraînante
éloquence ; le Père Antonin Danzas créait des chefs-
d'œuvre de peinture ; d'humbles frères, s'éprenant
d'idéal à son école, ornaient l'église de verrières, ravis-
santes à la fois de vérité historique et de caractère
religieux ; le Père Pie Bernard rééditait avec une

connaissance consommée de la liturgie et de la musique le *Cérémonial* et l'*Antiphonaire* dominicains ; il composait sur les cantiques du Père Marie-François Ribou les pieuses mélodies de la *Lyre mystique*, dont les éditions devaient se multiplier rapidement, et la *Couronne de Marie* allait porter en tous lieux la connaissance et l'amour du Rosaire.

Le Père Potton, qui avait été assigné de Chalais à Lyon par le P. Jandel en octobre 1859, devait apporter avant peu son large contingent à tant de travaux remarquables, nés de la fondation des Brotteaux ; il éprouvait une joie très vive à voir se superposer les assises de la nouvelle construction, et l'église se dessiner chaque jour plus nettement dans les airs, majestueuse et splendide. Il n'était plus à Lyon, il est vrai, lorsque, le 16 août 1863, elle fut solennellement bénite par le cardinal de Bonald ; mais cette cérémonie imposante fut si réellement le couronnement de son œuvre comme de l'initiative de son ami, qu'un récit succinct de la fête s'impose. Nous l'empruntons, vibrant de vérité et d'enthousiasme, à une lettre écrite par le R P. Didon à un de ses confrères de Paris :

« Au lendemain de l'Assomption, dit-il, en la fête de saint Hyacinthe, apôtre de la Pologne, le couvent de nos Pères, à Lyon, s'émut aux joies d'une douce et belle solennité.

« Après six ans révolus de peines, de luttes, d'héroïques travaux, sans autre secours que le bras de Dieu et l'inépuisable charité lyonnaise, nos Frères se sont conquis une place sur cette terre des grandes villes si avidement disputée, et à cette place déjà scellée et sanctifiée par trois tombes, ils ont construit un couvent remarquable d'élégance et de régularité ; ils ont édifié une église plus remarquable encore, rangée, dès aujourd'hui, parmi les gloires monumentales de Lyon et dont la chrétienne architecture fait revivre en plein les siècles évanouis de la grande foi de nos aïeux.

« A cette fête du 16 août, il y avait plus que la simple bénédiction d'une église, plus que son baptême, plus que son ouverture. Et quoi donc ? Le couronnement, la consommation publique de toute une œuvre de pénible installation. Aussi n'était-il point malaisé de saisir sur tous les visages ce sentiment épanoui de l'homme qui a réalisé son idéal et qui se berce entre le spectacle d'un passé fortement et saintement rempli et d'un avenir ouvert à toutes les espérances. J'ai eu le bonheur de participer à ces émotions généreuses.

« A huit heures du matin, Son Éminence le Cardinal-Archevêque de Lyon entrait au couvent, reçu par la Communauté entière avec toute la pompe cérémonielle d'usage en pareille occasion. Il avait bien voulu accepter le beau rôle que lui offraient nos Pères : celui d'être pour eux le représentant visible et immédiat de Dieu, afin de sanctionner et de bénir l'œuvre de leurs mains, de leurs sueurs et de leur persévérance. C'était lui qui leur avait ouvert sa ville comme un hôte royal son foyer, et maintenant qu'à ce foyer la place était prise et fondée, n'était-ce pas à lui encore d'approuver et de ratifier ? »

Le narrateur dépeint ensuite, les diverses cérémonies de la journée : la bénédiction du nouveau temple, la messe pontificale devant une assistance magnifique par la variété, le nombre et la distinction ; l'église nouvelle parée comme une épouse et éclairée par un beau soleil dont les rayons venaient se colorer et se briser aux verrières ; les détails mêmes du repas offert à quatre-vingts convives et que la charité avait rendu somptueux ; et il termine par ces lignes :

« Telle fut la journée du 16 août dont je viens de vous crayonner si imparfaitement le dessin. Notre couvent de Lyon l'inscrira comme une page brillante dans ses annales et elle laissera un immortel parfum à l'âme de ceux qui se sont trouvés au doux contact des émotions dont elle fut remplie.

« Faire une œuvre, la mener à terme, c'est toujours grand, et c'est héroïque souvent, tant il se lève d'obstacles à l'encontre de l'ouvrier ; mais aussi voir cette œuvre accomplie, jeter sur elle ce regard de complaisance que l'architecte a le droit de porter sur son travail, la voir fêtée par les hommes, couronnée et bénie de Dieu, il n'est rien sous le ciel qui soit plus noble, qui remue le cœur plus fortement et qui l'enivre de plus légitimes satisfactions. »

Deux belles œuvres grandissaient donc, comme côte à côte, dans le nouveau Lyon, l'une à la Guillotière, l'autre aux Brotteaux, grâce à l'esprit d'initiative et à la sainte ardeur pour le bien des deux amis dont nous écrivons l'histoire. Nous venons de parler du couvent des Dominicains ; plaçons maintenant sous les yeux du lecteur un tableau pris sur le vif du bien qui s'opérait dans la Cité de l'Enfant-Jésus.

Le récit est de M. Dalzonne en 1857.

Il y a quelques mois, écrit-il, me trouvant à Lyon, je rencontrai le docteur Ernest T..., l'un de mes bons amis.

— Avez-vous, me dit-il, jamais visité un hospice d'incurables ?

— Non, lui dis-je. A quel propos cette question ?

— C'est que si vous êtes désireux d'en voir un, vous n'avez qu'à m'accompagner.

La proposition me tenta. Je pris le bras du docteur, et nous nous mîmes en route. Chemin faisant, il m'entretint de l'établissement où nous nous rendions et dont il était médecin.

— Cet hospice, me raconta-t-il, est destiné à recevoir les enfants et les jeunes garçons qu'une maladie incurable rend impropres à un travail régulier. Il a été fondé par deux hommes jeunes, riches, et qui portent de grands noms. Tous les deux, ils se sont consacrés à cette bonne œuvre. Ils y sacrifient leur existence et leur fortune.

Pour donner à leur institution un caractère essentiellement chrétien, ils ont revêtu l'habit des enfants de saint François d'Assise. Soumis à la règle du tiers-ordre régulier franciscain, ils ont entraîné avec eux dans cette tâche de dévouement trois de leurs amis. C'est ainsi qu'ils ont jeté les fondements d'une œuvre magnifique qui, dans quelques années, sera pour notre ville un véritable bienfait. Les créatures chétives et malades qu'ils ont recueillies enfants vieilliront sans doute à l'ombre de cette sainte maison et formeront une vaste famille où chaque nouveau membre sera le bienvenu.

En cet endroit, j'interrompis le docteur.

— C'est, lui dis-je, un tableau tout chrétien que vous me faites-là. Les fondateurs de cette maison ont eu une pensée que la religion seule pouvait leur inspirer. Mais par quel moyen soutiennent-ils leur institution naissante ?

— D'une manière fort simple. Leur institution vit essentiellement de charité et des revenus de leur fortune qu'ils y sacrifient. Ensuite, dans la maison, personne ne reste oisif. Tout le monde travaille, chacun selon sa force et son aptitude. Tel pauvre petit qu'un mal dans les jambes cloue sur une chaise, épluche les légumes qui serviront au repas du soir. Tel autre à qui une plaie sur le corps impose de l'activité, cultive le jardin. Celui-ci fait de la charpie ; celui-là fait la cuisine. L'un fait la classe aux moins instruits ; l'autre fabrique des chapelets. C'est ainsi que pour aucun la journée ne reste oisive.

Le docteur en était là, lorsque nous arrivâmes devant la maison. Elle est située aux portes de la ville, dans un grand pré, sur lequel plane sans cesse un air pur et salutaire. A l'intérieur, tout est dans un ordre parfait. Au moment où nous entrâmes, chacun était à son travail. Pour nous rendre à l'infirmerie, où l'on met ceux des pensionnaires qui exigent des soins particuliers, nous traversâmes le dortoir. Il renfermait trente lits, tous placés et garnis uniformément. Les draps étaient d'une blancheur éblouissante. Pendant l'absence des malades, les croisées demeurent ouvertes et les miasmes de la nuit s'échappent, tandis que les chauds rayons du soleil profitent de ce passage pour entrer à flots dans la chambre.

L'infirmerie était aussi soignée que le dortoir.

En ce moment elle ne renfermait qu'un malade.

C'était un pauvre jeune homme de dix-huit ans, à la figure pâle et triste, mais pleine d'intelligence, qui succombait à un mal affreux. Un cancer s'était formé sur l'un de ses bras, et depuis plusieurs jours remontait graduellement. Il menaçait d'arriver jusqu'au cœur et d'en étouffer les battements. Je ne vis jamais de nature plus souffreteuse et cependant plus résignée. Ce jeune homme se nommait Jacques Servière.

Je m'approchai de lui, et après que le docteur l'eut examiné (pour la forme seulement, car le malheureux était condamné), j'entamai la conversation avec lui.

— D'où êtes-vous, mon ami ? lui demandai-je.

Son regard se fixa sur moi. Il parut me remercier de l'intérêt que je lui portais et me répondit :

— Je suis de Montbrison, Monsieur.

— Y a-t-il longtemps que vous avez quitté votre pays ?

— Voici tantôt un an, Monsieur. Je m'étais engagé à dix-sept ans dans un régiment qui était en garnison à Montbrison ; mais, après trois mois de service, je tombai malade. On me mit à l'hôpital. C'est là que je vis M. Paul (l'un des fondateurs de la maison). Il s'informa de moi et vit bien que je ne guérirais jamais. Alors il me fit réformer et m'amena ici.

— Pourquoi vous étiez-vous engagé ?

— Dame ! Monsieur, c'est que chez nous il n'y avait pas toujours du pain, et que mon travail était si peu payé qu'il suffisait à peine à mon entretien. Alors je suis parti. Je savais lire et écrire. Je me disais : au régiment, on t'apprendra de nouvelles choses. Peut-être tu deviendras officier, et alors tu pourras être utile à tes parents. Hélas ! j'espérais trop. Je ne suis allé au régiment que pour y souffrir de toutes les manières, et en fin de compte pour y tomber malade. Ah ! c'est bien triste, Monsieur.

J'étais tout ému de la simplicité avec laquelle Jacques me racontait son histoire. Je prenais intérêt à lui en apprenant à le connaître. Aussi, je continuai à l'interroger :

— Votre famille était bien nombreuse ?

— Six personnes, Monsieur, et une seule pour les nourrir toutes. Mon père était chauffeur dans une forge, et il fallait que son travail fit aller toute la maison. Aussi, il est mort à la tâche, un mois après que j'étais au régiment.

— Et votre mère, comment a-t-elle fait pour nourrir le reste de votre famille ?

— Hélas, Monsieur, après la mort de mon père, ma mère perdit deux de ses enfants ; il ne lui restait plus que moi et ma sœur. Tant de chagrins l'ont rendue folle ; elle est à l'hospice.

— Et votre sœur ?

— M. Paul l'a fait entrer dans une maison d'orphelines ; car elle est bien orpheline, la pauvre petite.

— Et vous, Jacques, que comptez-vous faire ?

— Oh ! moi, Monsieur, je ferai ce que le bon Dieu voudra. Mais je suis bien certain d'une chose, c'est qu'avant deux mois je serai auprès de lui. J'ai un mal qui ne pardonne pas.

En disant ces paroles, Jacques souriait tristement. Pour moi, je n'avais vu nulle part tant d'infortune s'allier à tant de douceur et de résignation. J'étais en proie à une émotion profonde et j'avais peine à contenir les larmes qui oppressaient ma poitrine.

Ma conversation avec lui dura encore quelques minutes et je me retirai après lui avoir promis de revenir.

Je revins en effet quinze jours plus tard. On était alors au mois de mai. Jacques se trouvait mieux, et quand j'arrivai, il était étendu sur une chaise longue près de la croisée. Quelques livres s'étalaient devant lui sur une chaise. Au moment où j'entrai, il tenait entre ses mains les mains d'une petite fille de sept ans environ, revêtue du costume de l'orphelinat de L...

— C'est ma sœur, me cria Jacques, dès qu'il me vit.

La petite était fraîche et mignonne, et les yeux du pauvre malade brillaient de joie.

Je serrai la main à Jacques, j'embrassai la petite fille et je m'assis.

— M. Paul a voulu faire venir ma sœur. Elle a passé toute la journée avec moi et je suis heureux.

En disant ces mots, Jacques couvrait sa sœur de baisers, et l'enfant les lui rendait en caresses et en sourires.

Enfin, il fallut se séparer. Il y eut des larmes des deux côtés. On s'embrassa, on se promit de se revoir et la petite fille partit.

Ce fut alors que j'aperçus près de Jacques un beau rosier planté dans un vase et couvert de ses boutons.

— D'où tenez-vous cette belle plante ? lui dis-je.

— C'est ma sœur qui me l'a donnée, me répondit-il.

Ce rosier devint bientôt la seule distraction du malheureux incurable. J'allais le voir souvent, et je puis dire que sous cette enveloppe frêle et malsaine battait un cœur ardent et plein de poésie.

Jacques n'avait lu aucun de nos romanciers, ni les poètes mélancoliques de l'école de Millevoye.

Cependant, lorsque les fleurs de son rosier commencèrent à jaunir, il me dit :

— Ma vie est comme elles : elle se flétrit et elle s'éteindra lorsqu'elles tomberont.

Il disait vrai : au commencement de l'automne, le cancer qui le tuait atteignit le cœur et il mourut. Il mourut comme un saint.

Quelques jours avant sa mort, il m'avait fait appeler et il me dit :

--Vous m'avez témoigné de l'intérêt, je vous recommande ma mère et ma sœur.

Je lui promis de leur être utile autant que je le pourrais.

Sa mère est morte... folle ; sa sœur est toujours à l'orphelinat de L... et le rosier qu'il aimait fleurit dans mon jardin, où la place d'honneur lui est réservée.

C'est bien le moins qu'on doive faire pour la mémoire de ce jeune homme, si malheureux et si résigné, si misérable et si religieux, si triste et si fervent.

Cher Jacques, si vous êtes au ciel, priez un peu pour celui qui fut votre ami.

Avant de clore ce chapitre, nous devons signaler la transformation opérée dans son œuvre par M. Rambaud vers la fin de 1857. Il ne pouvait chasser de sa mémoire les désirs caressés par lui et Louis Potton en 1848, après les secousses de la Révolution ; son esprit restait hanté, surtout à la suite de l'inondation, par la pensée de fonder une véritable cité ouvrière ; mais à la base de l'édifice, au lieu des utopies saint-simoniennes, il mettrait l'idée chrétienne, afin de bâtir, non sur le sable, mais sur le roc. Ce plan se trouvait déjà un peu réalisé par l'hospitalité généreusement donnée l'année précédente aux inondés. Beaucoup des ménages qu'il avait installés autour de lui, étaient encore là. Pourquoi ne pas les y garder indéfiniment et ne pas en attirer d'autres ? Son plan était d'une conception très simple. N'ayant plus d'argent pour construire, il emprunterait à 5 °/₀ les sommes nécessaires, et les intérêts seraient payés par le montant des loyers, d'ailleurs fort doux, que lui verseraient les locataires de sa Cité.

Le prospectus de la nouvelle entreprise permettra au lecteur d'en saisir et l'objet et la portée.

Peu de jours après l'inondation du 31 mai, la vue de tant de familles sans abri nous inspira la pensée de construire pour elles des logements provisoires. Encouragés par nos amis, notre idée première s'agrandit, se modifia, et nous songeâmes à construire une cité entière, une véritable petite ville, avec son église, ses écoles, ses promenades, occupant un terrain d'une superficie de 13.000 mètres carrés, dans le quartier des Brotteaux, près le cours Lafayette, et pouvant contenir mille à douze cents âmes.

Notre but devint alors non seulement de loger plus convenablement et à meilleur marché notre population industrielle, mais encore d'obtenir un bien moral réel en réunissant autour d'un centre religieux de nombreuses familles conservant encore le désir du bien et saisissant avec empressement l'occasion qui leur est offerte de se placer elles-mêmes et leurs enfants à l'abri des mauvais exemples. Administrant nous-mêmes la Cité, tous nos efforts tendent au bien moral ; des conditions particulières insérées dans les baux interdisent le travail du dimanche, excluent les gens notoirement immoraux et mille autres causes de démoralisation. Du reste, on comprend aisément qu'habitant nous-mêmes avec nos Frères au milieu de ces trois cents familles, vivant de leur vie, les connaissant toutes particulièrement, recevant leurs enfants dans nos écoles, il nous est facile d'exercer sur elles une salutaire influence.

Trois cents mille francs de dons ou de prêts ont payé les premiers bâtiments, immédiatement loués à de bonnes familles. De nombreux faits viennent chaque jour attester le bien que peut produire cette œuvre, nous encourager nous-mêmes et nous confirmer dans l'intention de faire tout ce qui est possible pour la mener à bonne fin. Voulant donc l'établir sur des bases solides et enlever toutes chances d'embarras pour l'avenir, nous avons dû acheter l'emplacement qu'occupe la Cité, et l'administration des hospices, désireuse de voir se réaliser le bien, et prenant en considération la plus-value que nos constructions donneront aux terrains environnants, a bien voulu nous le vendre à un prix et à des conditions qui assurent largement le paiement des intérêts et le remboursement des fonds qui nous seront prêtés.

Pour motiver le mode d'emprunt que nous annonçons, nous devons peut-être expliquer les raisons qui nous y ont déterminés. D'abord, nous considérons comme une des conditions essentielles de notre œuvre l'exigence sévère du paiement des loyers ; sans cela les ouvriers les plus honorables, ceux qui tiennent à cœur de se suffire par leur travail et de satisfaire à leurs engagements, ne tarderaient pas à s'éloigner de nos maisons que discréditerait l'idée que ceux qui les habitent sont de pauvres gens qui ne paient pas leur logement ; de plus, il eût été bien difficile, sinon impossible, d'obtenir par aumônes une somme aussi considérable. Dès lors, les revenus devant suffire au paiement des intérêts et à l'amortissement du capital, rien n'est plus naturel que de recourir à l'emprunt.

Nous pouvons même affirmer que nous agissons en ceci selon les règles les plus sévères de la prudence humaine, puisque les 13.000 mètres de terrain qu'occupe la Cité auront forcément, dans quelques années, pris une telle valeur qu'ils suffiraient eux seuls, sans tenir compte des constructions, à désintéresser tous nos souscripteurs, dans le cas où quelque circonstance imprévue viendrait déranger nos projets.

C'est donc de toutes nos forces, avec une pleine conviction de la sûreté et de la convenance de notre œuvre, que nous venons prier les hommes de bonne volonté de nous confier quelques capitaux. Qu'ils aient confiance en nous ; pourquoi ne pas essayer de faire tourner un peu au service de DIEU cet esprit d'association qui centuple les forces et produit aujourd'hui de si merveilleux résulats ?

Aidez-nous donc et vous aurez contribué à un bien réel. Toute idée nouvelle est exposée à quelques contradictions, il est impossible qu'il en soit autrement, cela est même nécessaire pour l'épurer, la mûrir, la perfectionner; nous prions DIEU afin qu'il nous donne le courage d'achever ce que nous avons commencé et nous espérons que les résultats viendront eux-mêmes nous justifier.

Pour les Frères de l'Enfant-Jésus :

Frère Camille RAMBAUD.

CONDITIONS DE LA SOUSCRIPTION.

L'emprunt est de 600.000 francs divisés en douze cents obligations de 500 francs portant intérêt à 5 %, et *remboursables* à 625 par un tirage annuel, selon un tableau d'amortissement calculé sur cinquante-cinq années.

Les immeubles de la Cité sont la garantie des obligations.

Les intérêts seront payés le 15 janvier et le 15 juillet de chaque année.

Le montant de la souscription est payable : un quart, soit 125 francs, en souscrivant, et les trois autres quarts, de deux mois en deux mois, ou immédiatement, à la volonté du souscripteur.

Un autre fait, plus riche encore de conséquences pour le Frère Camille, fut son élévation au sacerdoce en 1861, à l'âge de 39 ans. Un pieux vicaire de la paroisse Saint-André, M. l'abbé Chevrier, était venu lui demander, en 1857, la faveur de partager son humble existence. Mais son ministère suffisait à peine, et de plus, voyant la Cité se spécialiser de plus en plus dans l'hospitalisation des vieillards, il manifestait le désir de se retirer pour se consacrer plus spécialement à l'Œuvre primitive, maintenant passée au second plan, à savoir : l'instruction et la moralisation de l'enfance abandonnée. En prévision d'une séparation possible, même probable, on conseilla sérieusement à M. Rambaud de faire brièvement ses études théologiques en vue de l'ordination sacerdotale. Il hésitait, se jugeant indigne. Son directeur lui avait, il est vrai, donné un avis favorable ; il avait également vu à ce sujet le supérieur du grand séminaire de Lyon. Néanmoins, il ne voulut rien décider avant d'avoir consulté le Père Ambroise, qui le connaissait si bien et lui avait toujours donné de si sages avis. Celui-ci lui répondit, le 20 mars 1860, du couvent des Brotteaux :

Bien cher Frère, puisque vous me demandez, pour l'amour de Dieu, ce que je pense sur la question de votre vocation sacerdotale, je vous le dirai volontiers.

Je crois que maintenant il est bien difficile de reculer et que vous n'avez qu'à vous laisser pousser en avant, en obéissant aux ordres et à la conduite de votre directeur et du supérieur du séminaire. Vous dites que peut-être ils ne vous connaissent pas : mais sans doute ils vous connaissent assez, et mieux peut-être que vous ne vous connaissez vous-même ; car Dieu ne veut pas que nous puissions voir et apprécier sûrement par nous-mêmes l'état de notre âme et les ressources qu'elle présente pour le bien. Marchez donc en avant et laissez-vous faire prêtre.

Le sacerdoce, il est vrai, ne paraît pas devoir mettre un terme à la situation passablement difficile que paraît présenter, vue de dehors, l'affaire de la Cité dans laquelle vous êtes engagé maintenant complètement. Mais il sortira de tout cela ce qu'il plaira à Notre-Seigneur. Il se plaît à nous conduire par des routes où souvent nous ne voyons pas clair, et quelquefois même pas du tout, afin de nous démontrer pleinement que nous sommes des ignorants et des lâches, et que c'est sur lui seul qu'il faut compter. Le bien est difficile à faire ici-bas, parce que cette terre est une terre de péché, où le diable commande encore, et où les épines victorieuses se pressent pour écraser le bon grain. Mais patience ! Le mal ne régnera pas toujours, et Jésus viendra détruire enfin, d'un souffle de sa bouche divine, tout ce qui en nous et autour de nous s'oppose jusqu'à ce jour à son empire. Du reste il était nécessaire, je crois, que vous eussiez à traverser la phase où vous vous trouvez maintenant. Il me semble que Notre-Seigneur s'occupe davantage depuis quelque temps à former votre âme, à vous bien apprendre ce qui vous manquait beaucoup malheureusement, et à vous faire comprendre comment c'est dans la sainteté intérieure, dans la grâce, dans l'esprit de prière, que se trouve le vrai ressort, capable de fonder les œuvres utiles à la gloire de la sainte Église. Vous aviez plus besoin qu'un autre de ces leçons salutaires, parce que votre passé, occupé par beaucoup d'entreprises diverses, vous laissait davantage à désirer du côté de votre formation spirituelle. Notre-Seigneur, je l'espère, ne vous épargnera pas les épreuves qui doivent, avec le temps, vous rendre bon à le servir ; et j'espère aussi qu'il vous soutiendra invisiblement de son amour, afin que vous ne soyez pas affaibli ni vaincu, mais fortifié et sanctifié par la tentation.

Adieu ! Je me recommande à vos prières, qui me sont fort nécessaires. N'oubliez pas non plus notre petit couvent. Vous avez vu avec quelle difficulté il s'est fondé et combien petitement nous avons marché pendant trois ans. Maintenant, cela va mieux, sans cependant être fort brillant. Nous avons huit novices (en comptant deux profès), et nous avons trouvé de quoi bâtir la deuxième aile, celle du midi, et de quoi commencer et monter assez haut l'église, que l'on bâtit en ce moment. Puisse le glorieux saint Joseph nous accorder des ressources pour achever ! Tâchez d'avoir une grande dévotion pour lui et pour la glorieuse MARIE, votre Mère et son Épouse. Prêchant la Station de Carême en notre chapelle, je parlerai dimanche en son honneur, et le dimanche suivant en l'honneur de l'Annonciation de MARIE. Je sème la parole de DIEU. Mais mes péchés n'en empêchent-ils pas les fruits ?

Cette lettre fut suivie de visites au couvent des Dominicains où il fut décidé oralement que M. Rambaud y commencerait sans retard l'étude de la théologie. Il y revint ensuite fréquemment, comme un élève à son cours, pour demander à son ami des explications nécessaires et souvent fort longues sur les questions les plus épineuses. Le Père Potton, qui autrefois dans le monde l'avait initié à la vie chrétienne, lorsqu'ils travaillaient ensemble dans le magasin de soieries de la rue Lafont, qui l'avait ensuite dirigé, par ses lettres et de vive voix, dans la vie spirituelle parmi les difficultés de ses fondations successives, devint ainsi son premier guide et son premier maître dans les sciences sacrées. Ces premières études, chez les Pères Dominicains, semblent avoir duré des fêtes pascales de 1860 à la fin de l'été. A cette dernière époque, le Frère Camille partit pour Rome où, dégagé de tout autre souci, il s'appliqua plus sérieusement encore à la théologie. Le Père Potton n'aurait pu d'ailleurs lui continuer son enseignement d'une manière suivie : le 1er octobre 1860, un an après son arrivée de Chalais à Lyon, il fut nommé Maître des novices par le Rme Père Jandel, qui voyait en lui, avec raison, l'une des pierres angulaires sur lesquelles serait édifiée la future Province de Lyon.

La paix dont jouissait M. Rambaud dans la Ville éternelle, ne fut pas de longue durée. L'année 1860 n'était pas finie qu'une lettre du Frère Paul lui apprit que les choses ne marchaient plus en son absence, que M. Chevrier semblait décidé à se retirer sans retard dans un autre quartier de la Guillotière, appelé le Prado, pour y fonder une nouvelle œuvre d'enfants, et que tout le personnel de la Cité, maîtres et élèves, lui excepté, le suivraient dans sa retraite. M. Rambaud quitta brusquement Rome au commencement de 1861 et arriva soudain à Lyon, où, à force d'instances, il obtint de M. Chevrier, non qu'il abandonnât son projet de scission, mais qu'il consentît à rester à son poste jusqu'à son ordination sacerdotale ; il promettait d'ailleurs d'en hâter la date autant que possible. Un peu tranquillisé par cette solution et par la fidélité à toute épreuve de M. du Bourg que M. Chevrier avait essayé en vain d'ébranler, il repartit pour Rome et y demeura jusqu'au printemps. Il revint alors à Lyon où, pendant plusieurs semaines passées à Fourvière, il se prépara aux pieds et sous le regard de Notre-Dame à l'ordination sacerdotale qu'il reçut, le 25 mai, des mains de Mgr de Bonald.

Une année d'études théologiques, c'était peu, et l'Eglise a coutume de demander davantage à ceux de ses enfants que la Providence appelle au service des autels et à l'apostolat de la vérité révélée ; mais la vocation de M. Rambaud était moins d'élucider et d'enseigner les problèmes ardus de la doctrine que de donner les premiers rudiments de l'enseignement chrétien aux enfants et aux ménages ouvriers qui l'entouraient. Pour ce motif et à cause des difficultés qui menaçaient alors l'existence même de son œuvre, l'Eglise se montra douce et facile à son endroit et lui accorda bienveillamment la prêtrise, sans exiger la longue préparation qu'elle a coutume d'imposer à ses clercs.

La grâce du sacerdoce et la célébration quotidienne de la sainte Messe imprimèrent à son zèle un élan nouveau. Lorsque M. Chevrier le quitta, comme Barnabé fit pour Paul, il fut certainement attristé : c'était une moitié de son œuvre qui lui était arrachée contre son gré. Il avait eu jusque-là tant de bonheur, deux fois par an, à préparer ses enfants à la Première communion, et à leur donner cette éducation chrétienne qui devait être ensuite leur force pendant leur vie entière ! Ce fut la croix bien dure que Dieu lui ménagea parmi les joies de son ordination.

Un fait à signaler ici en passant, et dont l'explication doit être cherchée dans les rapports du Frère Camille avec le Frère Ambroise, est la part prépondérante du

Rosaire dans la méthode d'enseignement employée avec les enfants. Ceux-ci, on le devine, n'étaient, en général, ni des plus avancés, ni des plus ouverts. Sait-on le moyen principal dont se servirent successivement le Frère Camille à la Cité, le Père Chevrier au Prado, et leurs successeurs en l'un et l'autre lieu pour les instruire ? Pendant les six mois qu'ils les logent, ils leur font réciter chaque jour le Rosaire entier en leur expliquant avant chaque dizaine le mystère correspondant. Les pauvres enfants finissent par connaître parfaitement la vie de Notre-Seigneur, dont les quinze mystères sont l'abrégé, et souvent par mieux comprendre et goûter les vérités de l'Incarnation, de la Rédemption et du Ciel, que des enfants beaucoup plus intelligents qui ont appris la lettre du catéchisme. Or, qui enseigna au Frère Camille, élevé dans un lycée et resté assez longtemps indifférent, la vertu cachée du Rosaire pour sa propre sanctification et pour l'instruction de ses élèves ? Ce fut son ami dominicain, le Père Ambroise Potton (1).

Les enfants une fois partis au Prado, l'abbé Rambaud se donna tout entier à sa cité ouvrière. Pour y faire le bien et pour agir sur tout le quartier environnant, il ne tarda pas à ouvrir des conférences de jeunes gens, à tenir des réunions de jeunes filles, voire même à jouer des pièces de théâtre, afin d'infuser autour de lui, par tous ces moyens, l'idée chrétienne. Un autre objet sollicitait son activité : son église était inachevée, sa construction ayant été interrompue pendant son séjour à Rome. Il se remit à l'œuvre et eut le bonheur de la voir terminée et livrée au culte en 1866. Svelte et pro-

---

(1) Le 12 mars 1860, le Père Potton écrivait en post-scriptum d'une lettre au Frère Camille : « Je vous envoie quelques notices du Rosaire. Tâchez de recruter en ville des associés... Ce serait une œuvre fort agréable à MARIE. »

CHAPELLE DE LA CITÉ DE L'ENFANT JÉSUS

prette, de style simple et de bon goût, elle se dresse au milieu même de la cour formée par les vastes constructions de la Cité, rappelant sans cesse à tous les habitants que Dieu fut le point de départ et le soutien de cette œuvre catholique et doit à jamais en rester le centre.

Le service de cette église et le soin des âmes allaient bientôt d'ailleurs être plus assurés que jamais dans l'Œuvre, malgré la fondation du Prado et le départ de M. Chevrier. M. Rambaud pressa, en effet, le Frère Paul, qui lui était resté constamment et énergiquement fidèle parmi les difficultés précédentes, de se préparer au sacerdoce. Le brillant cavalier d'autrefois, devenu sous sa petite blouse bleue, le serviteur des pauvres, le cuisinier et le catéchiste des enfants, ne résista point. Après avoir pris conseil de divers côtés, il partit en 1861 pour le séminaire de Romans, au diocèse de Valence, et en 1864, après trois années de théologie, il reçut lui aussi la prêtrise et revint près de son collaborateur et ami reprendre à la Cité, avec la même bonté inaltérable, son rôle d'humilité et de dévouement absolu.

CHAPITRE X

CONCLUSION

Nous avons intitulé cet ouvrage : *L'admirable amitié de deux jeunes gens lyonnais*. Les pages qui précèdent nous semblent avoir répondu à ce titre. Tandis que la plupart des âmes vivent ici-bas en orphelines et dans une solitude qui leur pèse, Camille Rambaud et Louis Potton ont vécu dans une étroite union, dans une intimité complète, se révélant mutuellement l'un à l'autre, transparents, en quelque sorte, l'un pour l'autre.

Nous pourrions nous en tenir là, car tous les deux, au point où nous en sommes arrivé, ont fini leur jeunesse. Il nous paraît toutefois probable que le lecteur doit désirer au moins une vue d'ensemble sur le reste de leur vie, et tel sera l'objet de ce dernier chapitre.

Le Père Potton resta peu de temps aux Brotteaux.

Dès le commencement de 1862, la Province dominicaine de Lyon ayant été fondée avec les trois couvents de Lyon, de Corbara (Corse) et de Carpentras, et cette dernière ville désignée pour recevoir le noviciat profès, il dut y suivre, comme Père-Maître et professeur, les premiers étudiants. Il y exerça cette double fonction jusqu'en 1874, formant avec le plus grand soin tous ses novices à la perfection religieuse et aux sciences sacrées. Ces deux emplois n'épuisaient pas toutefois son activité. Pendant ces douze années, il fut encore chargé par le Rme Père Jandel, Maître général de l'Ordre, de rédiger sur un plan nouveau les Constitutions des Sœurs Dominicaines et des Frères Prêcheurs, travail énorme qu'on attendait depuis deux siècles et qu'il sut mener à terme, à la satisfaction générale. Il assista aussi, en 1870, au Concile œcuménique du Vatican et y travailla efficacement pour sa modeste part au bien de l'Eglise. Il publia enfin, pendant cette période, plusieurs ouvrages et remplit à trois reprises successives l'office de Sous-Prieur.

Un fait édifiant, que nous tenons de M. Camille Rambaud lui-même, montre que l'éloignement n'avait en rien diminué leur amitié.

Au printemps de 1862, presque immédiatement après son arrivée à Carpentras, le Père Potton fut repris par la maladie des yeux dont il avait déjà tant souffert à Chalais, et envoyé à Lyon pour être soigné d'une manière fort sérieuse par un spécialiste de renom. Un régime très fortifiant ayant été prescrit, sa mère se chargea de lui faire apporter chaque jour sa nourriture et, avec l'agrément du Père Provincial, il ne descendit pas au couvent des Brotteaux; il vint habiter chez son ami, dans la maison de la rue Rabelais, une très pauvre et très petite cellule, pouvant à peine contenir une chaise, une table et la planche qui lui servait de lit, mais attenante à la chapelle. Toute lecture lui étant défendue, il pria M. Rambaud, qui s'empressa de condescendre à son désir, de lui faire percer dans la muraille une petite fenêtre, par laquelle il pût toujours voir le tabernacle et adorer le Saint-Sacrement. La chambre et l'ouverture existent encore; le Père Ambroise y passa un mois entier, édifiant toute la maison par sa profonde piété et surtout par son humilité. Il consentit aimablement à donner des conférences spirituelles et religieuses à ceux qui lui donnaient l'hospitalité et qui conservèrent de son passage et de ses entretiens un délicieux souvenir.

Avant de regagner son couvent, à peu près complètement guéri, le Père Potton alla passer quelques jours à la maison de campagne de son père et de sa mère, aux Barolles, et invita M. Rambaud à venir l'y voir une matinée. Leurs messes dites, les deux amis se promenaient dans les belles allées du vaste enclos qui entoure la propriété et leur rappelait tant de souvenirs de jeunesse, lorsque le Père invita son compagnon à entrer dans l'une des chaumières semées de distance en distance, pour reposer les promeneurs.

« Vous ne savez pas ce que je m'en vais vous demander? dit-il tout à coup à M. Rambaud.

— Non, répond celui-ci; qu'est-ce donc?

— Eh! bien, reprend le Père Potton, vous allez me donner la discipline. »

M. Rambaud se récrie, mais en vain, et des verges d'osier coupées le long de la vigne lui sont mises dans la main. Le Père Potton s'appuie sur un banc, après avoir découvert ses épaules, et il supplie son compagnon de ne pas l'épargner, ce qui fut fait. Les deux jeunes prêtres reprirent leur promenade et ce petit incident ne les empêcha pas, une heure plus tard, d'assister de fort bonne grâce au dîner de famille.

L'abbé Rambaud qui ne trouvait point, paraît-il, auprès de son directeur lyonnais tous les secours spirituels, qu'il avait tirés jadis de sa correspondance avec le Père Ambroise, profita de cette circonstance pour prier ce dernier de vouloir de nouveau le guider dans les sentiers de la perfection. Celui-ci objecta à son ami les multiples et absorbantes occupations qui prenaient tout son temps. Il nous est resté pourtant une lettre de cette époque, qui est vraiment de direction et que nous devons citer ici ; elle ne porte point de date précise, mais certains indices semblent indiquer qu'elle est du mais de mars 1863.

M. Rambaud qui exterminait son corps par les jeûnes et les macérations en ce temps de pénitence, était tombé malade. Il écrivit à son ami une lettre désolée où il se disait aux portes du tombeau. Le Père Potton lui répondit :

Infirmitas tua non est ad mortem, sed pro gloriâ Dei, ut glorificetur filius Dei per eam. Ce sont les paroles de JÉSUS se disposant à ressusciter Lazare déjà mort et bien mort, puisqu'il commençait à sentir mauvais après quatre jours de sépulture. C'est à vous qu'elles conviennent aussi, très cher fils, et c'est de vous qu'elles sont dites. Vous savez si j'ai jamais désespéré et si j'ai cessé de vous donner bon espoir ; votre infirmité n'est pas mortelle, mais vous ressusciterez, et glorieusement : *Gaudens gaudebo in Domino et exultabo in Deo Jesu meo. Lætabitur deserta et invia et florebit solitudo et germinabit sicut lilium. Illuminare, Jerusalem, quia venit lumen tuum et gloria Domini super te orta est.* Consolez-vous dans l'espoir de l'avenir, et combattez avec courage ce grand combat que nous avons à soutenir contre la chair et le démon. Vous avez peu de forces, mais néanmoins nous ne sommes pas vaincus. Tant qu'il nous reste la prière, il faut crier, gémir, demander toujours, afin que nos désirs et nos demandes percent le ciel. C'est une ruse sublime de DIEU. Il veut que nous gémissions longtemps dans l'impuissance et dans la fange de notre misère, nous efforçant vainement et nous tordant en vain de désespoir et de désir, sans voir aucun fruit de nos efforts, afin que nous apprenions, par une dure, très dure expérience, que tout ce que nous sommes n'est rien et qu'il donne à qui il lui plait la force et toutes les vertus. Mais lorsque le champ a été suffisamment arrosé par la sueur du pauvre laboureur, DIEU, dans sa miséricorde, envoie des nuées bienfaisantes et chargées de pluie, il fait luire son soleil ; et cette terre qui paraissait stérile se couvre des gerbes de la moisson. Ainsi a-t-il voulu en agir avec son fils bien-aimé, en qui cependant il mettait toutes ses complaisances : il l'a laissé si longtemps prier et demander la fondation et l'accroissement de cette Eglise qui ne paraissait point encore ! Il lui a laissé demander avec angoisse que le calice d'amertume s'éloignât, et lorsque Jésus disait : *s'il est possible*, le Père répondait : *c'est impossible* ; et il fallait que Jésus, courbé sous cette volonté de fer, bût jusqu'à la lie les insultes, les outrages et la mort de la Croix. Mais, vous savez qu'enfin est venu le jour de la résurrection, prélude de la gloire éternelle dont Jésus jouit à la droite du Père. Ainsi viendra pour vous une résurrection, et déjà, vous le voyez, un ange semble vous être envoyé, non pour vous débarrasser de ce calice, mais pour vous fortifier : *Confortans eum.*

Usez de l'amitié sainte de cette personne, allez-la voir comme elle vous le conseille, je n'y vois pas d'inconvénient ; tout au contraire, les rapports que j'ai eus avec elle et tout ce que j'en ai entendu dire me portent à croire que c'est une des âmes choisies pour répandre et donner aux âmes l'amour de Jésus, Notre-Seigneur. Seulement, si elle vous pousse à quelque chose de difficile pour votre faiblesse, demandez conseil avant d'obéir ; elle vous dira elle-même qu'il n'y a pas de vertu sans obéissance, et que pour savoir ce qu'il faut faire, l'âme, lorsqu'elle est touchée de DIEU et qu'elle s'écrie comme saint Paul : « Que voulez-vous que je fasse ? » *quid me vis facere ?* l'âme reçoit pour réponse : « Va trouver Ananie, qui te dira ce qu'il faut faire ». Or, c'est à nous et non pas à elle qu'il a été dit : « Qui vous écoute, m'écoute ». J'aurais grand plaisir à vous revoir, très grand plaisir ; mais il faut, l'un et l'autre, que nous grandissions dans la grâce de DIEU, afin que notre amitié ne soit pas une affection humaine, mais bien une étincelle de cette charité qui fond en une les âmes des saints. Demandez bien à Notre-Seigneur qu'il détruise en moi ce qui arrête les effusions de la grâce et qu'il fasse ce que je n'ai pas le courage de faire moi-même. *Non recuso laborem.* C'est le temps de mourir, si nous voulons ressusciter.

Demandez-lui, je vous en prie, et pour l'amour de moi, et pour l'amour de tous ceux qui me sont confiés, ou bien qu'il nous guérisse par les blessures qu'il sait faire quand il veut, ou bien qu'il me donne la force de me tuer douloureusement et de m'exterminer moi-même. Cela est plus difficile et plus pénible ; mais, il peut, s'il le veut, me donner ce grand courage. *Morietur anima mea morte justorum.* Qu'elle meure, mon âme, afin de porter beaucoup de fruits, qu'elle meure dans la douleur et dans le combat, afin de porter des fruits, non plus acerbes et chétifs, mais mûrs et abondants.

J'en dirai davantage peut-être, si j'ai le bonheur de vous revoir, comme vous le faites espérer, et je pense moi-même passer près de vous quelques jours cet été. Adieu, cher enfant, je vous embrasse très tendrement en Jésus, notre commun maitre ; nous sommes malades tous deux, puisse-t-il nous guérir! Aimez-le, priez-le, suppliez-le, appelez-le, qu'il vive en vous, que vous viviez en lui par Marie, Marie, notre commune Mère.

L'abbé Rambaud se remit de cette maladie et continua de se dévouer corps et âme à tous les habitants de la Cité. Nous l'avons dit plus haut, son œuvre avait changé notablement d'aspect depuis 1857.

De hautes maisons avaient été bâties autour d'un vaste quadrilatère, et au centre de la cour intérieure une jolie chapelle gothique s'était élevée, comme pour indiquer à tous les yeux le caractère essentiellement chrétien de l'œuvre. Ces habitations avaient été louées à des ménages pauvres pour des prix modérés, et le montant de ces locations multiples servait à payer les intérêts des sommes empruntées et engagées dans les constructions.

L'œuvre des catéchismes avait continué jusqu'en 1860, conjointement avec celle des locaux à bon marché pour les familles pauvres. Mais à cette dernière date, la scission de M. Chevrier lui porta un coup dont elle ne se releva pas.

M. Rambaud eut beau réunir les jeunes gens de sa cité ouvrière et du quartier, convoquer les jeunes filles à des conférences religieuses où il les instruisait de son mieux, épuiser, pour leur faire du bien, toutes les ressources et les industries de son zèle ; rien ne pouvait le consoler de l'absence des chers enfants. Les adultes ne s'amélioraient guère, et il se répétait à lui même que, pour exercer une action profonde sur l'humanité, il faut s'adresser au tout jeune âge. Il résolut à cette fin, de concert avec M. du Bourg, de fonder dans la Cité une école libre et primaire, soit pour les enfants des familles qu'il logeait, soit pour les autres enfants du quartier. Lui-même se fit avec ses compagnons instituteur pour les garçons, et pour les petites filles il réunit un certain nombre de personnes dévouées qu'il soumit à un règlement commun, sans pourtant exiger d'elles l'émission des vœux de religion.

Au début de cette œuvre de filles, avant même l'éloignement de M. Chevrier, il se trouva un jour en rapport avec le Père Potton, qui, sagement, contrecarra un de ses désirs. Dans ses visites à Chalais, il avait fait la connaissance d'une pieuse pénitente de son ami, et depuis lors il la considérait comme une sœur. Ayant perdu en 1858 la première des institutrices qu'il voulait grouper à la Cité pour prendre soin de ses petites élèves, il lui écrivit pour la prier de venir prendre sa place. La lettre qu'il lui adressa est l'un des rares monuments écrits qui nous soient restés du Frère Camille dans ses rapports avec le Père Potton, celui-ci ayant malheureusement avant de mourir détruit toute sa correspondance. Nous la transcrivons ici pour donner au lecteur une idée de son genre épistolaire.

« Lyon, le 15 juillet 1857.

« Laissez les morts enterrer les morts, ma bonne sœur, Jésus vous appelle, il a besoin de vous. Un événement imprévu, trop long à vous raconter, fait que la sœur qui avait fondé l'œuvre de nos filles est obligée de nous quitter. Que faire? Faut-il abandonner ces pauvres petites filles? Dans cinq semaines elles allaient faire leur première communion. Mais impossible de les garder, nous n'avons personne. Quelle bonne œuvre cependant!

« Que faites-vous chez vous ! Rien. Jésus, votre bien-aimé, votre fiancé, est oublié, méprisé, insulté, et vous, vous hésitez à venir à son secours. Vous vous figurez que vous êtes retenue par vos parents, par une grand'-mère, une sœur, que sais-je ? N'avais-je donc pas aussi, moi, un vieux père ? Jésus n'était-il pas dans le ciel et ne l'a-t-il pas quitté pour nous sauver ?

« Mais le voici qui parle : « Ecoutez, ma fille, voyez « et prêtez l'oreille, et oubliez la maison de votre père, « et alors je concevrai de l'amour pour vous. » Ps. 44. — « Levez-vous, hâtez-vous, ma bien-aimée, ma colombe, « mon unique, et venez, car l'hiver est déjà passé, les « pluies ont cessé, le temps de la taille de la vigne est « venu... Vous qui êtes ma colombe, montrez votre « visage... prenez-nous les petits renards qui détruisent « les vignes. » Cantic. 2, 8-7. C'est Jésus lui-même qui vous adresse ces douces paroles. Quel plus pressant appel peut-il vous faire ? Qu'avez-vous à lui opposer ? Rien, ou presque rien.

« Si vous saviez, Mademoiselle, combien le mal est grand dans le monde, comme est déchiré le corps de Jésus ! Il est tout en lambeaux ; de grâce, essayons au moins de panser ses plaies. Eh ! quoi, le feu est à la maison et nous discutons sur les moyens de sauvetage, au lieu de nous élancer au travail ! Qu'est-ce qui vous arrête ? Vous avez des inquiétudes pour votre frère, votre famille... Quel meilleur moyen pour attirer sur elle la grâce de Dieu que de vous donner toute à lui ? Que pourra-t-il vous refuser alors ? « Vous serez à votre « bien-aimé, et il sera à vous. » Cantic. 7, 10. Ecoutez Notre-Seigneur lui-même s'écriant à la vue d'une âme qui se donne à lui : « Qui est celle-ci qui s'élève du « désert toute remplie de délices ? Que vos démarches « sont belles, ô fille de prince. Vous êtes belle, ô mon « amie, vous êtes pleine de douceur, vous êtes belle

« comme Jérusalem et terrible comme une armée rangée
« en bataille. » Cantic, 7. — « Venez du Liban, mon
« épouse, venez, vous serez couronnée; vous avez blessé
« mon cœur, ma sœur, mon épouse. » Cantic. 7.

« Que pouvait-il vous dire de plus pour vous attirer
à lui, ce pauvre Jésus. Oh ! ma bonne demoiselle, du
courage. Assez de paroles comme cela. Je sais que vous
trouvez mille et mille raisons pour ne pas venir, mais
il n'y a point de raison à donner en face de Jésus
crucifié, en face de Jésus offensé, méprisé, oublié,
blasphémé par ces pauvres âmes qu'il serait si facile de
sauver.

« Elles vous attendent, ces huit pauvres âmes de nos
filles. Voyez, Jésus les a payées de son sang, mais il
faut encore quelque chose pour qu'elles soient sauvées ;
il faut qu'une âme humaine se dévoue, qu'elle trans-
mette à ces huit âmes ignorantes les paroles de Notre-
Seigneur Jésus. L'Evangile est pour elles une lettre
morte, elles ne savent pas lire, le festin de l'époux leur
est fermé, il faut que vous leur en ouvriez la porte. Et
vous refuseriez !

« Que vous dire de plus, Mademoiselle ? Par quoi
faut-il vous conjurer ? Ne puis-je pas vous conjurer de
venir, au nom du sang de Jésus, au nom de son amour,
de tout ce qu'il y a de plus puissant dans le Ciel et sur
la terre ? Est-ce que j'exagère ainsi ? Nullement, je suis
encore bien au-dessous de la vérité, il me faudrait une
plume de feu. Que l'amour de Jésus vous donne de la
force ; fuyez la maison de votre père, s'il le faut, peu
importe ; votre époux vous appelle, pour lui vous devez
tout quitter ; c'est la loi, « parce que l'amour est fort
« comme la mort et inflexible comme l'enfer; ses lam-
« pes sont des lampes de feu et de flammes; les grandes
« eaux n'ont pu éteindre le feu de la charité, et quand un
« homme aurait donné toutes les richesses de sa maison

« pour acquérir ce saint amour, il doit estimer qu'il n'a
« rien donné. » Cantic. 8, 6 et 7. Et empruntant les
« paroles de sainte Claire à sainte Agnès, je vous dirai :
« Venez donc, embrasez-vous dans les ardeurs du
« saint amour, venez vivre pauvrement, vous attacher
« à Jésus pauvre ; considérez les humiliations qu'il a
« embrassées pour vous : suivez-le, en devenant, s'il le
« faut, pour lui, un objet de mépris aux yeux du monde.
« Votre époux céleste est le plus beau des enfants des
« hommes ; pourtant il s'est fait le rebut des créatures. »
« Ps. 44, 21.

« Du courage. Montez de suite à Chalais, si vous le
voulez : consultez le Père Potton. Des âmes, des âmes
à sauver, ma sœur ; venez, ne craignez rien. Jésus sera
avec vous : « Il vous introduira dans les celliers spiri-
« tuels du vin mystique ; sa main gauche soutiendra
« votre tête, sa main droite vous embrassera, il vous
« soutiendra avec des fleurs et des fruits. »

« Voilà une longue lettre, et je n'ai pas dit la cen-
tième partie de ce que je pourrais dire pour vous engager à venir, car il s'agit de Jésus, de Jésus, notre
amour, notre sauveur, du doux, du bon, du tant aimable
Jésus. Oh ! tout, tout pour lui, ma bonne Demoiselle.
Faut-il vous appeler ma sœur. Venez, vous essayerez,
vous ferez au moins faire la première communion à ces
pauvres petites. Venez vite, sauvez-vous, s'il le faut.
Jésus vous rendra tout au centuple.

« Le bon Frère Charles vous appelle aussi de toutes
ses forces. Qu'attendez-vous ? Venez essayer, vous
retournerez après la première communion, vous ferez ce
que vous voudrez, mais venez et voyez. Nous vous
attendons demain. Vous n'avez besoin de rien apporter.
Oh ! quelle folie de tant hésiter à se donner à Jésus. Si
vous voyiez votre sœur se noyer, hésiteriez-vous à vous
jeter à l'eau pour la sauver ? Les âmes se noient, et

vous hésitez ! Que nous sommes fous, absurdes ! Que Dieu ait pitié de nous !

« Je finis, votre cœur vous dira le reste ; considérez Jésus crucifié.

« Votre pauvre frère, Camille Rambaud. »

M. L'Abbé Camille Rambaud

Ne pouvant monter à Chalais, la destinataire de cette lettre l'y fit porter. Elle la recevait à cinq heures du soir, à sept heures elle était entre les mains du Père Potton ; et le lendemain matin elle recevait un billet contenant ce simple avis : « Restez tranquillement chez vous. J'écrirai demain au Frère Camille ; faites-le aussi vous-même. »

. Nous avons sous les yeux le brouillon de la lettre écrite par Mlle X*** au fondateur de la Cité. Nous y lisons :

« ... La voix du père de mon âme a été pour moi la voix de Dieu même. Me voilà pour la seconde fois assise à la porte des celliers mystiques, pour la seconde fois Dieu me refuse ; il ne me connaît pas et cependant je l'appelle sans cesse. Je crie vers lui, ma voix n'est pas entendue. O mon frère, qu'il est cruel d'être ainsi traitée, mais je le mérite, mes péchés en sont l'unique cause. »

Le Père Potton avait, en effet, refusé déjà l'entrée en religion à sa pénitente qui était réellement pieuse, mais dont l'imagination ardente et les soubresauts de volonté se fussent difficilement pliés à une règle de communauté ; à plus forte raison ne la croyait-il pas destinée à devenir la pierre fondamentale d'une association à fonder. Il connaissait cette âme mieux que le Frère Camille, et il rendit service à son ami en faisant cette froide et catégorique réponse à ses pages enflammées. L'opposition constatée en cette circonstance marque bien la différence de leurs caractères. Autant le Frère Camille était bouillant et impétueux, autant le Frère Ambroise était réfléchi et pondéré.

L'œuvre des petites filles finit cependant par s'organiser. Une douzaine de maîtresses purent enfin être groupées, et le nombre des enfants qu'elles instruisirent et formèrent de 1858 à la mort de M. Rambaud, est considérable. Lorsque M. Chevrier transporta au Prado en 1860 l'œuvre des catéchismes et de la préparation à la première communion, elles ouvrirent une école proprement dite qui fonctionna régulièrement et fit beaucoup de bien.

La Cité de l'Enfant-Jésus resta dans cet état jusqu'en 1867. Les constructions étaient louées, les deux écoles de garçons et de filles se remplissaient d'enfants, et les deux abbés Rambaud et du Bourg faisaient le service religieux dans la chapelle.

La question épineuse était celle des loyers. Bien que la générosité du fondateur de la Cité réduisît au moins de moitié le prix des locations, souvent des ménages pauvres ou mal disposés refusaient de le payer, et alors il fallait leur envoyer l'huissier et les faire partir de force, pour la seule question d'argent. M. Rambaud en souffrait depuis longtemps, lorsque enfin il trouva le secret de régler cette affaire d'une façon radicale.

Un jour, en 1867, il arrive au couvent des Dominicains. Ami des pères et bienfaiteur insigne des débuts, il y venait et y entrait comme chez lui. Il monte chez le Père Danzas et, tout hors de lui, sans faire les politesses d'usage :

« Ah ! dit-il, j'ai trouvé, j'ai trouvé !

— Eh ! quoi donc avez-vous trouvé ?

— Ah ! j'ai trouvé le moyen d'avoir la paix.

— Vous êtes bien heureux, mon cher Frère Camille. Que voulez-vous dire ? Asseyez-vous. »

L'abbé Rambaud s'assit et ajouta :

« Le maudit argent ne cause que des ennuis. Je vous l'ai dit vingt fois déjà, j'ai des peines infinies, et fort souvent, à faire rentrer les maigres loyers qui me sont dus. Je dois mettre en mouvement mes huissiers, de pauvres malheureux sont réduits aux abois ; c'est un émoi dans toute la Cité. J'ai trouvé le bon moyen, le moyen le plus simple de n'avoir plus de difficultés, je ne ferai plus rien payer.

« — C'est, en effet, le moyen le plus simple, mais vos souscripteurs ?

— Il sera plus facile de s'entendre avec eux qu'avec des malheureux qui gagnent péniblement leur vie et n'ont rien à me donner. »

Ce fut à partir de cette époque que la Cité devint ce qu'elle est encore de nos jours : une Œuvre de pure bienfaisance, où l'on reçoit, non pas à loyer restreint des ménages quelconques peu fortunés, mais sans aucuns frais, des vieillards de l'un et l'autre sexe, qui, logés ainsi gratuitement, n'ont à pourvoir qu'à leur nourriture et à leur vêtement.

S'il convenait de donner ces détails sur la Cité de l'Enfant Jésus, il ne peut entrer dans notre plan de donner ici l'histoire complète de la vie de M. l'abbé Rambaud. Signalons en passant son départ comme aumônier de l'armée, en 1870. Enfermé à Metz, il fut, comme toute la garnison de cette ville, fait prisonnier. Il aurait pu recouvrer la liberté, n'étant pas soldat, mais sa générosité ne lui permit pas d'abandonner ses malheureux compagnons. Il obtint du prince Frédéric-Charles de les suivre jusqu'à Kœnigsberg, où, pendant six mois, il vécut de leur vie, refusant les adoucissements que la vénération des officiers prussiens gardant la forteresse, voulait apporter à sa captivité ; il les exhortait, relevait leur courage, et quand la mort venait, les préparait saintement au grand passage. Une casemate, transformée en chapelle, était trop petite le dimanche aux offices, et l'on y chantait avec enthousiasme les cantiques de la patrie.

De retour à Lyon, il retrouva sa chère Cité dans l'état où il l'avait laissée. Pendant les troubles de l'année terrible, les gardes nationaux qui y avaient établi un poste, avaient été gagnés par la bonté de M. du Bourg. Comme il faisait froid, le jour de leur installation, ils enfonçaient la porte du bûcher, lorsque celui-ci survenant leur dit : « C'est du charbon que vous voulez, il fallait le dire, voilà la clef. » En visitant de fond en comble la

L'Abbé Paul du Bourg

maison où ils s'étaient installés en maîtres, ils découvrirent, au milieu d'un dénuement qui les étonna et les édifia grandement, une bouteille de vin blanc oubliée peu de jours auparavant dans le repas qui avait suivi un baptème d'adultes. « Oh! la bonne affaire, dit M. du Bourg, nous allons boire à vos santés. ».

Il rompit ainsi la glace peu à peu, surtout quand ayant acheté quelques bouteilles de liqueur il porta lui-même aux gardes de service le coup de quatre heures. Le bon prêtre fut proclamé aumônier de la garde nationale, et en ce temps de dévergondage social, on vit un piquet d'honneur accompagner pieusement le Saint-Sacrement porté par lui aux malades.

Sans retard, M. Rambaud se remit à l'œuvre. A partir de 1873, il agrandit l'école, et trois nouvelles maisons furent construites pour les vieillards hospitalisés, dont le nombre augmentait toujours.

Vers 1879, il fit construire à Villeurbanne une petite chapelle entourée d'une cour où, le dimanche et le jeudi, venaient à volonté les enfants du quartier. Aidé de ses sœurs, il vint désormais chaque semaine leur faire le catéchisme et les faire assister à la messe.

L'année suivante, il réalisa le même bien dans le quartier ouvrier de l'Industrie, à Vaise, juste à l'autre extrémité de la ville.

Un mot sur sa méthode d'enseignement au milieu des enfants, trouve naturellement sa place ici. Cette méthode a été exactement décrite par M. Francisque Bouillier, dans son rapport sur un prix de 15.000 francs, décerné en 1895 à M. Rambaud, par l'Académie de Lyon :

« Sa méthode, dit-il, est de s'adresser à la raison et à l'intelligence des enfants, plutôt qu'à leur mémoire ; il s'attache à faire bien comprendre, plutôt qu'à faire bien réciter. L'attention est tenue en éveil, la réflexion est excitée par des questions fréquentes, suivant une sorte de méthode socratique. Au lieu d'écarter certaines questions, celles-là mêmes qui importent le plus pour la science de la vie et le bon ordre social, sous le prétexte qu'elles dépassent l'intelligence des enfants, M. Rambaud a l'art de les mettre à la portée de ses écoliers, soit dans l'enseignement oral, soit dans ses livres, par des tours ingénieux et par des raisonnements et des exemples familiers. Ainsi parvient-il, nous en avons des preuves, à faire pénétrer dans leur esprit quelques vérités principales de l'ordre économique et même philosophique. C'est bien ici, dans ces écoles d'élite, qu'est appliqué le grand précepte de Platon, de faire aspirer aux enfants, par tous les pores, l'amour du bien. Ces élèves des écoles Rambaud ne deviendront probablement pas des socialistes.

« Nous n'oserions affirmer que cette méthode socratique, cet enseignement vraiment libéral, fût partout susceptible d'être appliqué avec le même succès en dehors de l'action directe d'un pédagogue d'autant de cœur et d'esprit ; mais il est juste de reconnaître, avec les juges les plus compétents, quel bien elle fait lorsqu'elle est maniée par lui ou sous sa direction immédiate (1). »

M. Rambaud prenait un soin spécial d'inculquer aux

---

(1) « Trois ordres d'enseignements dit M. Pierre Jay (*Salut Public*. 13 février 1902), résumant aux yeux de cet éducateur les connaissances générales nécessaires à la formation logique des jeunes intelligences, étaient professés par lui, concurremment avec l'enseignement habituel des écoles primaires : la *Religion*, la *Philosophie*, l'*Economie sociale et politique*. M. Rambaud a d'ailleurs successivement publié. sous ces titres divers, les leçons qu'il donna si longtemps à l'école primaire de la Cité.

« Le fondateur de la Cité de l'Enfant-Jésus fut, en effet, un écrivain assez fécond, et la liste de ses ouvrages est relativement considérable. Mais il n'écrivit jamais qu'en vue de l'idée. et de l'idée destinée à engendrer un fait. C'est ainsi que, négligeant les recherches de style, il atteignit avec une simplicité littéraire sans exemple et une inflexible logique, la réalité de la pensée et. tout de suite après, l'impérieuse notion du devoir.

« Ses écrits. sans grands apprêts, mais ingénieux et naturels, faisaient songer aux traités populaires des sociologues et des moralistes américains, à l'almanach populaire de Franklin, par exemple »

Voici la liste des principaux ouvrages de M. l'abbé Rambaud : *Economie sociale ou science de la Vie* (1887). couronné par l'Académie: — *La Religion* (1893) ; — *La Philosophie* (1894), couronné par l'Académie ; — *Pourquoi la Vie ?* (1895) ; — *La Mère de famille* (1896) : — *Histoire des idées philosophiques* (1898).

enfants le respect, la reconnaissance et l'amour dus à leurs parents. Il aimait à rappeler les larmes versées sur lui par sa mère, avant sa conversion dans l'église Saint-Pierre : « On ne nous faisait pas comprendre, disait-il souvent, ce que nous devons à nos parents. C'est un crime de la part des éducateurs de la jeunesse ! Il faut beaucoup parler aux enfants de leurs parents: c'est d'ailleurs le seul moyen de leur faire comprendre un peu la religion. S'ils n'aiment pas leurs parents qu'ils voient, comment aimeront-ils leur Père céleste, qu'ils ne voient pas ? »

De bonne heure il prit l'habitude de ne parler à ces jeunes intelligences qu'avec des comparaisons sensibles. Il le sait, l'enfant est capable de comprendre les plus hautes vérités, mais à la condition qu'elles soient présentées sous forme d'images à son esprit impuissant encore à saisir les idées abstraites. De cette façon, s'abaissant à leur niveau, ce maître intelligent met à leur portée toutes les sublimités de la doctrine chrétienne ; ils comprennent qu'il y a au ciel un Dieu infini, éternel, tout puissant; qu'il a fait toutes choses : la terre, la mer, le soleil et les étoiles ; qu'il est venu ici-bas et nous a sauvés par sa mort ; qu'il nous a préparé un héritage éternel et que nous le verrons un jour face à face. Il introduit une à une ces grandes pensées dans leurs âmes, comme on introduit une liqueur goutte à goutte dans un vase dont l'ouverture est étroite. Il a aussi le secret des exemples courts et saisissants que ses élèves n'oublient pas et racontent à leurs parents. D'enfants ignorants et vicieux il forme ainsi des chrétiens armés de convictions solides et attachés à la vertu, des citoyens utiles et amis du bien public. Il les élève peu à peu jusqu'aux vérités les plus hautes, comme des voyageurs qui, par une montée insensible et un chemin toujours fleuri, arrivent sans même s'en apercevoir à la cime des montagnes.

La vie de M. Rambaud au milieu de ses enfants était vraiment une vie de famille. Il fallait le voir entrer dans la cour où la joyeuse bande s'amusait. Tous ces pauvres petits, qu'il appelait ses amis, s'élançaient vers lui et l'entouraient en sollicitant un regard ou une caresse. Lui, souriait avec douceur à sa famille adoptive ; si parmi ses protégés il en remarquait un dont les vêtements ou la chaussure fussent trop endommagés, il l'appelait et lui remettait un bon avec l'adresse du tailleur ou du marchand chez lequel il devait se présenter.

A l'heure des classes de catéchisme, au contraire, il exigeait un silence absolu et le bon ordre. Pendant ses explications, toutefois, il interrogeait souvent et provoquait même des réponses collectives. Avait-il raconté quelque fait digne de blâme :

— N'est-ce pas, mes enfants, que cet homme a fait une bien vilaine chose ?

Et toutes les voix argentines répondaient en chœur :

— Oh ! oui, Monsieur.

Après leur sortie de la Cité, beaucoup de ces pauvres petits restaient attachés de cœur à leur généreux bienfaiteur et revenaient le voir. Il ne les perdait pas de vue. Les rencontrait-il dans la rue sous l'habit de l'ouvrier ? Il allait à eux, comme ils venaient à lui, et c'était un échange de bonnes paroles, de chaudes poignées de mains, suivies pour les jeunes gens de l'assurance qu'ils persévéraient à marcher dans le bon chemin.

Quant aux vieillards de l'un et l'autre sexe qu'il hospitalise gratuitement au nombre de cinq ou six cents, M. Rambaud leur laisse toute leur liberté, toute leur dignité d'hommes ; il ne les assujettit qu'à se conduire en gens honnêtes et en chrétiens. Chacun est chez lui,

conserve ses relations et se livre à ses occupations habituelles. M Francisque Bouillier raconte ainsi sa visite à
la Cité en 1895 :

« Après avoir quelque temps causé avec lui sur ses
enfants et ses vieillards, nous demandâmes à visiter la
maison. Il ne pouvait plus, comme autrefois, nous
accompagner lui-même ; mais il nous remit à l'abbé du
Bourg, cet associé, cet auxiliaire dévoué dont nous
avons déjà parlé. Conduits par lui, nous avons partout
pénétré, et nous avons été partout bien accueillis. Tous
ces vieillards étaient souriants, empressés de nous faire
voir leur intérieur, leur ménage, propre et bien tenu.
Volontiers, ils nous disaient, avec un sentiment de
reconnaissance à l'égard de leurs bienfaiteurs, qu'ils
étaient ici logés pour rien. Nul n'était oisif ; chacun
nous montrait la petite industrie à l'aide de laquelle il
gagnait son pain. Rien de plus divers que ces industries
ou métiers encore à la portée de leurs forces décrois-
santes. Il y avait là d'anciens ouvriers en soie qui trouvaient encore quelques pièces à tisser, des cordonniers,
des vanniers, même des pâtissiers. Nous en trouvons
un qui faisait des petits gâteaux à un sou fort appétis-
sants et allait les vendre dans le quartier. C'était un
ancien acteur, nous apprit l'abbé du Bourg, non du premier ordre, mais simple choriste. Aujourd'hui c'est un des
chanteurs du dimanche à la grand'messe. D'autres ven-
dent ou distribuent des journaux, revendent des fruits
ou des légumes, font de petits fagots pour allumer le
feu. Comme il y a plus de veuves que de veufs, les femmes sont en plus grand nombre que les hommes. Elles
sont, en général, des laveuses, des couturières, des
dévideuses, des gardes-malades, des gardeuses d'enfants, etc. Ceux qui ont ménage ont deux pièces.

« Comment l'harmonie peut-elle se maintenir entre
tout ce monde d'hommes et de femmes, semblables

d'âge, mais divers de profession, d'habitudes, de mœurs, de caractères, vivant à côté les uns des autres et porte à porte ? L'abbé Rambaud ne dissimule pas que, d'abord, il a pu avoir quelques appréhensions à cet égard, mais une expérience de près de quarante ans les a dissipées. Tous sont à un âge où l'affaiblissement des forces, les infirmités, rendent plus vif le sentiment de s'entr'aider les uns les autres. Dans l'intérêt de chacun, se développe et s'affermit le respect du droit et de l'indépendance d'autrui. Sans doute, il faut ajouter à l'influence de ces sentiments, la grande autorité morale du chef de la Cité. En outre, des exercices, des distractions et des plaisirs en commun, la messe et les chants du dimanche, les promenades dans les cours sous l'ombre des platanes, l'entretien de jardins, de fleurs, les jeux de boules et autres, contribuent à former et à entretenir de bons rapports entre tous les habitants de cette grande maison.

« La Cité a même certains jours de fête où tous se réjouissent et fraternisent ensemble. Telle est surtout la fête de l'Epiphanie ou des Rois. Les rois de cette fête sont les vieillards, tous réunis dans un banquet qui a lieu dans la vaste salle dite du Dôme. Ce qu'il y a en ce jour de plus curieux et de plus touchant, ce n'est pas tant les convives eux-mêmes que ceux qui les servent, non pas des serviteurs à gages, des domestiques, mais les chefs eux-mêmes avec tous leurs auxiliaires, avec les bienfaiteurs de la Cité. Ces bienfaiteurs, qui appartiennent à l'élite de la société lyonnaise, versent eux-mêmes dans les verres le bon vin qu'ils ont apporté de leurs caves et même changent les assiettes. La fête se termine par des chœurs et des chants. »

D'autres circonstances solennelles réunissaient encore autour de M. Rambaud ces bienfaiteurs insignes. Un

religieux dominicain (1), témoin oculaire, nous faisait
jadis le récit suivant de la première visite de Mgr Couillié
à l'œuvre de la rue Duguesclin, le 26 novembre 1893.

« Ce jour-là, nous dit-il, Mgr l'Archevêque de Lyon,
intrônisé le 14 septembre, venait pour la première fois
à la Cité de l'Enfant-Jésus. Le sacrement de confirma-
tion fut administré le matin par Sa Grandeur à un
groupe d'enfants de l'Œuvre, après une touchante allocution dans laquelle Monseigneur leur recommanda entre
autres choses, comme moyen de persévérance, la récitation fidèle tous les jours de leur vie, même au temps
de leur service militaire, de trois *Ave Maria* en l'honneur de la Très Sainte Vierge.

« Après les enfants vinrent les vieillards, auxquels un
dîner de fête fut offert et servi par Monseigneur et
MM. les Bienfaiteurs, tous heureux de donner ce témoignage de respect et d'affection aux privilégiés de Notre-
Seigneur : les pauvres.

« Vint ensuite le dîner des bienfaiteurs eux-mêmes,
portant les noms les plus connus par leur concours aux
principales œuvres lyonnaises de charité et de bienfaisance, et particulièrement sympathiques, même avec
diversité de religion, à celles de leur ami commun,
l'abbé Rambaud. Mgr l'Archevêque trouva des paroles
très heureuses et très encourageantes pour exhorter les
membres de cette réunion d'élite à marcher toujours
plus avant dans cette voie de la générosité; parlant de
lui-même : « J'ai toujours remarqué, dit-il, que quand
« j'ai donné, je reçois ».

« Dans le laisser-aller de l'intimité, on se permit de
mettre en cause la gestion des fonds confiés à l'abbé

---

(1) M. l'abbé Rambaud était lui-même invité tous les ans par les
Pères Dominicains à la fête de saint Dominique, et jusqu'en ses dernières années il n'omettait jamais d'assister à cette réunion qui lui rappelait de si doux souvenirs.

Rambaud pour ses œuvres ; on lui demanda s'il tenait bien régulièrement ses comptes, autant d'aimables insinuations qui visaient sa tendance à ne jamais refuser à ses semblables malheureux. On se sépara dans un même désir de se dévouer de plus en plus à la prospérité de la Cité Rambaud. »

On se fera une idée des résultats obtenus et de la grandeur des œuvres accomplies par ce pauvre volontaire, si l'on sait qu'il a été dépensé depuis l'origine une somme de deux millions cinq cent mille francs, auxquels il a été pourvu par les fortunes de MM. Rambaud et du Bourg, par des souscriptions, des dons anonymes et des quêtes. Les hospices de Lyon, auxquels appartient le terrain de la Cité, font l'abandon du prix de location. Générosité bien calculée, puisque sans l'Œuvre un grand nombre de ces vieillards seraient à leur charge au prix annuel de huit cents francs chacun.

M. l'abbé Rambaud habitait une modeste cellule, attenante au chevet de la grande chapelle, au centre même de la Cité par conséquent ; quelques meubles de sapin grossièrement travaillés et usés par le temps en formaient tout l'ameublement. Il resta vraiment pauvre au milieu de ses pauvres. Là viennent le visiter, non seulement ses vieillards indigents, mais encore beaucoup de personnages illustres, des étrangers de marque qui s'occupent d'œuvres de bienfaisance, des hommes versés dans la science de l'économie sociale et la meilleure société lyonnaise ; tous s'en retournent édifiés du spectacle de cette vertu sublime et persévérante, autant que charmés de la politesse exquise et de la fine conversation de celui qui les a reçus. A côté, dans un étroit réduit, est sa couchette ; c'est une simple planche nue avec des couvertures de laine, en tout semblable à celle qu'il avait vue dans la cellule du Père Potton à Flavigny, à Chalais et à Lyon.

Pendant que M. Rambaud passait ainsi en faisant le bien dans sa Cité, son ami dominicain menait une vie beaucoup plus mouvementée. Provincial de la Province de Lyon trois fois de suite, de 1874 à 1886, il avait le souci d'une administration compliquée, devait se transporter au moins une fois chaque année dans chacun de ses couvents pour en faire la visite et avait souvent à régler des affaires fort épineuses. Au cours de son gouvernement arrivèrent les journées fatales des expulsions de 1880, honte du dernier quart du dix-neuvième siècle. Tous les couvents de la Province qu'il gouvernait furent assiégés par la police et la troupe, les portes barricadées furent enfoncées et brisées, et les religieux furent jetés à la rue à tour de rôle par les gendarmes. Le soir du 4 novembre, le Père Potton rendait compte au Maître général de la douloureuse tragédie qui venait de se passer. Son cœur était rempli d'une indicible tristesse ; l'écriture elle-même, irrégulière et saccadée, est visiblement tracée d'une main encore tout émue :

« Révérendissime Père, aujourd'hui, nous avons été chassés de notre couvent de Poitiers. Hier, Lyon. Angers restait. Mais je reçois une dépêche qui m'annonce sa dispersion accomplie ce soir.

« C'est donc fini !

« *Fiat sanctissima Dei voluntas* !

« Vingt ans d'efforts et de travaux presque détruits !

« Dans tous nos couvents, on a laissé deux, trois, ou même quatre Pères et quelques convers. A Poitiers, l'école a été conservée. Tous les Pères sont logés ici ou là. Nous allons tâcher d'organiser un peu ce désordre. Mais il est comme certain que le mal va grandir, et que bientôt, même l'habit devra disparaître, à plus forte raison toute communauté visible. Mais nous tiendrons tant qu'on pourra tenir.

« Dans toute la France, grandes sympathies. Hostilités fort peu nombreuses. Le peuple n'est nullement contre nous. C'est la franc-maçonnerie qui nous tue, par les mains d'un gouvernement de francs-maçons.

« Je pense que, dans peu de jours, les deux noviciats

LE R. P. MARIE-AMBROISE POTTON

partiront pour la Suisse, et aussi quelques Pères et Frères Convers.

« Veuillez nous bénir dans nos malheurs, afin que l'épreuve se change plus tard en joie. *Tristitia vestra vertetur in gaudium.*

« Veuillez particulièrement bénir votre pauvre fils, trop au-dessous de sa charge dans des circonstances si difficiles, mais toujours tout soumis affectueusement à votre autorité. Frère Marie-Ambroise Potton. *Prov. des Fr. Prêch.* »

L'œuvre de vingt-cinq ans d'efforts allait-elle donc périr, comme le disait le Provincial sous le coup de l'émotion qui agitait son cœur de père ? Non. Une fois de plus, il fut vrai, selon le mot du Père Lacordaire, que « les moines sont éternels comme les chênes ».

Des familles amies offrirent immédiatement l'hospitalité aux religieux expulsés ; elles les admirent à leur table et les entourèrent de tous les égards dus à des confesseurs de la foi, jusqu'à ce que chaque prieur conventuel eût trouvé et préparé, dans le voisinage, des habitations provisoires, pour les recevoir et les abriter en attendant des temps meilleurs. L'amitié de M. l'abbé Rambaud pour l'Ordre de Saint-Dominique, ne se démentit pas en ces temps malheureux, et l'on pourrait citer ici plus d'un service qu'il rendit alors, de grand cœur, aux religieux du couvent de Lyon.

Quant aux novices et aux étudiants, c'était au Provincial à leur préparer un gite. En moins de trois semaines, le Père Potton loua et aménagea un vaste hôtel situé à Sierre, dans le Valais, et le 25 novembre 1880, toute une nombreuse jeunesse religieuse, espoir de l'avenir, était réunie dans cet asile où elle vécut en paix pendant trois ans, se préparant par une sérieuse formation intellectuelle et morale aux luttes de l'avenir.

En 1883, une nouvelle persécution allait éclater. Le gouvernement fédéral de Berne, s'appuyant sur la Constitution, qui exclut la fondation de nouveaux couvents en Suisse, refusa la permission d'un séjour définitif. Une seconde fois il fallut émigrer. Après beaucoup d'hésitations et d'enquêtes, le Père Potton se décida pour le Limbourg hollandais, où se transportèrent les soixante-dix religieux réfugiés en Suisse.

Au cours de cette période, les deux anciens amis de jeunesse se revoyaient encore souvent. En vertu même de sa charge, le Provincial passait assez fréquemment à Lyon, et il n'était pas rare que l'abbé Rambaud vînt le voir, soit pour l'entretenir des souvenirs du passé, soit pour lui demander conseil comme jadis.

Tous les deux, fidèles à leurs vocations respectives jusqu'au bout, approchèrent ainsi de la vieillesse, sans que le moindre nuage ait jamais obscurci le soleil de leur amitié.

A la fin de 1893, à l'âge de 71 ans. M. l'abbé Rambaud devint aveugle. « Je bénis Dieu, dit-il, de ce qu'il veut bien me rendre meilleur par cette épreuve. » Il écrivait encore à M. Monod cette belle parole : « Je sais ce que c'est que servir Dieu en y voyant clair. Il m'apprendra ce que c'est que de le servir en aveugle. » Dieu le lui apprit ; depuis cette époque, privé de la vue des choses matérielles, il vécut plus que jamais dans les spirituelles et dans l'union au Père céleste.

Malgré cette grave et pénible infirmité qui l'empêchait de rien faire sans le secours d'autrui, il resta l'âme de sa maison. Avec ses yeux éteints, sa figure conserva, en l'accentuant encore, cette expression d'ascétisme, de finesse et de douceur que tant de personnes ont admirée. Sa conversation ne perdit rien de son charme, et nombreuses furent toujours les visites qu'il recevait.

Le Père Potton, nommé lecteur de morale après sa sortie de charge, en 1886, avait pu, de son côté, enseigner au noviciat profès réfugié en Hollande jusqu'à cette même année 1893. A cette date, ses forces intellectuelles et physiques commencèrent à baisser et il fut assigné au couvent de Lyon, pour y attendre dans le repos que le Seigneur vînt le chercher. Plusieurs fois, les deux amis s'y revirent et s'y entretinrent de tous les souvenirs d'antan, spécialement de la part que la Providence leur avait permis de prendre à la double fondation du couvent des Brotteaux et de la Cité de l'Enfant-Jésus.

Cependant le Père Potton baissait de plus en plus ; en 1897, plusieurs attaques de paralysie lui enlevèrent successivement l'usage de ses membres et la parole. Son intelligence, jadis si brillante, si vaste, si prompte, finit même par s'éteindre complètement (1) ; sa main droite, qui avait écrit tant de belles lettres et de beaux ouvrages, ne pouvait plus remuer ; sa langue, qui avait proféré tant de sages paroles, donné tant de bons conseils, dirigé tant d'âmes, était muette ; son corps si beau, si grand, si droit, si vigoureux, qui avait si souvent fait dire de lui qu'il était « l'un des plus beaux hommes » que l'on pût rencontrer, était impuissant à se mouvoir, à se lever ; il fallait lui donner sa nourriture, le mettre sur sa couche, lui rendre tous les soins les plus intimes ; cet homme supérieur qui avait eu sa place dans les grandes assemblées de l'Ordre et jusque dans un Concile œcuménique, qui avait commandé à tant d'autres, qui avait presque continuellement occupé la première place, un frère convers lui commandait en

---

(1) Arrivé à la vieillesse, le Père Marie-Ambroise avait fait à Dieu une demande héroïque ; il l'avait prié de lui accorder une « fin humiliée », pour compenser toutes les supériorités dont il avait été sans cesse investi ; et sa prière fut exaucée.

tout, ou plutôt le mouvait en tout, car il était devenu incapable d'obéir au moindre de ses frères : la force matérielle seule agissait sur celui dont l'intelligence était absente.

Pendant plus d'une année, la maladie continua son œuvre destructive; diverses plaies se formèrent aux jambes et le sang finit par se corrompre. Après plusieurs jours d'épuisement, sans qu'il pût même se plaindre dans son état d'inconscience et de mutisme, il s'éteignit tout à coup, le mercredi 16 novembre 1898, à 7 heures du matin.

Les deux religieux qui lui rendirent, après sa mort, les derniers services, lurent gravés sur sa poitrine, en caractères bien marqués, les deux noms de Jésus et de Marie. Ils les avait portés, imprimés non seulement dans son cœur, mais aussi dans sa chair elle-même.

La mort du vénérable religieux fit une impression profonde sur tous les religieux du couvent de Lyon qui, appelés en toute hâte, récitèrent autour de ses restes les prières déterminées par l'Eglise. Dans la chambre voisine de l'infirmerie logeait le Père Pie Bernard, frappé lui-même depuis deux ans d'une paralysie qui n'avait cédé à aucun remède; c'était un des premiers religieux venus à Lyon dès le 25 décembre 1856, et des fondateurs du couvent des Brotteaux. Il fit un effort, et vint jusqu'auprès du défunt; à la vue du cadavre inanimé de de celui qui avait été son compagnon d'armes, son supérieur et son ami pendant de si longues années, les sanglots le suffoquèrent et il dut se retirer.

Selon l'usage, le vénéré défunt fut exposé, visage découvert et vêtu des habits de l'Ordre, dans le chœur de l'église du couvent, et des religieux prièrent à ses côtés jusqu'à l'heure des funérailles. Ce moment arrivé, quelques Pères déposèrent avec respect le corps dans le cercueil, et déjà le couvercle était posé et allait être fixé, lorsqu'on entendit dans l'église un bruit inaccoutumé, comme la marche de quelqu'un qui s'avance en tâtonnant et en se servant d'un bâton pour appui. C'était M. l'abbé Rambaud. Il avait su la mort du Père Potton, et venait lui dire un suprême adieu et prier près de ses restes. Les religieux le mirent au courant, en quelques mots, de ce qu'ils se disposaient à faire. Il manifesta alors le désir de toucher les mains du défunt. On lui posa la main droite sur les mains jointes et glacées du Père Marie-Ambroise, et il les serra quelques instants avec une visible émotion. Il toucha ensuite le visage qu'il ne pouvait plus contempler, puis s'agenouilla, pria quelques-instants avec ferveur et se retira, sans mot dire, laissant les spectateurs de cette scène unique plus attendris qu'on ne saurait le dire.

Ces deux hommes, également grands par le cœur, les désirs et les actes, qui n'avaient cessé d'être étroitement unis, et dans leur jeunesse mondaine, et dans le commerce, et dans la conversion, et dans la fondation de la Cité et dans les premières origines de la Province dominicaine de Lyon, et dans une amitié inaltérable à travers les mille péripéties de leur extraordinaire existence, se trouvaient donc encore unis à ce moment suprême; et là, dans cette église du Rosaire dont ils avaient eu ensemble la première idée et jeté les bases, ils se disaient un dernier et touchant adieu sur la terre, en attendant l'union indissoluble du ciel.

Les funérailles furent célébrées selon le rit dominicain dans la chapelle du couvent, et le corps du défunt fut conduit à Saint-Genis-Laval où, après un service solennel à l'église paroissiale, il fut inhumé dans le caveau de sa famille, près des restes de son père et de sa mère, et autres proches récemment décédés.

On grava quelques jours plus tard, auprès du cercueil, l'inscription suivante :

LE T. R. P. MARIE-AMBROISE-LOUIS

POTTON

MAITRE EN THÉOLOGIE, EX-PROVINCIAL

NÉ A LYON LE XXVII OCTOBRE MDCCCXXIV

DÉCÉDÉ A LYON AU COUVENT DES DOMINICAINS

LE XVI NOVEMBRE MDCCCXCVIII

REQUIESCAT IN PACE

Au commencement de l'année précédente, M. l'abbé Rambaud avait perdu son fidèle compagnon depuis tant d'années, et son appui indispensable, semblait-il, depuis sa cécité, M. l'abbé du Bourg. Toute la vie de ce saint prêtre avait été faite de dévouement, de charité et d'oubli de lui-même.

Depuis vingt ans, il se rendait chaque semaine, jeudis et dimanches, dans les deux chapelles annexes de Villeurbanne et de Vaise, pour les offices et les catéchismes. Sa bonté proverbiale lui avait gagné bien vite tous les cœurs. Dans tout le quartier de la Cité, il n'était jamais insulté, tandis qu'il n'en était pas toujours de même, disait-il, dans les élégants quartiers du centre où il recueillait sa part des insultes adressées à la soutane. Mais aussi ne connaissait-il d'autres procédés que la douceur et la plus cordiale gaieté. Un jour, sur son passage, des cantonniers qui balayent la neige, trouvent une injure de bon goût: « Oh ! ce fainéant, disent-ils, il ne peine pas comme nous, et pourtant il ne nous *payerait* pas un verre. » Et le bon vieillard de leur répondre : « Vous croyez cela, vous ! Ah ! je serais bien trop content de vous faire plaisir ! » Et les entraînant tous dans un restaurant voisin, il leur offre une généreuse libation qui lui valut la reconnaissance et l'estime de ces

pauvres gens. C'est ainsi que souvent il ramenait à
Dieu les égarés.

Une autre fois, à une heure tardive, il revenait de
visiter un malade. Il rencontre un pauvre soldat qui,
sans doute, n'avait pas fait une aussi pieuse équipée et
qui s'efforçait, mais en vain, d'escalader les murs de la
caserne pour y rentrer furtivement par la fenêtre.

— Oh ! mon pauvre ami, lui dit M. du Bourg, vous
allez vous casser un membre, — et vite il lui offre le
secours de son épaule pour faire la courte échelle.

Ce prêtre qui ne savait jamais que s'oublier pour les
autres, si mortifié, si dur à lui-même, si frugal, savait
cependant prendre gaiement sa part des joies et des
fêtes de famille et partout son amabilité, toute faite
de simplicité et de bonté, laissait un frais parfum de
piété. Ceux qui le connaissaient disaient de lui : « Comme
on voit bien qu'il porte le bon Dieu dans son cœur pour
le donner aux autres avec tant de charme. « Aussi, jusqu'à un âge avancé, et même sur son lit de mort, son
charmant et bon sourire éveillait l'image de la candeur
d'un enfant.

En 1896, un accident fort ennuyeux lui fournit occasion de donner une nouvelle preuve de la bonté de son
.cœur. Le sacristain de la Cité, en fendant du bois, avait
fait voler un éclat dans l'œil de M. du Bourg qui se
trouvait auprès de lui. L'œil fut perdu. Le bon Père ne
s'en désola pas, et fit remettre, au nouvel an, une
double étrenne à l'auteur de son mal pour lui montrer
qu'il ne lui en voulait aucunement.

Une première attaque de paralysie l'avertit de la fin
prochaine de son pèlerinage ici-bas. Il se remit pourtant,
mais une seconde attaque le renversa vers le 25 décembre 1896. Voulant mourir les armes à la main, il fit effort
pour célébrer la sainte Messe le 31 décembre et le 1er janvier. Il adressa même à ses chères religieuses de la

Cité quelques mots émus, prenant pour thème ces paroles prophétiques de Notre-Seigneur à ses apôtres : « Encore un peu et vous ne me verrez plus, encore un peu et vous me reverrez. »

Le 2 janvier, à minuit et demi, il s'éteignit doucement et sans agonie. Pendant les trois jours qu'il resta exposé dans la sacristie de la Cité, une foule recueillie, où les vieillards de la Cité et les enfants du quartier coudoyaient les hommes les plus marquants de la société lyonnaise, ne cessa de défiler devant lui. L'affluence fut considérable aux funérailles que vint présider Son Eminence le Cardinal Coullié. Le corps du vénéré défunt repose dans la chapelle, au centre de cette œuvre où sa bonté, son humilité et son dévouement ont fait un bien si étendu et si profond.

L'abbé Rambaud voyait ainsi s'en aller les uns après les autres ses meilleurs amis de jeunesse et ses dévoués collaborateurs : il ne survécut que peu d'années au Père Potton et à M. du Bourg.

En 1901, son sang appauvri par l'âge et toutes les rigueurs d'une vie de pénitence, commença à se corrompre. Il nous fut donné de le visiter en sa dernière maladie. Quoique souffrant déjà cruellement de l'albuminurie, il était assis sur une pauvre chaise de bois. Sur les lèvres s'épanouissait un bon et fin sourire qui était, dans sa situation, l'héroïsme de la vertu. Pas une plainte ne s'échappait de sa bouche, et le médecin devait user de rigueur pour lui faire accepter quelque adoucissement à son dur régime habituel. Il parlait surtout de Dieu : il était à la lettre de ceux dont saint Paul dit que « leurs pensées sont dans le ciel », *Quorum conversatio in cœlis est.* Tous les battements de son cœur et presque tous les mots de ses lèvres étaient pour la patrie d'en haut et pour son Sauveur dont il attendait la venue. Il avait des amis dans toutes les administrations, voire même dans toutes les religions. Tous venaient le voir et sortaient de sa cellule émus et édifiés. Un ministre protestant lui ayant fait visite trois jours avant sa mort, dit en le quittant à une dame qui nous l'a rapporté, cette parole emphatique mais expressive dans son emphase : « Je viens de voir le Christ revenu sur terre. »

Combien se trompent donc ceux qui ne voudraient voir et ne laisser voir à la postérité en M. Rambaud qu'un *prêtre social*. Oh! assurément, il fut un *prêtre social*, et bien peu ont fait autant que lui pour le bien-être temporel de ses semblables et le soulagement des misères humaines dans notre société, si souvent sans entrailles ; mais il fut encore, il fut surtout un *prêtre catholique* dans toute la force du mot, un *prêtre pieux* même, et ce fut dans cette foi catholique et dans cette piété, cet ouvrage le prouve surabondamment, qu'il puisa ce dévouement héroïque pour autrui, qui, pendant plus d'un demi-siècle, ne se démentit jamais.

Chose étonnante, cet homme si pieux envers Dieu, si charitable pour le prochain, si dur à lui-même, connut, en ses derniers jours, l'effroi à l'approche du Souverain Juge. La veille de sa mort, au soir, il appela tout à coup sœur Antoinette, celle des religieuses de la Cité qui, depuis sa cécité, était devenue sa secrétaire : « Demain, dit-il, vous irez près de Monseigneur, et, de ma part, vous lui direz qu'on ne prêche pas assez sur l'enfer. » Il oubliait à ce grand moment le *peu* qu'il avait fait, c'étaient ses paroles, et voyait surtout les infidélités de sa jeunesse et les imperfections du reste de sa vie. Il avait bon espoir d'être sauvé par la bonté divine, mais craignait que ce bonheur fût retardé long-temps par l'expiation. Parlant de ses vieillards : « Ah ! disait-il, ils posséderont la félicité éternelle avant moi. »

Dans les derniers jours de sa vie, M. l'abbé Rambaud

se souvint du Père Potton. Il se rappela qu'il avait été promené dans le jardin de son couvent pendant sa longue maladie sur une petite voiture roulante. Il eut le désir, ou si l'on veut la fantaisie, d'en user à son tour, et envoya sœur Antoinette à cette fin au couvent des Pères Dominicains. La demande fut exaucée avec empressement, et les vieillards qui, depuis plusieurs semaines, n'avaient plus vu « le Père », comme ils l'appelaient, purent le contempler une fois ou deux encore, circulant à travers la cour de la Cité dans la voiture de son ami.

Enfin, le jeudi 13 février 1902, au milieu des petits de ce monde, auxquels il avait sacrifié sa fortune et sa vie, presque sans agonie et sans effort, il rendit son âme à Celui qu'il servait depuis plus de cinquante ans dans la personne des pauvres.

Toute une foule, composée de personnes de tout rang, vint bientôt vénérer ses restes; la chambre mortuaire ne désemplit pas jusqu'au moment des funérailles. Grands et petits, amis de la haute société lyonnaise, anciens élèves des écoles de la Cité, vieillards actuellement hospitalisés, tous venaient à l'envi prier « le saint », comme ils l'appelaient, plutôt que prier pour lui.

Les obsèques eurent lieu le 15 dans la chapelle de l'Œuvre.

La cérémonie funèbre fut vraiment impressionnante. Bien avant l'heure des funérailles fixées à dix heures, la petite Cité s'anime d'un mouvement inaccoutumé : les bons vieux et les bonnes vieilles, les yeux pleins de larmes, se dirigent vers la sacristie transformée en chapelle ardente, où repose la dépouille mortelle de leur bienfaiteur, tandis que les voitures, coupés de maîtres ou fiacres, amènent à la grille de la rue Duguesclin les amis et admirateurs du défunt.

Tous, riches et pauvres, défilèrent recueillis devant

le cercueil que recouvraient seulement l'étole et le surplis du prêtre. Cet hommage suprème qui réunissait ainsi l'élite de la société lyonnaise et les déshérités de la grande et laborieuse Cité, valait certes la plus belle des oraisons funèbres.

Il n'y eut pas de discours sur la tombe de l'abbé Camille Rambaud. Les paroles étaient vaines, quand se manifestait l'éloge autrement éloquent d'un deuil universel : deuil des miséreux que le saint prêtre avait recueillis et soulagés ; deuil des enfants qu'il avait instruits et guidés ; deuil des amis qu'il avait édifiés et consolés.

La levée du corps, présidée par Son Eminence le cardinal Coullié, fut faite par Monseigneur Déchelette, vicaire général, assisté de ses confrères MM. Bonnardet et Vindry. Puis le cortège, auquel prit part la foule massée au dehors, se mit en marche. Il parcourut successivement l'intérieur de la Cité et les quatre rues extérieures dans l'enceinte desquelles sont compris les locaux de l'œuvre.

Le deuil était conduit par les douze religieuses de la Cité ayant à leur tête la vénérée supérieure, Sœur Jeanne, dont la santé jadis très éprouvée était un peu meilleure, et par les membres de la Société civile : MM. Joseph et Edouard Gillet, M. Francisque Aynard, représentant en même temps son père, M. Edouard Aynard, retenu au Palais-Bourbon ; M. Marc Mangini, représentant également son père, M. Félix Mangini ; M. Auguste Isaac, président de la Chambre de commerce ; M. Henri Balay, M. Garnier, M. le docteur Rougier et M. le docteur Chatin.

Viennent ensuite les délégations des œuvres et des sociétés que M. Rambaud patronnait ou dont il était membre : l'Académie de Lyon représentée par M. Perrin, la Société d'assistance par le travail représentée par M. le pasteur Æschiman, la Société protectrice de l'Enfance, l'Œuvre du Dispensaire, la Société Valentin Haüy pour le bien des aveugles, l'Œuvre du nourrissage maternel à laquelle il témoigna toujours une toute paternelle affection, les Sociétés de secours mutuels des tullistes, des blanchisseuses, etc., etc.

La messe fut célébrée par M. le chanoine Bridet, curé de la paroisse du Saint-Sacrement, dans laquelle l'établissement de la rue Duguesclin est situé.

Enfin l'absoute fut donnée par Son Eminence le cardinal Coullié.

Telle fut la vie de ce saint prêtre, de ce héros, de cet ami des petits et des pauvres. « Qu'il y a peu d'hommes, dit Joseph de Maistre, dont le passage sur cette terre ait été marqué par des actes véritablement bons et utiles ! Je me prosterne devant celui dont on peut dire : *Pertransiit benefaciendo ;* celui qui a pu instruire, consoler, soulager ses semblables ; celui qui a fait de grands sacrifices à la bienfaisance ; ces héros de la charité silencieuse qui ne cherchent et n'attendent rien dans ce monde. Mais qu'est-ce que le commun des hommes et combien y en a-t-il sur mille qui puissent se demander sans terreur : Qu'est-ce que j'ai fait en ce monde ? En quoi ai-je avancé l'œuvre générale ? Et que reste-t-il de moi de bien ou de mal ? » M. l'abbé Rambaud a été du petit nombre de ces hommes dévoués et utiles qui ont fait du bien à l'humanité et ont fait avancer l'œuvre générale. Il n'y a pas eu de pauvreté qu'il n'ait explorée, de douleur mystérieuse ou publique qu'il n'ait consolée, de faiblesse qu'il n'ait relevée, de repentir qu'il n'ait accueilli. Que de malades il a visités ! Que d'esprits il a éclairés ! Que de cœurs il a consolés ! Que de mendiants il a vêtus ! Que de familles il a rendues à la vie religieuse et morale ? Assurément Jésus-Christ a dû lui dire selon sa promesse, en le voyant paraître devant lui : « Viens, ô le bien-aimé de mon Père, car j'ai eu faim et tu m'as donné à manger ; j'ai eu soif et tu m'as donné à boire ; j'ai été nu et tu m'as vêtu ; j'ai été captif et tu m'as visité. »

La permission d'inhumer le corps du vénéré défunt dans la chapelle, au centre de l'œuvre splendide qui lui doit son existence, fut promptement obtenue : un caveau fut creusé, et c'est là que maintenant il dort de son dernier sommeil.

En finissant, élevons plus haut nos pensées. Pendant que sur la terre on priait et on pleurait dans la chapelle de la Cité, il nous semble voir les deux saints personnages dont nous avons raconté la vie et l'admirable amitié se saluer au ciel, où leurs vertus, nous en avons la confiance, leur ont assuré une belle place ; il nous semble les entendre se dire avec une tendresse dont la terre ne peut nous donner l'idée : « Durant notre vie mortelle, nous avons marché la main dans la main, nous nous sommes aidés et soutenus dans la poursuite du bien. La patrie ne défait rien de ce qui a été légitime ; nous avons été amis sur la terre d'exil, resserrons encore davantage et à jamais dans le ciel ce doux lien de l'amitié dans le Christ Jésus. »

TABLE DES MATIÈRES

CHAPITRE VI

LE GRAND PAS OU L'ABANDON DU MONDE

CHAPITRE VII

LA DIRECTION SPIRITUELLE

CHAPITRE VIII

TROISIÈME ÉTAPE : LA CITÉ DE L'ENFANT JÉSUS

CPAPITRE IX

LE COUVENT DES DOMINICAINS A LYON

CHAPITRE X

CONCLUSION

LYON. — IMPRIMERIE AUG. GENESTE, 71, RUE MOLIÈRE

50.5.7